AVERTISSEMENT DES AUTEURS.

SI la richesse d'un Particulier pouvoit s'apprécier par les fréquentes incursions qu'on fait sur ses domaines, certes, nous devrions nous glorifier de notre opulence; nous passerions pour de grands Propriétaires; car on nous pille souvent. Il n'est presque pas d'année, où il ne paroisse quelque ouvrage, prétendu nouveau, composé en entier ou en partie à nos dépens: c'est la Chronique scandaleuse; c'est l'Espion des Boulevards; c'est le Journal des gens du monde; *ce sont Anecdotes du 18ème siecle; enfin c'est aujourd'hui une Correspondance littéraire, politique & secrette.* (*) *Toutes ces dénominations ne caractérisent au fond qu'un plan unique: ce sont autant de Corsaires qui sous des Pavillons différens exercent la même piraterie. Jusques à présent nous ne nous sommes point fâchés; nous n'avons fait de reproche à personne: chacun vit à sa maniere, & se tire d'affaire comme il peut. Nous sommes dans un siecle où la tolérance est*

(*) Il sera fait une mention plus ample de ce dernier ouvrage dans deux Notices, sous les dates des 24 & 27 Mars 1782.

MÉMOIRES SECRETS

POUR SERVIR A L'HISTOIRE
DE LA
REPUBLIQUE DES LETTRES
EN FRANCE,
DEPUIS MDCCLXII JUSQU'A NOS JOURS;
OU
JOURNAL
D'UN OBSERVATEUR,

CONTENANT *les Analyses des Pieces de Théâtre qui ont paru durant cet intervalle; les Relations des Assemblées Littéraires; les Notices des Livres nouveaux, clandestins, prohibés; les Pieces fugitives, rares ou manuscrites, en prose ou en vers; les Vaudevilles sur la Cour; les Anecdotes & Bons Mots; les Eloges des Savans, des Artistes, des Hommes de Lettres morts, &c. &c. &c.*

TOME TRENTE-UNIEME.

. . . . *huc propius me,*
. . . . *vos ordine adire.*
Hor. L. II, Sat. 3. vs. 81 & 82.

A LONDRES,
CHEZ JOHN ADAMSON.
MDCCLXXXVIII.

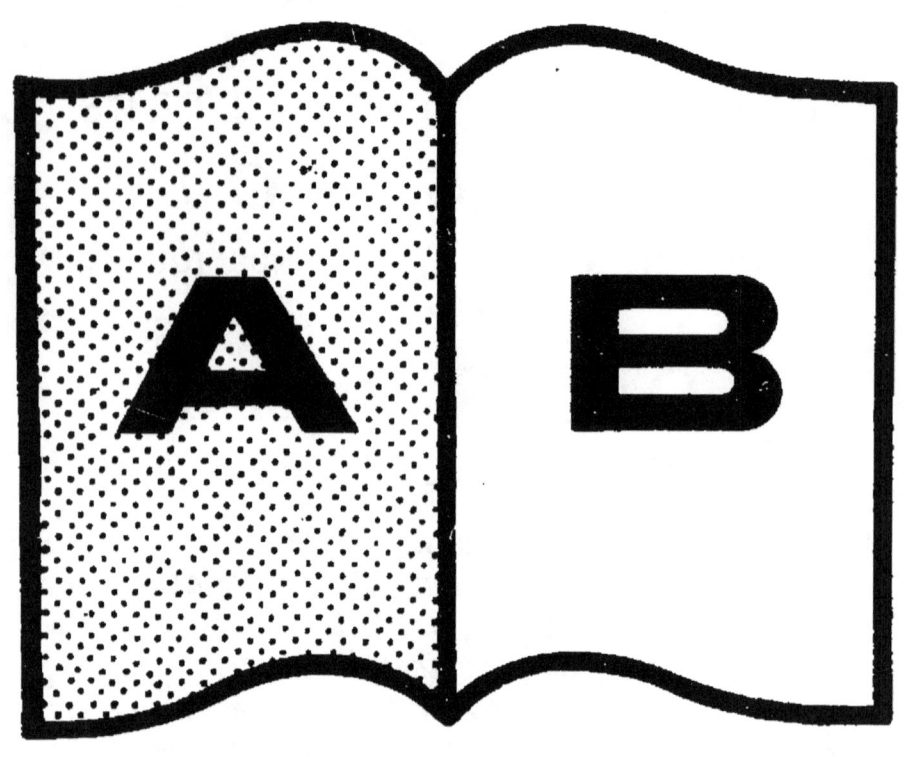

Contraste insuffisant
NF Z 43-120-14

la vertu générale & favorite: Damus veniam petimus que viciſſi n.

Cependant nous ne pouvons pouſſer la bonhommie juſques à nous laiſſer dépoſſéder entiérement ſans aucune réclamation: ce ſeroit trop exiger. Nous ſommes bien aiſes d'avertir nos Lecteurs que, quoiqu'on nous dépouille, notre Succeſſion n'eſt pas vacante; nous ne ſommes pas morts; que, ſuivant l'expreſſion du pittoreſque M. Linguet, nous ſommes même encore très vivaces. Si des contrariétés multipliées ont arrêté les preſſes de nos imprimeurs; notre manuſcrit n'en va pas moins pour être publié en tems & lieu: nous continuons à tenir ſans interruption regiſtre des ſottiſes de la Cour & de la Ville; il y en a pour tout le monde; & dans ce vaſte champ, ſans nous rien dérober, on peut glâner encore après nous.

MÉMOIRES SECRETS

Pour servir a l'Histoire de la Republique des Lettres en France, depuis MDCCLXII, jusqu'a nos jours.

ANNÉE MDCCLXXXVI.

PREMIER JANVIER.

On peut se rappeller que l'année dernière, sous la date du 1ᵉʳ. Avril 1785, nous annonçâmes une piece satyrique contre M. *de Calonne* extrêmement rare; elle nous tombe sous la main & nous nous empressons de la consigner ici.

Chanson au sujet du Protocole de M. de Calonne, Contrôleur général,

Sur l'Air : *La bonne aventure ô gué*, &c.

I.

Chacun vante ses talens
Et son savoir faire;
L'un fait bien le droit des gens,
Et l'autre la guerre.

A 2

Crispin (1) vit avec les sceaux,
La Croix (2) avec les vaisseaux.
J'ai mon protocole ô gué!
J'ai mon protocole.

2.

Rosny, sévère pédant,
N'aimant que son maître,
Détestoit le courtisan,
Comme on hait un traître :
Autant que lui je les crains,
Mais je leur garnis les mains.
J'ai mon protocole ô gué!
J'ai mon protocole.

3.

Colbert à force d'édits
Sauva la finance ;
Necker par ses beaux écrits
Enchanta la France :
Dans un beau discours aussi
J'ai berné Nicolaï (3).
J'ai mon protocole ô gué!
J'ai mon protocole.

(1) M. de Miromesnil, ainsi nommé au sujet des rôles de *Crispin*, qu'il jouoit à merveille chez M. le Comte de Maurepas.

(2) Nom de famille du Maréchal de Castries, Ministre de la Marine.

(3) On veut parler sans doute du discours de réception de M. de Calonne à la Chambre des Comptes.

4.

Chez mes dévanciers pesans,
　Femme ou petit-maître
Jamais qu'en habit décent
　N'eut osé paroître.
J'admets Ministre coquet,
Les Duchesses en Jocquet (4),
　J'ai mon protocol ô gué!
　J'ai mon protocole.

5.

Si l'on me laisse le tems,
　Le bien je puis le faire,
Car j'ai le cœur inconstant,
　La tête légere.
Pour Dubarry (5) j'ai laissé
La Laval (6) à d'Harvelai (7).
　J'ai mon protocole ô gué!
　J'ai mon protocole.

6.

En promettant cent pour cent (8)
　J'ai séduit la France,

(4) La Duchesse de Luynes, venue ainsi à l'Audience de M. le Contrôleur général.
(5) Il s'agit de la jeune Comtesse Dubarry, femme du Roué, très jolie personne, que celui-ci avoit poussée chez le Ministre des finances.
(6) Madame de Laval, (Boullongne en son nom) ci-devant maîtresse en titre de M. de Calonne.
(7) Garde du Trésor royal.
(8) Il s'agit de l'emprunt des 125 millions, rem-

Mais au bout de vingt-cinq ans
Qui payera la chance?
François, que vous êtes bons!
Ou vous, ou moi, nous mourrons.
J'ai mon protocole ô gué!
J'ai mon protocole.

1 *Janvier* 1786. C'est au sept de ce mois que les officiers municipaux de Guines ont arrêté de faire l'inauguration du monument que cette ville a fait élever *in rei memoriam* par permission du Roi, en l'honneur de M. *Blanchard*, l'intrépide aëronaute, qui le premier & le seul encore a traversé la Manche, le même jour sept Janvier 1785.

Ces officiers municipaux en ont prévenu M. *Blanchard* par une lettre du onze Décembre, afin qu'il eût le tems d'inviter à la cérémonie tous ses confrères & amis.

La fête aura lieu dans la forêt de Sa Majesté, au lieu nommé depuis *Canton Blanchard*.

1 *Janvier*. Les comédiens françois ont remis hier au théâtre une comédie de M. *Pallissot*, jouée en 1762 sans succès: elle avoit alors pour titre *les Méprises*, ou *le Rival par ressemblance*. Cette piece, qui reparoît aujourd'hui sous le seul titre *des Méprises*, en cinq actes & en vers, au style près qui est le ta-

boursables en vingt-cinq ans, horriblement à charge à l'Etat, & dont tout le monde se plaignoit alors.

lent capital de l'auteur, n'a gueres mieux réussi ; c'est ce qui a donné occasion à l'épigramme suivante :

    Quand la piece parut, les rieurs mécontens
    Dirent que de l'auteur c'étoit une méprise ;
    Mais sans changemens importans,
    Oser la reproduire après plus de vingt ans,
    Pour le coup c'est une sottise!

2 Janvier 1786. Le nouvel établissement concernant le transport des ballots, paquets, & marchandises, dans l'intérieur de la ville & des fauxbourgs de Paris, essuye les contradictions qu'éprouvent toujours les innovations. Quoique le privilege des entrepreneurs, dont il s'agit, ne soit pas exclusif, les Forts de la halle, les Savoyards & tous les Commissionnaires en général, dont il tend à faire baisser le prix de la main d'œuvre, en sont furieux ; ils cherchent à troubler dans leurs fonctions les serviteurs de cette compagnie ; il en a résulté déja des querelles & des batteries ; on est obligé de faire escorter les voitures par le guet & il est à craindre qu'on ne soit forcé de faire un exemple.

2 Janvier 1786. La place de Rapporteur de la Cour est toujours vacante ; on assure qu'elle a été offerte à plusieurs membres de la Grand-chambre, qui n'en ont pas voulu, & d'ailleurs Mr. le Premier Président dit qu'il ne connoît personne en état de remplacer M. *Damécour*; on assure qu'on sollicite celui-ci pour reprendre, mais qu'il s'obstine à refuser.

2 *Janvier* 1786. On a parlé dans le tems de l'heureuse découverte de Mr. *Auguste*, qui tout d'un coup est devenu homme de condition, sous un nom très connu & distingué dans la classe de la *Noblesse*. Depuis ce tems, M. *de Piis*, c'est ainsi qu'il s'est appellé, n'a pas manqué de prendre le titre d'écuyer, même comme auteur, & d'en faire précéder tous ses titres littéraires. Un de ses confreres poëtes, indigné d'une telle affectation, comme si par-là Mr. *Auguste* comptoit s'arroger une prééminence sur les autres, lui a adressé la boutade suivante:

Du sort plus favorable une nouvelle phrase
Eclairant ta naissance, au sein de ton fumier,
Envain t'a fait monter au grade d'Ecuyer,
Tu ne seras jamais l'Ecuyer de Pegase.

3 *Janvier* 1786. Depuis quelque tems on parle de la retraite de M. le Chevalier *de Saint Sauveur*, Lieutenant pour le Roi au château de la Bastille, & de M. le Bailli *de Gallardon*, adjoint du Major & en survivance. Rien de plus vrai, & l'on regarde comme certain que cette retraite forcée est la suite de trop grandes complaisances qu'ils ont eues pour le Cardinal prisonnier.

3 *Jan-*

3 *Janvier*. L'opéra de *Penelope* a été retardé longtems depuis la premiere représentation, par des indispositions d'acteurs; il n'en est encore qu'à sa troisieme représentation, & son sort n'est point fixé irrévocablement parmi les connoisseurs; les épigrammes n'en courent pas moins; en voici une qui n'est pas sans sel:

>O! Marmontel, loin d'enfanter
>Sans cesse ouvrage sur ouvrage,
>De ta *Penelope* si sage
>On te conseille d'imiter
>La patience singuliere:
>Oui, par un heureux retour,
>La nuit il te faudroit défaire
>Tout ce que tu fis dans le jour.

3 *Janvier*. Ce qu'on avoit prévu est arrivé; les différentes escarmouches des portefaix & Savoyards contre les suppôts de la nouvelle entreprise, ont dégénéré hier en un combat général & sanglant. C'est la rue des Noyers, voisine de la place Maubert, qui a servi de champ de bataille. Quelques-uns des mutins ont cherché querelle à ceux qui conduisoient la *Collecte* de ce quartier; on nomme *Collecte* la voiture qui, chargée de différens paquets, les dépose successivement aux lieux de leur destination. Les camarades des bureaux voisins sont venus au secours: les premiers ont aussi reçu des renforts des

carrefours les plus proches. Ayant trouvé une voiture de bois qu'on déchargeoit, ils se sont armés des buches qu'elle contenoit : il a fallu appeller la garde, bientôt le guet à pied & le guet à cheval sont arrivés, & pour empêcher que le tumulte ne devînt plus grand par la foule des combattans qui grossissoit de part & d'autre, ils se sont emparés de toutes les avenues des environs & faisoient rétrograder les passans ; ils ont mis ainsi fin au bout de quelque tems à cette bagarre, mais non sans plusieurs blessés & même sans un ou deux morts, à ce qu'on certifie. On s'est emparé de quelques-uns des mutins & ils sont en prison.

4 *Janvier* 1786. Mr. *Bontems*, le nouveau Directeur du Musée de feu *Pilâtre*, transformé en *Lycée*, n'ayant pu encore par ce nom antique, par ceux des augustes Protecteurs de l'entreprise, par un *Prospectus* répandu avec grand appareil, amorcer le nombre des souscripteurs qu'il desireroit, fait un dernier effort en envoyant en profusion dans tout Paris la *Liste de Messieurs les Professeurs*. Quel étonnement d'y voir inscrit pour Professeur d'histoire, M. *Marmontel*, Secrétaire perpétuel de l'Académie françoise, Historiographe de France; enfin pour Professeur de Mathématiques, M. le Marquis *de Condorcet*, Secrétaire perpétuel de l'Académie royale des Sciences, & de l'Académie françoise. On ne doute pas que ces Messieurs n'aient pris l'at-

tache des Compagnies auxquelles ils appartiennent, avant de se rendre de la sorte les gagistes du public ; mais on ne peut concevoir que ces Compagnies si délicates leur aient permis ces fonctions mercénaires. On assure qu'ils ont trois mille livres chacun.

4 *Janvier*. Les Députés du Parlement de Bretagne sont attendus à Versailles au nombre de douze.

Comme cette affaire est très grave, & qu'on ne sauroit trop en conserver les piéces intégrantes, voici l'Arrêté du 10 Décembre.

,, La Cour, toutes les Chambres assemblées, considérant que jamais les loix & les formes les plus essentielles du Royaume n'ont été violées avec plus d'évidence & de danger que dans la circonstance actuelle ; que, s'il suffit de faire entrer un *porteur d'ordre*, qui, sans que les Magistrats aient eu la moindre connoissance de la Loi proposée, sans nul examen, sans nulle délibération préalable de leur part, s'emparera des Regitres de la Cour, & y fera inscrire d'autorité tout ce que bon lui semblera ; alors la Loi d'enrégistrement devient tout à fait illusoire, & dégénere en un vain appareil, aussi *indigne de la Majesté Royale*, que de la noblesse & des fonctions de la Magistrature.

,, Considérant que si les loix du royaume doivent être enfreintes sans réclamation, ce ne sera jamais pendant que ce dépôt sera confié à des Magistrats que leur état, *leur nais-*

sance & leur serment attachent à *l'inébranlable résolution* de souffrir tout avec courage & *jusques à la disgrace même* de Sa Majesté, plutôt que de laisser périr dans leurs mains les formes constitutives & tutélaires de la Monarchie.

„ Considérant ladite Cour, que ses réclamations étoient justes dans le principe, puisque Sa Majesté a proscrit elle-même tous les tabacs que la vigilance du Parlement avoit soustraits à la consommation publique ; que la résistance a été jusques à ce moment fondée & légitime, puisque d'un côté elle n'a eu pour objet que de défendre & de conserver une compétence entiere & illimitée, sans laquelle les abus & les malversations de *traitans protégés* seroient toujours impunis, & que de l'autre elle s'est sans cesse attachée à démontrer les vices & les dangers, dont on ne peut douter que le gouvernement ne soit bien convaincu lui-même.

„ Par ces considérations la Cour profondement affligée du peu de succès, qu'ont eu jusques à présent ses *très humbles & très respectueuses* Remontrances, persuadée que si la pureté de ses vues, la justice de ses réclamations étoient connues du meilleur des Rois, son Parlement n'éprouveroit pas les disgraces & les humiliations qu'il essuye ; effrayée surtout du péril imminent dans lequel se trouve la Loi la plus précieuse de l'Etat, celle de l'Enrégistrement :

,, A arrêté de faire à Sa Majesté de très humbles, de très respectueuses & itératives Remontrances, & arrête dès à présent qu'elles seront portées au pied du Trône par une Députation solemnelle; & pour la rédaction des Remontrances ordonne que les Commissaires ordinaires, & *tous ceux* qui voudront s'y trouver, s'assembleront incessamment, & qu'il sera écrit à Sa Majesté pour lui demander le jour & l'heure auxquels Elle voudra bien recevoir les Députés de son Parlement."

5 *Janvier* 1786. Mad^e. la Maréchale *d'Estrées*, femme de beaucoup d'esprit, âgée d'environ soixante-dix ans, fort vive & emportée, avant-hier, après son dîner, s'est mise dans une telle colère contre une de ses femmes, qui l'étoit venue entretenir d'un mariage qu'elle vouloit faire & qui déplaisoit à sa maîtresse, qu'elle en est tombée sur le champ en paralysie & que la parole ne lui est pas encore revenue.

5 *Janvier*. Un singe de M. *Mercier*, d'après *l'an deux mille deux cens quarante*, vient de composer *les bas-reliefs du dix-huitieme siecle*, ouvrage où, en rappellant rapidement les faits importans de notre ère, les noms célebres des hommes de génie en tout genre qui l'ont illustré, l'auteur fadasse distribue l'encens sans mesure jusques aux moindres grimauds de la Littérature. L'ouvrage cependant se vend sous le manteau, sans doute afin de mieux exciter la curiosité des lecteurs.

Le style en est fort inégal, quelquefois emphatique, quelquefois commun, quelquefois figuré, noble & harmonieux.

5 Janvier. Le Ballet pantomime du *premier Navigateur*, qui d'abord avoit eu un succès équivoque, & depuis quelque tems avoit repris singuliérement, graces au Sieur *Vestris*, a été donné pour la derniere fois, mardi, au milieu de son plus brillant succès. De longtems on n'avoit vu une affluence aussi considérable à l'opéra; mais le départ prochain de ce danseur pour Londres oblige d'interrompre les représentations, plutôt que de les affoiblir par un double trop inférieur à ce grand maître.

Mr. Vestris a dû danser hier à la cour dans le nouvel opéra d'*Oedipe à Colonne* & partir aujourd'hui. On en sera privé pendant six mois: c'est une des clauses du marché abusif fait avec lui pour le conserver.

6 Janvier. Il est des gens qui font tant de cas de leurs idées, qu'ils ne veulent absolument en rien perdre. Tel est l'auteur de *l'Hermite Philosophe*. C'est le titre d'une brochure très courte, où sous différens articles il a rassemblé des *Lettres & réflexions d'un homme du monde, qui vit dans la retraite*. Encore annonce-t-on qu'un accident imprévu a détruit le reste des fragmens, que l'on s'étoit proposé de réunir à ceux-ci.

L'écrivain paroît un disciple de M. *Helvetius*, & quoiqu'il le combatte dans un chapitre, c'est très respectueusement. Du reste, on le juge facilement imbu des mêmes principes; ce qui doit rendre ces Essais odieux au clergé. Au fond, rien de neuf, ni de piquant; le seul endroit plus intéressant & plus direct aux choses du moment; c'est le paragraphe sur le *Théâtre de Madame de Genlis*: après en avoir fait l'éloge, le philosophe misanthrope termine par le regarder comme une niaiserie, qui peut amuser un moment, sans donner d'instruction, sans aucune utilité.

6 *Janvier*. Le Châtelet a eu beaucoup de peine à remettre les Expéditions demandées par le Parlement, concernant le Decret de M. *Augeard* & conséquemment l'affaire de M. *le Maître*; car il paroît qu'on a présenté requête au nom de celui-ci, qui s'est joint au premier pour appeller du Decret; quoiqu'il en soit, il a fallu menacer le Greffier pour qu'il obéît à l'Arrêt du Parlement; ensuite M. *de Laurencel*, Substitut de M. le Procureur général, qui devoit donner des Conclusions, a gardé ces piéces, sous prétexte qu'il n'osoit se décider par lui-même dans un procès aussi délicat, où M. le Garde des Sceaux étoit intéressé, & qu'il vouloit en référer à son Chef; ensorte que par tous ces retards la Tournelle ne prononcera que demain.

On sait que le jour de Sainte Genevieve M. le *Peletier de Rozambo*, Président de Tournelle, étant allé, suivant l'usage, avec le grand banc faire sa cour à Versailles, M. le Garde des Sceaux lui a parlé de Mr. *le Maître*, lui a demandé quel étoit le Rapporteur & a paru mécontent que ce fût M. *Dionis du Séjour*, dont cependant les lumieres, l'expédition & l'intégrité sont connues de tout le monde.

6 *Janvier*. La fameuse Mlle. *le Maure*, mariée depuis longtems à M. *de Montbruel*, vient de s'éteindre, âgée de près de quatre-vingt-deux ans. On prétend qu'il y a eu des difficultés de la part du curé de Saint Nicolas des Champs pour son enterrement, parce qu'on n'a point appellé de prêtres durant sa maladie, & que pour des raisons d'intérêt, sans doute, le mari a caché sa mort pendant plusieurs jours. Il a fallu une descente de chirurgiens du Châtelet, qui ont attesté qu'elle étoit morte très naturellement; mais que ce n'étoit pas du jour, ni de la veille.

6 *Janvier*. M. *Blanchard* s'est tiré fort ingénieusement de la difficulté qu'a faite Mr. *de Lalande* sur la hauteur de l'ascension de cet aéronaute, qu'il a prétendue démontrée physiquement impossible: en témoignant à l'académicien tout le respect qu'il lui doit, il n'a garde de vouloir lutter avec lui par des raisonnemens, & comme il n'est point de calculs qui puissent tenir contre des faits, il l'a invité par une lettre particuliere, datée de Lille le 25 Décembre, à vouloir bien l'accom-

pagner dans le prochain voyage qu'il se propose de faire.

Afin que M. de Lalande n'en prétendît cause d'ignorance, M. Blanchard a écrit en même tems aux Journalistes de Paris, pour les instruire de cette anecdote & les prier de la rendre publique: ce qu'ils n'ont pu refuser.

7 *Janvier*. L'Académie de Châlons sur Marne, une de toutes qui s'est le plus occupée de sujets intéressans, avoit proposé celui-ci: *Découvrir les vrais moyens de faciliter & d'encourager les mariages, en les conciliant avec le respect dû à la religion & aux mœurs publiques.* Un anonyme lui avoit adressé un discours, qui n'a point eu le suffrage de cette Compagnie, & de l'aveu de l'auteur, ne devoit pas l'obtenir à raison des hardiesses qu'il contient. Aussi un Académicien lui écrivit-il qu'on avoit trouvé de bonnes choses dans son Mémoire, mais encore plus de dangereuses, ce qui l'avoit fait rejetter.

L'anonyme supposant que ce mot *Dangereux* ne doit pas se prendre dans un sens strict & absolu, mais bien dans une acception académique, n'a pas craint de faire imprimer clandestinement son discours, sous le titre d'*Essai sur le mariage, considéré sous des rapports naturels, moraux & politiques; ou moyens de faciliter & d'encourager les mariages en France.*

Cet ouvrage excellent & rare, mérite

qu'on y revienne, lorsqu'on l'aura mieux analysé.

7 Janvier. Malgré le peu de succès des dernieres Parodies, les comédiens Italiens ont encore agréé celle de *Penelope*, en un acte, en prose & vaudevilles. Elle est dans le genre qu'on appelle *Travestissement*; c'est-à-dire, dans le moins piquant, en ce qu'il n'admet aucune malignité, aucune critique, sauf quelques traits de gaîté, quelques couplets bien tournés. Cette Parodie a manqué son effet & a ennuyé, loin d'occasionner le rire. Elle est de Mr. *Radet*.

8 Janvier. Mr. *Dionis du Séjour*, Rapporteur des Requêtes de Messieurs *Augeard & le Maître*, n'ayant eu que vendredi fort tard toutes les expéditions dont la Tournelle avoit ordonné l'apport, n'a pu en faire l'extrait; il a pris le parti de les lire toutes devant les Juges; ce qui a tenu un tems considérable.

Il paroît que les Conclusions du Procureur général étoient pour approuver les Décrets & renvoyer les Décrétés par devant les premiers Juges; mais les autres Magistrats n'ont point jugé à propos de les suivre: ils ont ordonné l'apport des pièces de conviction & que l'affaire seroit renvoyée à l'audience pour être plaidée avec les gens du Roi.

C'est à mercredi prochain, 12, que la séance est indiquée. Me. *Target* doit plaider pour M. *le Maître*; Me. *de Bonnieres*, pour M. *Au-*

geard, & M. *Seguier* portera la parole pour le Ministere public.

De mémoire d'homme on n'avoit vu une pareille cause à l'audience. On regarde cette tournure comme une petite niche faite par les Magistrats aux Ministres compromis, qui n'aimeront pas à être ainsi tympanisés.

8 *Janvier* 1786. Sans doute en vertu du Pacte de famille, le Directeur du Lycée annonce que tous les avantages dont jouissoient les Espagnols au Musée du feu *Pilâtre de Rozier*, leur sont conservés, & que les fondateurs du nouvel établissement, verront avec plaisir profiter de la faveur d'une entrée gratuite, les Espagnols qui voyageront à Paris.

Quant à Messieurs les six *Pensionnados* de Sa Majesté Catholique, présens & à venir, la fondation faite en leur faveur leur assure pour toujours le droit d'y être admis.

8 *Janvier* 1786. Il vient d'être donné à l'Académie des Sciences au vieux Louvre un vaste logement, au dessus des salles où elle tient ses séances, pour mettre en vue les machines & outils de toute espece, que cette compagnie depuis cent dix-neuf ans qu'elle subsiste, s'est appliquée à rassembler, & dont la collection, devenue la plus nombreuse & la plus riche en ce genre qu'il y ait en Europe, étoit renfermée & entassée dans des greniers, où l'on ne pouvoit en jouir.

8 *Janvier* 1786. Extrait d'une lettre de Montpellier du 24 Décembre. Le 17 de

ce mois, après le spectacle, on fit, suivant l'usage, la visite de la salle: le 18 dans la nuit, des voyageurs apperçurent de loin de la fumée & du feu ; ils en avertirent ; on sonna le tocsin de l'hôtel de ville: tous les secours arriverent bientôt & le Régiment de Vermandois signala son zèle principalement. Malgré tant de travaillans on reconnut bientôt l'impossibilité de sauver la salle du spectacle, & l'on tourna ses soins du côté de la salle du concert, dont une partie a été conservée ; on a également garanti des magasins de bois, qui étoient dans les souterrains de la salle, & de cinq il en subsiste quatre.

M. *de Saint-Priest*, l'Intendant de la Province, étant dans la ville, s'est signalé à la tête des ouvriers.

9 *Janvier* 1786. M. *Guettard*, Docteur Régent de la faculté de Médecine de Paris, Médecin botaniste de son Altesse Sérénissime Monseigneur le Duc d'Orléans, de l'Académie Royale des Sciences, de celles de Stockholm, de Florence, &c. Censeur royal, est mort ces jours-ci. C'étoit un savant homme, qui a beaucoup écrit sur l'histoire naturelle.

9 *Janvier* 1786. La grande salle du spectacle de Versailles est trop immense pour les représentations courantes; on la réserve pour les occasions extraordinaires: l'ancienne étoit trop vilaine & trop incómmode; on en a donc construit une troisieme, dont l'inaugu-

ration s'est faite le mercredi 4, par la représentation de l'*Oedipe à Colonne*, opéra de Mr. *Guillard*, un de ceux couronnés cette année. C'est M. *Sacchini* qui en a fait la musique; il a eu un plein succès: mais la salle a été fort critiquée, on l'a jugée excessivement petite & il est question de l'augmenter.

Au lieu de l'*Oedipe à Colonne*, on devoit jouer un nouvel ouvrage lyrique de Mr. *Rochon de Chabannes*, mis en musique par Mr. *Desaides*; mais le Duc *de Fronsac* a déclaré à ces auteurs que, malgré sa promesse, cela ne lui avoit pas été possible. Mr. *Sacchini* est aujourd'hui le musicien en faveur, le seul dont la Reine goûte les ouvrages.

10 *Janvier* 1786. On attribue l'épigramme contre l'opéra de *Penelope* à Mr. l'abbé *Aubert*; il en court une sur celui-ci, qu'on prétend faite par Mr. *Marmontel*: ce qui est d'autant plus vraisemblable, que d'abord l'Académicien a sa propre querelle à venger, qu'ensuite ce sont ses parens & amis qui l'ont répandue les premiers, enfin qu'elle est absolument dans sa maniere dure & grossiere; on en va juger:

Quel est ce mufle jaune & verd,
Que sa propre laideur irrite?
Cet air sournois, cet œil couvert,
Ce regard d'un sombre hypocrite?
Eh! parbleu, c'est l'abbé Aubert,
Prédestiné pour être infame,

La nature a semblé vouloir
Marquer son front hideux à voir
D'un signe de honte & de blâme;
Rien de plus bas, rien de plus noir,
C'est le vrai miroir de son ame:
Encor, dit-on, qu'en ce tableau
Sa vilaine ame est peinte en beau.
En attendant que Dieu lui fasse
Un caractere tout nouveau,
Passans, crachez-lui sur la face !

16 *Janvier* 1786. L'auteur de l'*Essai sur le mariage*, considere d'abord l'union des deux sexes dans l'ordre de la nature ; il l'envisage ensuite dans son institution primitive, lorsqu'elle prit le nom de mariage, telle qu'elle étoit ou devoit être chez des peuples simples, à peine civilisés. De ce tableau historique il descend tout naturellement à l'état actuel d'un tel lien parmi nous. Il a trouvé qu'au lieu de faire le bonheur de l'homme, il en faisoit le tourment ; il a cherché les causes de ce désordre. Il a cru les découvrir dans les systêmes & les abus dangereux, qui diminuent les moyens de subsistance de l'homme; dans la trop grande inégalité des fortunes; l'injuste répartition des propriétés; le luxe; les loix qui attaquent la sûreté, la liberté des citoyens; les entraves mises à la naturalisation des étrangers ; les obstacles qu'on oppose aux mariages des Protestans en France ; la cor-

ruption des mœurs; l'indissolubilité du lien; la difficulté de le former entre certaines personnes; les avantages pécuniaires que les femmes apportent en dot à leurs maris; le peu de faveur & de protection accordées aux gens mariés; la quantité de citoyens des deux sexes célibataires par état, par goût & par nécessité, &c...... Il termine par proposer les remedes qu'il croit les meilleurs.

Tout ce que l'auteur dit, est très judicieux & très pensé: en ramenant beaucoup d'idées déja répétées cent fois sur cette matiere, il en propose de vraiment neuves. Il y a du reste des morceaux de sentiment, des descriptions touchantes: son style est noble, pur, vif & plein de mouvement. Ce qu'on peut lui reprocher, c'est d'être descendu dans trop de détails: ce qui rend son ouvrage long & quelquefois minutieux; qualité que doit éviter soigneusement tout écrivain à grandes vues.

10 *Janvier* 1786. On vient d'établir dans la Basse Normandie, qui comprend deux Généralités, une feuille périodique de la nature de celles qui s'impriment dans les principales villes du Royaume, sous le titre d'*Affiches, Annonces & Avis divers*. Elle paroît, à compter du commencement de ce mois, le lundi de chaque semaine: elle est rédigée avec soin, par Me. *Picquot*, Avocat. C'est à Caen qu'elle s'imprime.

On vient établir également à Nîmes un *Journal hebdomadaire*, qui paroîtra tous les jeudis : il embrasse le commerce, les nouvelles des ports, le cours de change &c. des détails sur les Sciences, les Arts, la Littérature, &c.

11 *Janvier* 1786. Mr. *Titon de Villotran*, qui étoit incommodé, s'est rendu hier à la Grand' chambre assemblée & y a fait enrégister les Lettres-Patentes, qui donnent au Parlement toute liberté d'entrer à la Bastille & d'y envoyer tels Officiers de justice que bon lui semblera, pour les significations, informations, interrogatoires & autres actes quelconques nécessaires pour l'instruction & la marche de la procédure dans la grande affaire du Cardinal.

On prétend qu'en conséquence il a dû être interrogé dès aujourd'hui.

11 *Janvier* 1786. Me. *Elie de Beaumont*, fameux Avocat, & encore plus fameux intriguant, a été trouvé mort hier subitement dans son lit : bien des gens prétendent qu'il s'est tué, à raison de ses mauvaises affaires ; c'est ce qu'on pourra juger par la suite. Du reste, il laisse plusieurs places vacantes ; il étoit Conseiller du Roi & de Monseigneur le Comte d'Artois, Intendant de ses finances, Avocat-général de *Monsieur*, &c. Il n'étoit ni aimé, ni estimé de ses confreres & s'étoit mis plusieurs fois dans le cas d'être rayé du Tableau, si l'on lui eût rendu justice.

11 *Janvier* 1786. On prétend que la véri-

ritable épigramme de l'Abbé *Aubert* contre *Pénélope* est ainsi tournée :

Oh ! que de vers ton lourd génie entasse !
Rime & bon sens te disent, c'est assez.
Tes drames froids dévalent du Parnasse
Comme glaçons l'un par l'autre poussés.
De ta *Didon* la musique prospere ;
Mais contre *Ulysse* un chacun *s'exaspere*.
Puisque ta Muse au lyrique séjour
A si mal peint le vainqueur du Cyclope,
Imite au moins ta sage *Pénélope*,
Défais la nuit ce que tu fis le jour.

11 *Janvier* 1786. La catastrophe de M^e. *Elie de Beaumont*, l'intime ami de M^e. *Target*, l'empêchera de plaider pour M. *le Maître* : d'ailleurs il a renoncé à la plaidoierie & s'étoit offert seulement pour conseil. Quoiqu'il en soit, ce sera M^e. *Martineau*. Il a eu beaucoup de peine à pouvoir communiquer avec son client ; il a fallu une lettre du Président de Tournelle au Procureur du Roi, pour que l'Avocat pût pénétrer dans la prison. Il doit plaider aussi pour Mesdames le Maître, mere & femme, & pour la cuisiniere, toutes appellantes de leur décret. On est encore incertain si les Avocats parleront en public, ou bien à huis clos : les Ministres désireroient fort que l'affaire n'eût pas tant de publicité & il paroît qu'ils ont obtenu que les Mémoires ne seroient pas imprimés.

12 Janvier 1786. Hier, quand Me. *Martineau* a dû commencer son plaidoyer, il a demandé que l'audience entrât. La Cour s'en est rapporté à Mr. *Séguier*, Avocat général chargé de porter la parole. Ce Magistrat a dit qu'il ne s'y opposoit point; que d'ailleurs le public étant imbu que plusieurs membres de la Cour étoient impliqués dans la procédure, ce seroit autoriser ces bruits faux & calomnieux, si l'on y apportoit quelque mystere. En conséquence l'huissier a reçu ordre d'ouvrir les portes.

Me. Martineau a plaidé avec beaucoup de force & de véhémence; il a surtout insisté sur les nullités de toute espece dont étoit infecté cette procédure: entrant ensuite dans le fond, il a discuté les chefs d'accusation. A l'égard des caracteres & autres ustensiles d'une imprimerie trouvés sur & chez M. *le Maître*, outre que leur vetusté & le défaut de plusieurs accessoires le mettoient dans l'impossibilité d'en faire usage, il s'est écrié que loin de les proscrire malgré leur inutilité, il falloit les conserver, comme de précieuses reliques, puisque c'est avec ces caracteres qu'on avoit imprimé les écrits lumineux qui, durant la révolution de la Magistrature, ont si fort contribué à sa défense & ont également éclairé la nation & le monarque.

Passant aux pamphlets trouvés chez M. le Maître, il a argué de leur multiplicité pour établir que l'accusé n'en faisoit aucun usage;

allant plus loin, il a fait voir que ces pamphlets même ne servant qu'à discuter des opérations ministérielles, ne pouvoient se qualifier de libelles.

La rigueur des décrets décernés contre la mere, contre la femme, contre la cuisiniere de M. *le Maître*, a surtout offert un beau champ à l'orateur, qui a prouvé combien ils offensoient les loix, l'humanité, la nature.

Il est revenu sur la procédure monstrueuse, établie avant que l'accusé fût conduit à la Bastille, & durant son séjour en cette prison; il a fait voir qu'ayant servi de base à celle du Châtelet, celle-ci, quoiqu'instruite par des Juges avoués, n'étant fondée que sur la premiere, devoit s'écrouler avec elle-même.

Me. Martineau, quoique peu éloquent de sa nature, a été fort applaudi pour sa logique pressante & victorieuse.

La cause est remise au samedi, où Me. *de Bonnieres* doit plaider pour M. *Augeard*, & où Mr. *Seguier* portera la parole.

12 *Janvier* 1786. Mr. *Maréchal* continuant à parodier différentes circonstances de notre Liturgie, a composé un *Noël Anacréontique*, sur l'air *à la venue de noël*. Ce morceau n'est pas propre à le réconcilier avec les dévots. C'est une allégorie soutenue de l'Amour avec Jésus-Christ, pleine de goût & de délicatesse. Il y a treize couplets, tous charmans.

12 *Janvier* 1786. Par une lettre du 4 Janvier M. *de Cattelan*, le Premier Président du Par-

lement de Bretagne, écrit que le Parlement lui a fait l'honneur de le nommer de la Députation & que fa Compagnie attend la réponfe du Roi : ainfi tout ce qu'on a dit à cet égard, étoit prématuré.

12 *Janvier* 1786. Le réfultat de plufieurs émeutes arrivées par les Savoyards, portefaix, commiffionnaires & autres à l'occafion de la nouvelle compagnie chargée de porter les ballots, a été de partir hier pour Verfailles au nombre de quinze cens & peut-être deux mille. L'allarme s'eft fur le champ répandue dans Paris. Leur rendez-vous & point de départ étoit à la place de Louis XV, où diverfes efcouades de guet fe font tranfportées, le Chevalier *Dubois* à la tête, qui a demandé à cette troupe, où elle alloit ? ce qu'elle défiroit ? Ils ont répondu qu'ils vouloient aller porter un placet au Roi, qu'ils ne croyoient pas qu'il y eût rien d'illégal dans leur conduite, qu'ils étoient fans armes ni bâtons ; qu'on pouvoit les fouiller, les fufiller ; qu'ils ne fe défendroient pas ; mais qu'ils pourfuivroient leur marche. M. Dubois les a laiffé partir & cependant a dépêché des cavaliers à toutes les Maréchauffées voifines, qui fe font réunies au pont de Seve & ont tenté encore d'arrêter ces malheureux : même réponfe, même fermeté ; on leur a ouvert le paffage & en même tems prévenu la garde du Roi, du fpectacle qu'elle alloit avoir. Arrivés à Verfailles, ils ont trouvé les

grilles fermées; on les a interrogés de nouveau & on leur a répondu que le Roi étoit à la chasse : on leur a représenté que s'ils vouloient remettre un placet à Sa Majesté, il suffisoit que quelques-uns d'eux se détachassent; ils y ont consenti, & leurs députés ont passé la premiere grille: à la seconde, M^r. le Prince *de Poix* s'est présenté à eux, leur a dit qu'il se chargeoit de leur Mémoire, qu'il ne manqueroit pas de le remettre au Roi à son retour & que certainement ils en recevroient une réponse : alors ils se sont débandés & sont revenus à *Paris*.

On croit qu'on leur donnera gain de cause sur leurs camarades arrêtés & qu'ils seront élargis ; on le présume par la lenteur avec laquelle le Châtelet instruit le procès des mutins. A l'égard du privilège, comme il n'est point exclusif, & que le public paroît goûter le nouvel établissement, il n'est guères possible de le retirer.

12 *Janvier* 1786. On a fait sur le Mémoire de Madame *de la Motte* par M^e. *Doillot*, une épigramme grossiere, mais juste :

Doillot dans son *factum* dénote
Bien plus d'écart que de raison ;
Mais puisqu'il plaide pour la Motte,
Il doit raisonner comme un C....

13 *Janvier* 1786. Malgré les difficultés que Messieurs apportent à laisser percer les

parties de l'enrégistrement biffées par le Roi, en voici une, c'est-à-dire l'Arrêté: ,, dans la
,, confiance que ledit Seigneur Roi rendra
,, justice aux sentimens dont son Parlement
,, n'a cessé d'être animé dans toutes ses déli-
,, bérations sur le présent Edit, & à la légi-
,, timité des motifs qui ont terminé ses très
,, humbles, très respectueuses & itératives
,, Représentations; son Parlement espere que
,, ledit Seigneur Roi, suivant les mouvemens
,, de son cœur & de son amour paternel pour
,, ses Sujets, reconnoîtra le danger & les
,, conséquences des Emprunts trop multi-
,, pliés & se persuadera que le seul Crédit
,, véritablement désirable pour la propriété
,, de ses finances, tient nécessairement à l'éco-
,, nomie la plus exacte dans les dépenses né-
,, cessaires, au retranchement de celles qui
,, n'ont pour objet le bien du service dudit
,, Seigneur Roi, ou l'utilité publique, & enfin
,, à l'ordre constant & immuable qu'il daigne-
,, ra régler & faire observer dans toutes les
,, parties de l'administration".

13 *Janvier* 1786. M. le Cardinal *de Rohan* a été malade à la Bastille; il a appellé le Médecin *Portal*, qui a eu la liberté de le voir, & des plaisans qui tournent tout en dérision, ont composé sur ce sujet une chanson sur l'air d'*ô filii & filiæ*:

L'intriguant Médecin *Portal*
Nous a rendu le Cardinal,

Il l'a bourré de quinquina;
Alleluia.

※

Oliva dit qu'il est dindon,
La Motte dit qu'il est fripon,
Lui se confesse un vrai bêta;
Alleluia.

※

Notre Saint Pere l'a rougi,
Le Roi, la Reine l'ont noirci,
Le Parlement le blanchira;
Alleluia.

※

A la cour il est impuissant,
A la ville il est indécent,
A Saverne il végétera;
Alleluia.

On voit que tout cela est fort décousu, une série de calembours réunis ensemble, & qu'en général il y a peu de sel dans ce vaudeville, qui tire tout son mérite de l'à propos.

13 *Janvier* 1786. Extrait d'une Lettre de Guines du 8 Janvier..... Le 7, c'est-à-dire hier, nos Magistrats & le Maire & Syndic de la Noblesse du Calaisis, se transportèrent à la Colonne qu'ils ont fait élever dans la forêt du Roi. Mr. *Blanchard* s'y étoit rendu & y reçut le compliment du Procureur du

Roi du corps municipal, qui n'a rien de remarquable; c'est un historique des faits. La réponse de M. Blanchard, très platte & remplie de fautes de françois, est encore moins digne d'être citée. Ensuite on signa l'acte d'inauguration.

L'inscription très longue est en latin & a été envoyée par l'Académie (des Belles-lettres apparemment); comme elle ne contient que la relation du passage & toutes les circonstances, date par date, je crois inutile de vous l'adresser.

On revint à Guines, où il y eut grand souper & bal.

Les seuls ornemens de la salle relatifs à la fête, consistoient dans le portrait de M^r. *Blanchard*, avec le profil de la Colonne, & dans un médaillon entouré d'une guirlande de myrthe, surmontée d'une couronne de laurier, où l'on lisoit ces quatre vers de M^r. *de la Place*, citoyen de Calais:

Autant que le François, l'Anglois fut intrépide,
Tous les deux ont plané jusqu'au plus haut des airs;
Tous les deux, sans navire, ont traversé les mers:
Mais la France a produit l'inventeur & le guide.

14 *Janvier* 1786. Quoique M. *de Calonne* ait paru triompher dans la séance de Versailles, on regarde cet événement comme devant le culbuter plutôt ou plus tard. Il est constant qu'il y a un schisme ouvert entre le

Parlement & lui; il s'est manifesté le jour de Sainte Genevieve. Les Présidens à mortier, les Gens du Roi & autres Magistrats notables vont rendre ce jour-là leurs respects au Roi; l'usage est de se présenter aussi chez les Ministres: ils ont affecté de ne point se faire écrire chez M. le Contrôleur général: on ajoute que le Premier Président, depuis l'époque de l'espece de Lit de justice, lui a écrit qu'il avoit l'honneur de le prévenir, que sa porte lui seroit fermée, comme particulier; & que si, comme Contrôleur général, il avoit quelque chose concernant le service du Roi à lui communiquer, *il le prioit de l'en prévenir par une lettre*, afin qu'il eût le tems d'en avertir quelques-uns de Messieurs, se proposant de ne jamais le recevoir que de la connoissance de sa Compagnie.

14 *Janvier.* L'Opéra a remis hier *Dardanus*, tel qu'il a été exécuté à Fontainebleau, c'est-à-dire, en trois actes seulement. Cette réprésentation a produit plus d'effet que les précédentes & a eu du succès. La marche de l'action a paru rapide; les airs ont été trouvés très brillans & variés & toute la partie de l'orchestre pleine de chaleur & d'agrément. Les décorations n'ont point été épargnées comme ci-devant, & les ballets entierement nouveaux ont complété la satisfaction du public & ajouté beaucoup à la beauté du spectacle.

14 *Janvier.* L'Edit d'Emprunt des quatre

vingts millions ayant occafionné un grand fchifme entre le Parlement & les Miniftres, il eft bon de raffembler fous un feul point de vue toutes les démarches qui en ont réfulté; ce qui fera d'ailleurs mieux connoître aux étrangers l'étiquette de ces fortes de cérémonies.

Le 16 Décembre, l'Edit d'emprunt des quatre-vingts millions a été préfenté à l'enrégiftrement : arrêté des Repréfentations.

Les Gens du Roi chargés de fe retirer pardevant le Roi pour favoir de Sa Majefté le jour, le lieu & l'heure, où il lui plaîra recevoir les Repréfentations.

Le 18, à fept heures du matin affemblée des Chambres pour entendre la réponfe du Roi.

,, Je recevrai les Repréfentations dimanche ,, 18 à midi, à Verfailles; qu'elles me foient ,, apportées par le Premier Préfident & deux ,, Préfidens''.

A midi dudit jour les Repréfentations ont été portées.

Réponfe: ,, Procédez à l'Enrégiftrement, ,, fans nouvelles Repréfentations''.

Lundi 19, affemblée des Chambres, lecture de la réponfe, arrêté d'itératives repréfentations.

Le Premier Préfident chargé de fe retirer dans la journée par devers le Roi, pour lui dire que fon Parlement a arrêté d'itératives Repréfentations, & que fon Parlement a befoin de quatre jours pour les rédiger.

Ledit jour réponse du Roi : „ J'avois „ défendu d'itératives représentations, cepen- „ dant je veux bien les écouter ; qu'elles me „ soient apportées demain mardi dans l'a- „ près-dînée."

Mardi 20 lecture de la réponse du Roi. Les Représentations rédigées sur le champ aux Chambres assemblées ; portées au Roi le soir : réponse assez favorable.

Mercredi 21 Décembre...... Assemblée des Chambres. Lecture de la Réponse du Roi. L'Edit enrégistré avec des modifications & un Arrêté devant être imprimé.

Jeudi 22, Défenses de la part du Ministre de continuer l'impression.

Vendredi 23, les Gens du Roi ont porté aux Chambres assemblées une Lettre de Cachet du Roi, qui ordonne au Parlement de se rendre en corps de Cour à Versailles à six heures.

La Cour a décidé d'obtempérer aux Ordres du Roi & remis à délibérer au mercredi 28. Départ à deux heures.

A six heures réception dans la chambre du grand lever, un seul battant ouvert.

Le Roi seul assis & couvert de sa toque, une table devant lui, s'est levé & a ôté sa toque, s'est recouvert & assis : a demandé les Régistres, a biffé lui-même les modifications, en disant &c. (ce qu'on a lu précédemment.)

Mercredi 28, assemblée des Chambres; remis au vendredi 30.

Vendredi 30, Arrêté des Remontrances sur ce qui s'est passé à Versailles.

15 *Janvier* 1786. M. *Watelet*, qui menaçoit ruine depuis longtems, vient de mourir. Il allioit le goût des lettres & des arts avec celui de l'argent : il étoit en même tems Receveur général des finances, & de l'Académie françoise, de celle de Berlin, *della Crusca* de Cortone; Honoraire associé libre de l'Académie Royale de Peinture, & Honoraire de celle d'Architecture, enfin de la Société Royale de Médecine. Malgré tous ces titres, son nom aura peine à passer à la postérité, parceque M. *Watelet* n'étoit qu'un amateur médiocre en quelque genre que ce fût.

15 *Janvier*. Hier Messieurs de Tournelle se doutant bien de l'affluence du public, moins nombreuse à la séance du mercredi onze, à cause du bruit répandu que l'affaire de M. *le Maître* se plaideroit à huis clos, ont transféré l'audience à la grande Tournelle, c'est à-dire, à la chambre de St. Louis, à peu près aussi vaste que la grand'chambre, & M*e*. *de Bonnieres* a commencé son plaidoyer en faveur de M. *Augeard*. Il a fondé l'injustice du Décret, sur ce que son client n'étoit encore inculpé que par un accusé qui le chargeoit, il est vrai, très gravement, mais n'administroit pas la moindre preuve; sur ce que chez M. le Maître il ne s'étoit trouvé aucune trace de

correspondance ; sur ce que chez son client même , on n'avoit enlevé que quelques papiers semblant suspects, mais absolument étrangers à l'accusation actuelle ; enfin sur ce qu'il étoit insolite & contre les regles, contre les loix, de décréter de la sorte un domicilié, un homme constitué en charge, qui avoit l'honneur d'être attaché à la Reine. Me. de Bonnières est parti de-là pour faire l'éloge de Sa Majesté, qui, malgré toutes les sollicitations qu'on lui a faites d'agréer quelqu'un à la place de M. *Augeard*, n'a point voulu prévenir le jugement & a résisté aux diverses intrigues: il a exhorté les Magistrats à imiter la Reine & à ne point voir un coupable en son client, avant qu'ils en eussent acquis les preuves. Cette péroraison adroite & vigoureuse a été fort applaudie.

Mr. *Séguier* a porté la parole ensuite, & son plaidoyer a duré deux heures; il y a mis tout l'ordre, toute la netteté qu'on remarque dans ses ouvrages: il a pris l'historique de l'affaire depuis le moment où M. *le Maître* a été arrêté à la barriere du Temple, & l'a suivi jour par jour, heure par heure: il a conclu enfin pour annuller sur le champ le Decret contre Mesdames *le Maître* mere & épouse, contre la cuisiniere *Gothon*; pour convertir en simple decret d'assigné pour être ouï, ou tout au plus en decret d'ajournement personnel, celui de M. *Augeard*. A l'égard de M. *le Maître*, il a cherché à s'en tirer adroitement, en faisant mention de deux opérations commencées au Châtelet ; l'une, afin de constater s'il étoit impossible d'imprimer avec les caractères & les seuls ustensiles d'imprimerie trouvés chez M. *le Maître*, ainsi que celui-ci le prétendoit ; l'autre, pour savoir si deux manuscrits trouvés chez lui étoient ou n'étoient pas de son écriture : l'orateur a dit qu'il croyoit prudent d'attendre la décision des Experts dans les deux genres, avant de rien conclure.

Me. *Martineau*, l'Avocat de M. *le Maître*, n'a point été dupe de cette politique de M. *Séguier*, se flattant par-là de ménager les deux partis ; il s'est élevé avec force contre son affectation à rendre compte dans le plus grand détail de la procédure faite à la Bastille, procédure que M. l'Avocat général reconnoissoit lui-même pour *illégale* ; mais qu'il prétendoit devoir servir de mémoire & de renseignemens : il a dit qu'on ne pouvoit tirer rien de bon d'une source aussi impure, il a témoigné son étonnement d'entendre un Magistrat consommé avancer cette proposition erronée & révoltante ; il a rappellé le grand principe, qu'en matiere criminelle la plus légere nullité entraînoit celle du tout, à plus forte raison quand une procédure péchoit par ses fondemens.

Les Magistrats se sont retirés pour délibérer ; ce qui a duré environ trois-quarts d'heure : ensuite est sorti l'Arrêt, qui décharge entierement de l'accufation Mesdames *le Maître*, mere & femme, & la fille *Gothon* ; qui annulle les decrets décernés contre Meffieurs *Augeard* & *le Maître*; fait défenfe au dernier de fe mettre dans le cas de la récidive, à peine d'être pourfuivi extraordinairement : permet à M. *Augeard* l'impreffion de l'Arrêt, comme il l'avoit demandée : enfin ordonne que les caractères & autres uftenfiles d'imprimerie, ainfi que les manufcrits & libelles imprimés, feront dépofés au greffe de la Cour.

L'Arrêt a été rendu à la pluralité de feize voix contre quatre. Il a été fort applaudi. Tous les amis de la patrie préfens s'embraffoient avec attendriffement. Ils regardent cette féance comme un jour heureux, où le crédit des Miniftres n'a pu l'emporter contre le cri de la liberté, dans une affaire de cette nature, portée pour la premiere fois en juftice réglée.

15 *Janvier* 1786. On a donné hier la feconde repréfentation de *Céramis*, qui malgré les changemens faits dans les deux derniers actes, n'a pas encore joui d'un fuccès complet.

16 *Janvier*. M. *Dombey*, médecin naturalifte, envoyé au Pérou par le gouvernement, fous le miniftere de M^r. *Turgot*, dont on a annoncé le retour, avant de tranfporter au Cabinet du Roi les objets qui lui font deftinés, les laiffe voir chez lui aux favans,

aux amateurs, aux curieux de toute espece: son herbier, composé de deux à trois mille plantes, en renferme plus des deux tiers absolument ignorées. Ses mines de métaux précieux sont d'une richesse rare; il a un sable verd, inconnu jusques à présent, qui contient des parties cuivreuses, & qui, jetté dans le feu, y produit une flamme très agréablement colorée, laquelle dure assez long-tems.

Ses Insectes sont de la plus belle conservation; il a placé artistement ses oiseaux sur un très joli arbre artificiel; leurs diverses attitudes, leurs riches couleurs, l'espèce de vie apparente dont ils jouissent, forment un tableau très agréable. — M. *Dombey* assure que c'est un Indien qui a préparé les oiseaux & construit l'arbre.

On admire dans cette exposition du médecin voyageur beaucoup d'autres choses, trop longues à détailler.

16 *Janvier* 1786. Le jour de sainte Genevieve, M. l'Archevêque de Paris est allé, suivant l'usage, faire sa cour au Roi; il a dit à Sa Majesté que M. le Cardinal *de Rohan* désiroit le voir; mais qu'il n'avoit pas cru devoir faire aucune démarche à cet égard avant d'en avoir eu la permission de Sa Majesté: Sur quoi le Roi lui a répondu: *très volontiers, très volontiers; il ne sauroit prendre de meilleurs conseils.* En conséquence, dès le lendemain le Prélat s'est transporté à la Bastille.

Il a rapporté avoir été effrayé de l'état du prisonnier, au point qu'il l'auroit méconnu, s'il n'eût été prévenu qu'il parloit à son Eminence. Elle lui a dit: „vous voyez un hom-„me bien malheureux; mais j'espere avec „la grace de Dieu supporter patiemment „toutes mes souffrances jusques au bout." Voilà tout ce que M^r. l'Archevêque a raconté de cette conversation. Du reste, la semaine derniere il est encore allé voir une fois M. le Cardinal.

17 *Janvier* 1786. La Réception de M. le Comte *de Guibert* devoit d'abord avoir lieu le jeudi 26 de ce mois: elle est renvoyée au jeudi 9 de Février. Le Gascon, comme les Suisses appellent le Secrétaire actuel de l'Académie, surpassant encore en adresse ses prédécesseurs, a obtenu des fonds pour l'arrangement & l'embellissement de la Salle. On doit y faire d'autres tribunes, propres à contenir surtout les femmes plus commodement & en plus grand nombre; & l'affluence du sexe augmentant, les séances publiques en acquerront un nouvel éclat.

17 *Janvier* 1786. La colonie d'Indiens amenée par M. *de Suffren*, est enfin fixée entre Senlis & Chantilli; on leur a monté un attelier sous l'inspection de M^r. *de Montaran*, Intendant du Commerce, & depuis environ deux mois ils ont commencé les travaux auxquels on les destine. On voit à regret qu'ils ne répondent point aux espérances que leur instituteur avoit données; ils sont

cinquante-deux personnes & font tout au plus deux aunes de mousseline par jour: de façon qu'ils ne gagnent pas leur nourriture: ils sont gourmands & paresseux; deux défauts qui s'opposent à l'amélioration de la manufacture. On a porté de leur ouvrage à la cour, qui n'en a nullement été contente.

17 *Janvier* 1786. M. *Favart* le fils, profitant de l'à propos, avoit composé dans le tems une espece de parade intitulée, *les trois folies*, parce qu'elles rouloient sur celles du jour, *Marlborough*, *Figaro* & *la Harpie*; cette facétie auroit pu avoir du succès alors. On ignore quelles circonstances en ont retardé la représentation. On l'annonce enfin pour aujourd'hui, comme un divertissement nouveau en un acte & en vaudevilles.

17 *Janvier* 1786. L'Avocat de M. *le Maître* ayant demandé que son client, pour lui éviter les lenteurs des formes ordinaires, fût élargi par la minute de l'Arrêt, l'a obtenu; ensorte que cet illustre prisonnier est rentré dès le soir chez lui. Comme l'Exempt de Police qui l'avoit transféré de la Bastille au Châtelet, avoit fait faire mention sur le Registre de la prison du Châtelet, *de l'Ordre du Roi*, le Greffier a fait quelque difficulté; mais l'huissier de la Cour lui a parlé très-ferme, lui a demandé à voir cet Ordre du Roi, qu'il n'a pu présenter, & lui a déclaré que le Parlement ne connoissant pas ces ordres illégaux, il couroit risque par son refus de se faire dé-

créter lui-même: ce Greffier a obtempéré à l'Arrêt.

18 *Janvier* 1786. Le jour même du jugement de M. *le Maître*, il a paru un Mémoire imprimé signé de lui, qui n'a été donné aux Juges qu'en ce moment & ne s'est répandu que depuis dans le public; il devoit servir de Supplément au *Précis* de Me. *Jabineau*, manuscrit remis auparavant aux Magistrats, mais composé avec tant de précipitation, qu'on y avoit omis des faits & des réflexions essentiels.

Ce Mémoire de Me. *Tronçon du Coudray*, est intitulé *Observations pour le Sieur le Maître, Secrétaire du Conseil.* Son principal objet est de répondre à l'article de la délicatesse, de l'ingratitude prétendue envers M. le Garde des Sceaux, & de faire voir qu'il ne lui a aucune obligation; ensuite de le présenter comme un citoyen précieux, qui en 1772 fut le martyr de son attachement à la Magistrature, aux loix, à la patrie, pour avoir rédigé la fameuse Requête adressée au Roi par la Noblesse de Normandie & signée de deux cens trente Gentilshommes, dont il fut puni par une détention de quinze mois, suivie d'un exil de huit: enfin d'établir qu'il n'y a dans son procès nul délit, nul fait réel qu'on puisse citer sérieusement.

Cette assertion est encore mieux établie dans une Consultation du 14 Janvier 1786, signée de Mes. *Tronçon du Coudray* & *Jabi-*

neau, Avocats, qui estiment: 1°. Que la procédure commencée au Châtelet est radicalement nulle: 2°. Que par un vice particulier de la procédure, l'on a dénaturé, en la suivant, les véritables piéces du procès; ensorte qu'elles ne peuvent plus servir en aucun cas, à la décharge ou à la conviction de l'accusé: 3°. Que le Sieur *le Maître* a été décrété très légerement.

18 *Janvier* 1786. Malgré le défaut d'à propos, & quoique *les trois folies* aient peu de sel elles-mêmes, le public a ri de cette bagatelle, qui n'a pas le sens commun: il a fini par demander l'auteur, qui a paru.

19 *Janvier* 1786. Le Duc des *Deux-Ponts* a fait venir à sa cour M. *Dezaides*, dont il goûte fort la musique: il lui a donné le brevet de Capitaine & cent louis d'appointemens, à la charge seulement de venir passer un mois auprès de ce Souverain chaque année, & plus, si cela lui convient. Il lui a promis de faire beaucoup davantage, quand il jouiroit des deux Electorats dont il est héritier éventuel. M. *Dezaides* n'est revenu que depuis peu &, très vain de son naturel, l'est encore plus, comblé de cette faveur.

19 *Janvier* 1786. Mad.me *de Gouge* est une débutante dans la carriere dramatique, ou plutôt une aspirante qui, sans avoir encore rien produit, a déjà causé beaucoup de bruit, de scandale & de querelles. Par l'entremise du Sieur *Molé*, de trente comédies environ

qu'elle dit avoir dans son porte-feuille, elle en avoit fait agréer une des François : bientôt sous les mêmes auspices, elle en présenta une autre, qui ne reçut pas le même accueil : piquée, elle se retourna du côté des Italiens & en fut éconduite. Par les conseils du Sieur *Molé*, elle chercha parmi les comédiens un autre apologiste & ce fut au Sieur *Florence* qu'elle s'adressa ; celui-ci moins susceptible d'avoir les yeux fascinés & le cœur séduit que le Sieur *Molé*, ne voulut pas se charger de la lecture de la piéce ; Mad^{me}. *de Gouge* fut obligée de comparoir devant le Sanhedrin assemblé, qui la critiqua impitoyablement : de-là une suite de tracasseries entre les Comédiens & elle, devenues assez graves pour être portées à la Police.

Mad^{me}. *de Gouge*, qui ne lâche pas facilement prise, se retourna du côté des gens de lettres, pour trouver un défenseur, & le rencontra très ardent dans le Chevalier *de Cubieres*. —— Ce fut alors qu'elle écrivit une lettre circulaire à tous les auteurs dramatiques, afin de leur porter ses plaintes contre les comédiens, de ranimer leur zèle & de les engager à faire cause commune avec elle : il paroît que ces Messieurs, fatigués d'une guerre qui n'a pas tourné à leur avantage, firent peu de cas des plaintes de Mad. *de Gouge* ; il paroît surtout que le Sieur *de Beaumarchais*, dont elle attendoit le plus, se conduisit très mal : du moins c'est ce qu'on a lieu de présumer, d'après des lettres postérieures de cette Dame, où sans nommer cet avanturier, elle le désigne assez clairement. Quoi qu'il en soit, le Chevalier *de Cubieres* n'ayant pas réussi dans le premier projet, en imagina un second; ce fut, au défaut des auteurs dramatiques, de mettre en cause les Journalistes. Ceux-ci ayant encore plus d'intérêt de ménager les Comédiens, n'eurent garde de donner dans le piége. On ne sait comment, mais Mad^{me}. *de Gouge* a depuis annoncé que la paix étoit faite. En attendant qu'on en voye les fruits par la représentation de quelqu'une des dix piéces, que sur les trente elle croit susceptibles d'être jouées, elle a fait imprimer *le Mariage inattendu de Cherubin*, comédie en trois actes & en prose, enfant *de la folle Journée*, comme elle l'avoue. —— Ses partisans assurent qu'il y a de l'invention, de l'esprit, des traits gais & des allusions piquantes. On ignore le titre de la piéce de Mad^{me}. *de Gouge* reçue aux François; celle rejettée des Italiens se nommoit *les folies de Cardenio*.

Pour rendre compte maintenant du personnel de Mad^{me}. *de Gouge*; c'est une superbe femme, très vive, fougueuse, aujourd'hui sur le retour, mais encore aimable & susceptible de faire des passions. Cependant prudemment elle renonce à la galanterie pour se jetter dans le bel esprit, & après avoir occupé une place passagere dans les fastes de Cythere, elle désire en obtenir une plus durable dans les fastes du Parnasse.

19 *Janvier* 1786. La Députation du Parlement de Bretagne ayant eu la permission de se rendre ici, est enfin arrivée au nombre de dix & de l'un des gens du Roi; il y a deux Présidens: ils doivent avoir incessamment audience du Roi.

20 *Janvier* 1786. *L'Oedipe à Colonne* de M. *Guillard*, tient beaucoup du goût antique & n'en est que plus estimable. Dans le premier acte, le théâtre représente une plaine, voisine d'Athenes: on voit cette ville dans le lointain. D'un côté est un bois de cyprès, qui couvre le fond du Temple des *Eumenides*, dont la porte principale est saillante & découverte. *Thésée*, après avoir accueilli avec générosité *Polinice*, qui vient implorer le secours de ce monarque contre *Etéocle* son frere, qui lui a ravi la couronne, lui promet son secours & lui en donne sa fille pour gage; la cérémonie du mariage se fait. Ce qui amene des fêtes militaires & galantes. On va ensuite offrir des sacrifices aux *Eumenides*. *Polinice* en approchant de leurs autels, sent le remords s'élèver dans son cœur; il a par foiblesse consenti à l'exil d'*Oedipe* son pere: les filles du *Stix* en sont courroucées; envain on brûle l'encens, le feu s'éteint & le rechaud se renverse. Le tonnerre gronde, les portes du temple s'ouvrent: on apperçoit le grouppe des trois *Eumenides*; l'autel est tout

en feu. Les prêtres & le peuple fuient en défordre; le monarque & fa cour s'éloignent en filence.

On fe trouve au fecond acte dans un défert épouvantable. Le Temple des *Eumenides* s'apperçoit de nouveau au milieu; & fur le côté des ifs, des cyprès & des rochers. *Polinice* fuit la colere des Déeffes; un vieillard, qu'un efclave accompagné, s'offre à fes regards; c'eft *Oedipe*; il en vient inftruire *Théfée*. Le malheureux Roi eft avec *Antigone*, fa fille: il eft obligé de fe repofer & le fouvenir de fes malheurs les retrace tous à fon imagination. *Antigone* le confole. Il demande où il eft? Elle lui fait la defcription de ces lieux; à peine a-t-elle parlé du Temple des *Eumenides*, qu'il tombe dans des fureurs affreufes, qu'il eft poigné de remords dévorans. Cependant le peuple accourt; inftruit de l'arrivée de cet étranger, il veut favoir quel il eft, & au feul nom d'*Oedipe*, il le regarde comme l'auteur de la colere des Déeffes; il repouffe le monarque infortuné & lui refufe un afyle, lorfque *Théfée* arrive, l'accueille & en impofe à ces furieux.

Le commencement du troifieme & dernier acte, fe paffe dans un vafte appartement du palais de Théfée; il confifte prefque tout entier dans la réconciliation du pere & du fils, fort difficile à obtenir de la part d'*Oedipe*, qui cede enfin aux inftances d'*Antigone*, de *Théfée* & aux remords perfévérans

de

de *Polinice*. Alors le fond du théâtre s'ouvre, un coup de tonnerre annonce la clémence des Déesses.

On voit qu'il y a peu d'action dans cette tragédie, qui consiste presque toute en mouvemens tendres & en scenes de sensibilité : il faudroit avoir Sophocle sous les yeux, pour juger jusques à quel point M. *Guillard* l'a imité : on est fâché qu'il y ait mêlé des fadeurs, qui tiennent à la galanterie moderne & qui ne viennent certainement pas du grec. Du reste, il y a de très belles scenes : celle du second acte entre *Oedipe* & *Antigone*, & celle du troisieme entre *Oedipe*, *Antigone* & *Polinice*, sont de cette nature & forment à peu près tout le mérite de l'ouvrage. Le style, en général, en est noble & élevé; il y a quelques expressions impropres, qui ne sentent pas l'écrivain exact, formé, maître de sa langue: mais ces légères taches n'empêchent pas que le récitatif ne prête infiniment au musicien, auquel le poëte donne lieu de déployer toute l'énergie d'une musique mâle & pénétrante tour à tour. On pourra prononcer plus en connoissance de cause, lorsque cette tragédie lyrique aura subi l'épreuve des oreilles de la capitale, plus exercées & plus difficiles que celles de la cour.

20 *Janvier* 1786. On sait aujourd'hui que l'incartade des Savoyards n'a pas bien pris auprès du Roi : on le juge par un propos de Sa Majesté qui, à son retour de la chasse, appre-

nant ce qui s'étoit paſſé, a dit à l'Aide-Major, auteur de l'ordre de fermer les grilles du château, qu'il lui en ſavoit beaucoup de gré & qu'il lui feroit donner pour cela la croix de ſaint Louis, s'il ne l'avoit pas.

En conſéquence le jugement des détenus a été ſuivi; il n'a pas été auſſi rigoureux qu'on le préſumoit: le Châtelet n'avoit conclu qu'aux galeres; le Parlement a été plus doux & n'a ordonné que le carcan.

20 *Janvier* 1786. La comédie de *Coradin* en trois actes, mêlés d'ariettes, jouée hier pour la premiere fois aux Italiens, n'a point eu de ſuccès quant au poëme, dont le fond eſt tiré de quelque conte Arabe, ou autre de cette eſpece. La muſique a été plus goûtée; on en a trouvé le chant facile, agréable, naturel, & l'on a demandé l'auteur, dont c'eſt le début au théâtre. Il ſe nomme *Druni*; il eſt de l'orcheſtre & l'on peut fonder ſur lui de juſtes eſpérances.

21 *Janvier*. Extrait d'une lettre de Cadix du 25 Décembre...... · Le Miniſtère Eſpagnol, que vous autres *fortes têtes de Paris* traitez d'imbécille, commence à devenir plus éclairé & preſque philoſophe; on ne ſait ſi c'eſt à M. *de Cabarus* qu'on doit attribuer cette révolution. Voici un fait qui vaut mieux que tous les raiſonnemens.

Le ſoixante-dix-neuvieme numéro d'un ouvrage périodique intitulé *le Cenſeur*, lequel paroît à Madrid, avoit été ſuſpendu par le crédit de quelques grands ou importans personnages, qui s'y croyoient attaqués. Le Comte *de Florida Bianca* vient d'adresser à *Dom Fernando de Velasco*, Chef de la police de la librairie & imprimerie, un décret très louable, où il convient que l'ouvrage & ceux de son espèce, qui frondent le vice & les mauvaises habitudes par les armes de la satyre & du ridicule, sont vraiment utiles pour corriger les mœurs publiques & particulieres: il déclare cependant que le Roi défend d'en abuser pour déchirer & offenser nommément des individus, des communautés & surtout la religion. Ce qui est conforme aux loix des Etats, où la liberté de la presse est la plus grande, même à celles de l'Angleterre; mais aussi Sa Majesté ne veut pas que ceux qui voient la peinture de leurs défauts dans ces papiers, parviennement par des moyens indirects & cachés à étouffer la vérité que la voix du reproche élève contre eux, sous prétexte qu'on a voulu y désigner leurs personnes & tracer leurs portraits.

Afin d'éviter également ces deux inconvéniens, le décret porte, que si les auteurs, après avoir été cités & ouïs, sont duement convaincus de libelles, ils seront condamnés à une rétractation publique, à une réparation en dommages & intérêts & à d'autres peines: Si, au contraire, les plaintes se trouvent mal fondées, ceux qui les auront portées, subiront les mêmes peines. En conséquence je crois que ledit numéro a été rétabli & le journal se continue.

Vos Chefs de la Librairie, même M. *de Malesherbes*, même M. *le Noir*, auroient-ils pu faire parler le Législateur avec plus de sagesse?

21 *Janvier* 1786. Dès que M. le Garde des sceaux a eu connoissance de l'Arrêt de la Tournelle dans l'affaire de M. *le Maître*, il a sur le champ écrit au Procureur général d'ordonner au Greffier de ne se point dessaisir des piéces du procès, attendu qu'il vouloit en prendre connoissance.

Le Procureur général a rendu compte de cette lettre à Messieurs, qui sur le champ ont fait apporter les pamphlets, les manuscrits, les caracteres & ustensiles d'imprimerie & ont fait tout jetter au feu. Ils ont regardé la lettre de M. le Garde des sceaux comme non avenue, & ont prétendu qu'il n'y avoit qu'un ordre du Roi, qui pût les mettre dans le cas d'obtempérer.

M. le Garde des sceaux est furieux, ainsi que les autres Ministres, & l'on parle de rendre un Arrêt du Conseil, *du propre mouvement du Roi*, qui casse celui du Parlement; en outre de mander la Tournelle à Versailles, pour faire réprimander ces Magistrats par Sa Majesté, à l'occasion d'un acte illégal & despotique, tel que celui d'anéantir la base d'une procédure: acte qu'ils avoient d'autant moins le droit de se permettre, qu'il étoit contraire au prononcé de leur Arrêt.

Messieurs *le Maître* & *Augeard* ne sont point tranquilles.

21 *Janvier* 1786. On a parlé amplement dans le tems de l'affaire des alluvions, qui a occasionné depuis nombre d'années tant d'actes d'autorité contre le Parlement de Bordeaux & qui est aujourd'hui une des principales causes de la résistance de cette Cour & de son schisme avec le Ministère: il paroît que le Gouvernement a persisté malgré les réclamations des Magistrats à user de violence, & en conséquence a autorisé la Régie des Domaines à envoyer des Commissaires, pour prendre possession des parties de terreins qu'elle prétend appartenir au Roi. Quoi qu'il en soit, on assure que le Parlement de Guienne a décrété de prise de corps ces suppôts du Domaine.

22 *Janvier* 1786. Les Directeurs de la gazette de France s'opposant aux empiétemens faits sur eux, ont obtenu un Arrêt du Conseil en date du 23 Décembre, qui confirme son Privilège & regle entre elle & les autres feuilles publiques, la police à observer pour l'annonce des livres nouveaux.

22 *Janvier*. Par une fatalité attachée sans doute à la famille des *Mirabeau*, il faut qu'elle occupe constamment la scene & que les divers personnages qui la composent, se relevent tour à tour pour lui conserver une célébrité malheureuse. C'est aujourd'hui la Marquise *de Cabris* qui reparoît & d'une façon

très honorable à l'extérieur: perfécutée depuis huit ans, diffamée jufques au pied du trône, privée deux fois de fa liberté, parce qu'elle défendoit avec courage la perfonne, l'honneur, les biens de fon mari & les efpérances de fa fille unique; elle publie un nouveau *Factum* figné de M^e. *Duveyrier*. Outre l'interdiction du Marquis *de Cabris*, à laquelle elle s'oppofe toujours; un autre intérêt la preffe, il s'agit de fouftraire fa fille devenue nubile à deux mariages excités par la cupidité & fomentés par l'intrigue. L'un eft celui que le Comte *de Graffe*, plus foigneux de la fortune que de la gloire des fiens, voudroit faire de fon fils avec cette héritiere riche de plus de cinquante mille livres de rentes. L'autre eft celui du Chevalier *de Mirabeau*, le frere de l'illuftre Comte du même nom, imaginé par le Marquis *de Mirabeau*.

Ce n'eft pas une anecdote peu curieufe dans l'hiftoire du cœur humain, que l'inftruction donnée fecrétement par ce pere à fon fils fur la manière de s'y prendre pour enlever la jeune victime; & dans quel moment *l'ami des hommes* traçoit-il ce plan de fourberie & de féduction? Lorfqu'il fe difpofoit à publier en fupplément à fes œuvres philofophiques, morales & patriotiques, quatre gros volumes concernant l'éducation des Princes, fous le titre d'*Entretiens d'un jeune Seigneur avec fon Gouverneur*. Au refte, il renie cette inftruction; mais le ftyle amphigourique dans lequel elle est conçue & qui n'appartient qu'à lui, le trahit & le dément avec trop d'évidence.

22 *Janvier* 1786. Quoique le *Mémoire authentique pour servir à l'histoire du Comte de Cagliostro*, ne soit qu'un amas indigeste de fables, d'obscénités & de mystifications absurdes, le goût du merveilleux a donné beaucoup de vogue à cette rapsodie: on en est à la seconde édition, enrichie d'une introduction, où l'on révèle de prétendues anecdotes qui n'ont pas l'air moins faux, & où l'on le travestit en danseur d'opéra, sous le nom de *Belmonte*, & en Colonel ensuite.

La seule addition curieuse est une Note hardie sur M. *d'Epremesnil*, nommé en toutes lettres, qualifié de *Limier du Parlement*; à qui l'on donne plus d'esprit, plus de droiture & plus de talens qu'on n'en exige dans son métier.

23 *Janvier* 1786. Par l'Arrêt du Conseil annoncé, le Roi substitue la *Gazette de France* & le *Journal de la Librairie*, au *Journal des Savans* & au *Journal de Paris*, pour l'annonce des ouvrages imprimés ou gravés, remis à la Chambre Syndicale de Paris. Ce changement est motivé sur ce que le premier étant destiné plus spécialement à l'analyse des ouvrages scientifiques, & l'autre à faire connoître ceux d'agrément; ils n'ont qu'imparfaitement rempli jusques à ce jour le but que Sa Majesté s'étoit proposé.

La Gazette de France étant la plus répandue, est par cette raison plus propre à remplir cet objet; son débit s'étend dans toutes les Provinces du Royaume & même chez l'Etranger. Quant au *Journal de la Librairie*, il réunit à la modicité de l'abonnement, des indications claires, précises & telles qu'il convient: ainsi l'avantage du commerce des nouveautés en tout genre, résultera infailliblement de cette destination plus réfléchie.

Du reste, Sa Majesté couvre de sa protection la Gazette de France, dont le privilege mérite par son ancienneté des considérations; il ne sera point limité à dix ans, comme celui des almanacs, journaux, gazettes & autres feuilles périodiques: elle continuera d'être régie conformement aux Lettres patentes du mois d'Août 1761.

23 *Janvier* 1786. Les petites Affiches ou Journal général de France, les Affiches de Province, &c. étant des feuilles périodiques, censées faire partie de la Gazette de France, doivent jouir des mêmes avantages & ne seront point sujettes, plus qu'elle, au renouvellement du Privilege.

23 *Janvier*. La fermentation causée parmi les Avocats à l'occasion du Mémoire de Me. *Falconnet* concernant la discipline de l'Ordre, s'est ranimée plus fortement dans une assemblée subséquente, & enfin il a été arrêté que le Bâtonnier le dénonceroit au Premier Président & aux Gens du Roi.

23 *Janvier*. On vient d'imprimer un *Recueil*

cueil de pièces authentiques & intéressantes, pour servir d'éclaircissement à l'affaire concernant le Cardinal Prince de Rohan. On n'y trouve que les pieces déjà vues & rapportées; en outre une *Lettre contenant la Déposition de Madame la Comtesse du Barri*; une seconde, *sur plusieurs séances tenues au Parlement pour la même affaire*, datée de Paris le 22 Décembre; enfin une troisieme, *contenant la déposition de la Demoiselle d'Oliva*, datée de Paris le 29 Décembre. On les dit extraites de gazettes étrangeres, entr'autres de celle de Leyde, & elles sont pleines de fautes, d'anachronismes & de coqs-à-l'âne, comme tout ce qui sort de ces feuilles, ordinairement très mal instruites.

24 *Janvier* 1786. Extrait d'une lettre de Madrid, du 15 Janvier 1786.... *El Censor*, ou *le Censeur*, ouvrage périodique auquel vous vous intéressez, parce qu'il a été persécuté dans cette capitale, est un journal Espagnol, dans le genre du *Spectateur Anglois* & qui a de commun avec son modele, la variété, l'intérêt des sujets, & une hardiesse dans la maniere de les discuter, dont les préjugés de nos voisins nous croient encore bien éloignés......

24 *Janvier* 1786. Depuis quelque tems le Sieur *Dubreuil*, ce Notaire accusé des friponneries les plus criantes, presse beaucoup son jugement, qu'un incident a fait venir à la Tournelle. On a observé que la Tournelle d'hiver étoit constamment très indulgente,

tandis que celle d'été étoit tout à fait féve-
re: voilà pourquoi cet accusé a éludé tant
qu'il a pu d'être jugé par celle-ci & voudroit
l'être par la premiere. En conséquence il a
fait courir des billets chez les Notaires, ses
anciens confreres, où il les invite à prendre ses
intérêts & à solliciter en sa faveur: ils n'en
ont rien fait, le regardant comme indigne
d'être avoué, comme le deshonneur & l'op-
probre de leur corps: mais il faut qu'il ait
trouvé des protecteurs, ou répandu beaucoup
d'argent, car les Magistrats eux-mêmes s'empressent d'applanir les difficultés, passent par
dessus les formes les plus nécessaires & semblent avoir à cœur de l'élargir: c'est ce qu'on
a eu lieu de présumer samedi dernier à l'occasion d'un incident, qu'ils ont levé en sa faveur, d'une maniere absolument irréguliere
& injuste.

24 *Janvier* 1786. M. *le Maître*, depuis
son élargissement n'est pas resté sans inquiétude sur les suires que pouvoit avoir son affaire. Il a su qu'on la regardoit au Conseil
comme très irréguliérement terminée, & la
démarche du Garde des sceaux en est une
preuve. En conséquence il a composé un
petit Mémoire manuscrit, où par six motifs
très bien établis & déduits, il regarde d'a-
vance comme illégale toute cassation qui sur-
viendroit d'un Arrêt en matiere criminelle,
où il n'est pas de partie plaignante.

Après avoir distribué ce petit écrit aux Ministres, Conseillers d'Etat & autres membres du Conseil des Dépêches, où il s'est imaginé que la question pouvait être agitée, il a délibéré avec plusieurs Magistrats de ses amis sur le parti qu'il prendroit: tous, dans ce tems où il n'y a plus ni de principes ni de formes, qu'on ne transgresse ou qu'on n'intervertisse; tous ont été d'avis qu'il laissât passer l'orage & se mît en sûreté. Ce qui l'a déterminé dès mercredi 18 à disparoître. On ne sait précisément où il est: les uns le disent en Hollande, d'autres en Angleterre. Quant à M. *Augeard*, on ignore quelle est sa marche.

24 *Janvier* 1786. La Députation du Parlement de Bretagne a eu son audience du Roi le dimanche 22. On a fait quelque difficulté pour leur accorder les honneurs de la grande Députation, attendu qu'ils n'étoient qu'au nombre de dix & qu'elle doit être au moins de vingt-deux. Ils ont répondu que ce nombre n'étoit nécessaire que pour les Parlemens voisins de Paris, tels que celui de Rouen; mais que les plus éloignés ne se dégarnissoient point en aussi grand nombre: la contestation a été décidée en leur faveur.

Ils ont donc été introduits devant le Roi avec le cérémonial le plus imposant. Le Premier Président a prononcé son discours, dont Sa Majesté a été très satisfaite: elle a dit qu'il étoit plus respectueux que l'Arrêté. Le Premier Président a ensuite présenté le cahier des Remontrances: sur quoi le Roi a dit qu'il les feroit examiner dans son Conseil.

Ces Messieurs en conséquence attendent la réponse du Roi & jusques-là ont eu permission de venir à Paris: ils ont été visiter les Ministres & surtout le Contrôleur général, qui a prétendu que tout cela étoit un malentendu, qu'il pensoit comme eux ; en un mot, il a traité cela agréablement, légerement, amiablement : il faut voir la fin.

25 *Janvier* 1786. Voici un ouvrage qui, quoiqu'imprimé depuis plusieurs années, vu son excessive rareté, nous étoit absolument inconnu. Il a pour épigraphe: *ad majorem gloriam Virtutis*; & pour titre: *Fragmens d'un poëme moral sur Dieu: à Théopolis, l'an premier du Regne de la Raison* 1781. Il mérite d'être classé dans nos Notices, comme marqué à un coin d'originalité, qui le distingue de la foule de tant d'autres dont on est inondé.

C'est un traité d'Athéïsme, où il est prêché avec la plus grande hardiesse ; il y a même des choses très fortes contre les rois & l'autorité. Au reste, le moderne Epicure n'est point un libertin licencieux, voulant ériger ses passions en divinités & les substituer à l'être suprême ; c'est un sage aimable & sensible, qui désire dégager l'homme du fanatisme, de la superstition & des préjugés qui le rendent malheureux, pour leur substituer la vérité, la raison & la vertu : ainsi tout cela n'est à peu près qu'une dispute de mots.

Du reste, les raisonnemens les plus irrésistibles de l'Athéisme sont employés par le disciple de Spinosa, revêtus de toute l'éloquence & de toute la séduction d'une poésie nerveuse & tendre tour à tour. Il est fâcheux que l'auteur, doué de beaucoup de talens, ait eu la paresse de ne pas lier ces fragmens, au nombre de cinquante, de n'en pas former un tout régulier, & surtout de ne pas joindre à leur marche didactique les embellissemens d'une fiction ingénieuse, ou au moins d'épisodes qui leur eussent donné de la vie, de la chaleur & de l'ame : car on ne peut dissimuler qu'il n'y ait beaucoup de morceaux languissans & froids. On attribue ces fragmens à un jeune philosophe, dont on connoît déjà des poésies remplies de graces & d'imagination; il sembloit prévoir dès ce tems-là les persécutions qu'il essuyeroit, s'y résigner d'avance & les braver.

25 *Janvier* 1786. M. *Dagoty*, quoique très-âgé, est mort malheureusement & par un excès de sensibilité. Il étoit de l'Académie de Dijon & avoit eu autrefois une querelle avec M. *Maret*, Secrétaire de cette Académie, qui abusant de ses fonctions & de son crédit auprès de sa Compagnie, par un esprit de vengeance détestable avoit fait rayer ce confrère, & depuis la querelle s'étant renouvellée, avoit eu l'indignité de révéler recemment cette anecdote & de la faire consigner

dans des feuilles périodiques. Mr. *Dagoty* l'ayant lue, rentra chez lui, accablé de ce coup inattendu & n'en est pas relevé. Sa femme peu après a succombé, & son fils, peintre de mérite attaché à la cour de Sardaigne, n'a pû survivre à ses pere & mere: trois sœurs & un autre enfant qui restent encore, sont très malades.

Mr. *Dagoty* étoit auteur d'un Système de physique sur le monde, qu'a depuis adopté le Baron *de Marivetz*, & qui avoit donné lieu aux réclamations du premier; c'étoit en outre un artiste distingué, à raison d'un procédé nouveau d'enluminer & de fixer les couleurs.

25 Janvier 1786. Mr. *Mesmer* n'a fait que se montrer ici, il est reparti pour propager sa doctrine: on veut qu'il ait retourné à Grenoble, dont il a été si content & où il a trouvé de véritables enthousiastes. On en peut juger par quelques circonstances, à joindre à la lettre rapportée. Il fut admis dans la Société de l'harmonie au bruit d'une musique nombreuse & brillante; après quoi on lui adressa un discours éloquent: son buste, qu'on avoit fait venir de Paris, fut couronné par les Présidens & Syndics de la Société, & un Médecin philosophe attacha au bas ces vers:

Franklin n'a dérobé que le feu du tonnerre;
Mesmer, par un effort bien plus audacieux,
Pénétra seul jusqu'au séjour des Dieux,
Sut leur secret & l'apprit à la terre.

25 Janvier 1786. Hier un huissier du Conseil est venu signifier à M. *le Coulturier de Gensy*, Greffier en chef criminel, un Arrêt du Conseil, qui lui ordonne la remise de la procédure de l'affaire de M. *le Maître*.

M. *le Coulturier*, étourdi de cette signification, a cru devoir en référer aux Présidens de Tournelle, qui lui ont ordonné de suspendre jusqu'à nouvel ordre.

25 Janvier. M. *Houdon*, parti avec M. *Franklin* pour l'Amérique, est de retour; on sait que son objet étoit de dessiner & modeler la figure du Général *Washington*, dont il est chargé par le Congrès d'exécuter la statue: après avoir rempli sa mission, il va travailler sérieusement à ce grand ouvrage.

26 Janvier 1786. Me. *Dandasné*, le Bâtonnier actuel de l'Ordre des Avocats, est un Normand fin & rusé, un ambitieux, un homme à systême, qui voudroit faire parler de lui. Il a d'abord affecté des prétentions, dont l'effet eut été de s'arroger un pouvoir qu'il n'a pas. C'étoit de former à lui seul des décisions que les Magistrats lui avoient renvoyées, mais comme au Chef représentant le corps: ensuite il a imaginé de faire le Législateur, d'établir de nouvelles conditions pour les Récipiendaires, à l'égard de leur naissance, de leurs facultés, de leur personnel. Tout cela n'a point passé, & en général, tant que l'on maintiendra le statut, suivant lequel le même homme ne doit rester en place qu'un an, sans être continué sous aucun prétexte, un Bâtonnier ne pourra jamais empiéter sur l'Ordre.

27 *Janvier* 1786. M. le Comte *d'Angiviller* a décidé enfin depuis peu, que les statues des quatre grands hommes devant, suivant l'usage, être exposées au Sallon de 1787, seront confiées au ciseau des quatre artistes suivans; savoir:

A Mr. *Stouff*...... Sr. Vincent de Paul.
A M. *Houdon*...... le Chevalier Bayard.
A M. *Mouchi*..... le Mal. de Luxembourg.
A M. *le Comte*.... Rollin.

27 *Janvier* 1786. Il nous est tombé depuis peu entre les mains un recueil de Lettres écrites de Tchin-ton-fou, dans la province de *Sut-Chein* en Chine, contenant des détails intéressans au sujet du pays & des progrès qu'y fait le Christianisme. Elles sont d'un Missionnaire François, nommé M. *Ma* devenu Evêque. D'après leurs dates, elles embrassent une époque de huit ans, depuis 1773 jusqu'en 1781, & sont très dignes de faire suite aux fameuses relations des Jésuites, connues sous le titre de *Lettres édifiantes & curieuses*. Suivant l'historien, il paroît que les Mandarins ni le Peuple ne montrent à beaucoup près contre notre Religion, le même fanatisme que les Juifs & Romains dans son origine. Elle est bien proscrite par les loix, on y sévit quelquefois contre les Chrétiens; mais le Magistrat a l'air de ne le faire

qu'à contre-cœur: en un mot la Tolérance est dans le génie de cette nation philosophe, qui se contente de l'arme du ridicule. Elle joue les Chrétiens sur les théâtres, qui abondent dans ce pays. Dans une lettre du 28 Octobre 1776, l'auteur rend compte d'une espèce de farce de ce genre, propre en même tems à donner une idée du goût dramatique des Chinois.

La piéce est ouverte par un acteur, qui représente la religion chrétienne: il traverse le théâtre avec beaucoup de gravité. On y avoit rangé un certain nombre de petites idoles qui, à la vue de la religion, tombent à la renverse. La religion passée, les idoles se ramassent, se rapprochent & tiennent conseil. Le résultat en est, qu'il faut envoyer une ambassade à V-Ouang. Cet V-Ouang est un de leurs Dieux du premier ordre. Le Dieu, comme de raison, entérine la requête, prend un paquet de fusées, qu'il appelle son tonnerre, avec lequel il foudroye l'acteur qui représente la religion. Ce pauvre peuple rioit de tout son cœur, en disant: V-Ouang a tué la religion chrétienne.

L'engouement des Chinois pour les comédies, les farces & tout ce qu'on appelle spectacle, est extrême. Arrive-t-il le moindre bien, ou le moindre mal, il est mis en scène. Le feu avoit pris dans la ville où résidoit le Missionnaire; c'étoient tous les jours des comédies au Dieu du feu. A ce goût ardent du théâtre, on prendroit ce peuple pour des François; il y a pourtant cette différence; c'est que leurs farces sont plus décentes & moins impures que celles de notre nation, qui se vante d'être chrétienne.

Les Chinois estiment beaucoup les mathématiques; cependant ils y font très peu de progrès. Les plus habiles en savent rarement assez pour entendre les élémens d'Euclide. Excepté l'agriculture, qui y est très florissante, tous les autres arts y semblent encore au berceau.

Telle est l'idée que donne des Chinois M. *Ma*, en cela de l'avis de M. *Paw*, & démentant les Jésuites, ses prédécesseurs. Ses Lettres sont encore manuscrites, ce qui nous a déterminé à en faire un extrait.

27 *Janvier* 1786. Peu après que M. Berardier eut été élu Syndic de la faculté de Théologie de Paris; c'est-à-dire au *primâ mensis* de Novembre dernier, il proposa 1º de chanter une messe solemnelle d'actions de graces pour la liberté qui venoit d'être rendue au Corps: 2º. d'envoyer des Députés à la cour pour remercier le Roi de ce bienfait: 3º. de remercier aussi le Ministre chargé du Département du Clergé. Après une courte délibération, les sages Maîtres conclurent qu'ils iroient d'abord chez le Ministre, pour lui témoigner la reconnoissance de la Faculté; qu'elle feroit la même démarche auprès du Roi, s'il étoit possible d'approcher de sa personne: mais qu'à

l'égard de Dieu, il se passeroit des remerciemens. Telle est la tournure maligne que prend l'auteur de la gazette ecclésiastique dans sa feuille du 16 de ce mois, pour reprocher à la Faculté de n'avoir pas regardé l'événement comme assez important pour en remercier le ciel avec un apparat religieux.

28 *Janvier* 1786. Jusques à présent les *Prix de vertu* connus n'ont été fondés que pour des personnes du Sexe, ou remportés que par elles. M. l'Abbé *Semillard des Ovilliers*, Docteur de la Faculté de Théologie de Paris, & Curé de Tremblay, près Gonesse, a annoncé à ses paroissiens qu'il donneroit cette année 1786, les années suivantes & fonderoit à perpétuité, un *Prix de Vertu Mâle* (aujourd'hui de la somme de 40 livres, & qu'il espère augmenter par la suite.) Ce Prix sera la récompense de l'homme jugé le plus vertueux par le suffrage unanime des habitans & choisi parmi les domestiques, chartiers, batteurs en grange, bucherons, & autres journaliers dans la paroisse & qui l'auront toujours habitée.

28 *Janvier* 1786. L'Arrêt du Conseil qui ordonne l'apport des charges & informations dans le procès de M. *le Maître*, est rendu du propre mouvement du Roi. Il est motivé sur ce que Sa Majesté a apperçu que la Tournelle faisant défenses au Sieur *le Maître* de récidiver, avoit reconnu un délit, & que ce délit sembloit assez grave pour mériter d'être ap-

profondi, tandis qu'au contraire par son Arrêt la Tournelle l'arrêtoit.

Cette espece de reproche fait aux Magistrats de la Tournelle, a vivement affecté les autres, surtout de la premiere des Enquêtes, qui ont demandé l'assemblée des Chambres : elle a eu lieu le jeudi & a été fort tumultueuse. On a ouvert l'avis de charger le Premier Président de remettre lui-même cette procédure au Roi, de faire envisager à Sa Majesté l'étrange rôle qu'on lui faisoit jouer, entièrement contraire à son essence; de lui représenter qu'il étoit sans exemple de casser un Arrêt trouvé trop doux en matière criminelle, lorsqu'il n'y avoit pas de partie plaignante.

Messieurs de la seconde Chambre des Enquêtes ont été très opposés à cet avis, & le résultat a été que le Greffier ne pouvoit être dispensé d'obtempérer; qu'il ne falloit point prématurer les événemens & qu'on attendroit ce que feroit le Conseil, pour prendre un parti.

Le mardi 24 un autre objet a attiré l'attention de ces Messieurs; ce sont les murs qu'on éleve autour de Paris; celui du côté du Midi a souffert peu de difficultés & est déjà fort avancé; l'autre, du côté du Nord, a excité, il y a deux mois, des réclamations très vives de la part d'un nombre considérable de propriétaires, d'habitans, de maragers, cabaretiers, qui par l'extenſion donnée à cet enclavement, ſe trouvent grevés d'impôts indirects ou directs, auxquels ils n'étoient point ſujets, ſoit par la diminution des loyers de leurs maiſons, ſoit par l'augmentation des denrées; impôts dont ils ſe regardoient même comme affranchis par les limites fixées de la capitale depuis longtems. Il s'en eſt ſuivi dans le tems des rixes & des combats entre les ouvriers, prépoſés, commis, & ce peuple de mécontens ameuté; ils ont eu recours alors au Roi, qui a ordonné la ſuſpenſion. Enfin ils ont préſenté une Requête au Parlement, ſignée de plus de ſix cens ſouſcrivans. La Cour fort embarraſſée a nommé des Commiſſaires pour aviſer ce qu'il y auroit à faire.

Enfin ce qui ſe paſſe à la Monnoye devoit auſſi être la matière d'une dénonciation. Faute d'avoir mûrement combiné l'opération de la converſion des Louis, il s'enſuit un déſordre & des difficultés qui ſe multiplient à l'infini. On avoit propoſé à M. *de Calonne* de donner aux porteurs de Louis, pour faciliter l'opération, des billets de monnoye en échange. Ces billets payables à des époques certaines, plus ou moins courtes, auroient porté un intérêt à quatre pour cent. On a craint avec raiſon l'introduction de ce papier, ſujet de nouvelles allarmes & d'inquiétudes encore plus grandes, & c'eſt ſans doute pour les prévenir que les Magiſtrats croyoient devoir délibérer ſur la matière; mais comme la Cour des Monnoyes est occupée de ce projet & a fait des Remontrances, le Parlement ne doit pas s'en mêler encore.

29 *Janvier* 1786. On a appris ces jours derniers à Mᵉ. *Target*, qu'il paroissoit des *Observations sur le Mémoire de Madame la Comtesse de la Motte*, par Mᵉ. *Robin de Mozas*. Il en fut étonné & écrivit à ce confrère, pour savoir qui lui avoit donné sa mission? Mᵉ. *Robin* lui répondit qu'il avoit trouvé le Mémoire de Madame *de la Motte* si mal fait, si révoltant, que, tourmenté depuis longtems du besoin de s'épancher, il n'avoit pu résister au désir de coucher ses idées sur le papier, de relever les impertinences, les contradictions, les absurdités de ce *Factum*, & qu'une fois écrites, il n'avoit pu résister au nouveau desir de les faire imprimer; qu'il avoit sacrifié douze livres pour cela & fait tirer une centaine d'exemplaires de son ouvrage, dont il lui en envoyoit quelques-uns pour le soumettre à sa décision.

Cet écrit est moins un Mémoire qu'un pamphlet, une critique amère de la Défense de Mᵉ. *Doillot*, où cet Avocat est, dit-on, fort maltraité & tourné parfaitement en ridicule. Mᵉ. *Target* furieux replique à Mᵉ. *Robin de Mozas*, pour lui faire envisager toutes les suites funestes de son incartade, absolument contraire à l'honnêteté de sa profession & surtout aux égards qu'on se doit entre confrères; incartade qui le mettoit dans le cas d'être rayé du Tableau, si son libelle tomboit aux mains de la Députation & étoit dénoncé à l'Ordre, ainsi que le bruit en couroit.

Ces réflexions parvenues à Me. *Robin de Mozas* lui ont dessillé les yeux; il a senti l'énormité de sa faute, il est entré dans les transes les plus vives & est actuellement occupé à faire des démarches & auprès de la Maison de *Rohan*, & auprès des Députés, afin de prévenir ou de dissiper l'orage, qui se forme sur sa tête.

Cette étourderie de Me. *Robin de Mozas* est d'autant plus extraordinaire, qu'étranger au Barreau de Paris, venu de Grenoble, il a le plus grand besoin de se bien conserver avec tout le monde; que c'est d'ailleurs un Jurisconsulte grave & profond, qui ne traite ordinairement que des matieres érudites, qui n'écrit que sur des questions de Droit dans des affaires épineuses.

30 *Janvier*. Il a enfin passé des exemplaires de la *Gazette noire, par un homme qui n'est pas blanc*, ou Oeuvres posthumes du *Gazettier Cuirassé* : quand on l'aura lue, on en rendra compte.

30 *Janvier*. Il paroît une nouvelle brochure dans l'affaire du Cardinal; c'est *Lettre d'un Garde du Roi, pour servir de Suite aux Mémoires sur Cagliostro*. On ne voit pas à propos de quoi l'on a choisi ce militaire pour auteur du pamphlet, à moins que ce ne soit afin d'avoir le droit d'être décousu & bavard,

sans aucun ordre. C'est un véritable hochepot, où il y a de tout, même de sens commun, de la raison, de la vigueur & par fois des élans patriotiques.

Le garde du Roi, du reste, est fort érudit & fécond en citations historiques, pour établir que le Roi a eu raison d'ôter la connoissance du procès au Clergé, & de le mettre entre les mains du Parlement.

Les anecdotes dont l'ouvrage est enrichi, sont en petit nombre & hazardées pour la plupart, d'autres triviales & sues de tout le monde. Celle de la bâtarde du Cardinal de Rohan mérite d'être éclaircie. Elle fait la matiere d'un procès. Suivant l'historien, ce Prélat auroit promis 30,000 livres pour présent de noces, en trois billets déposés entre les mains du Prieur de S*r*. Victor & cachetés. Quand on ouvrit le paquet au terme indiqué, c'étoient trois feuilles de papier blanc.

Suivant le même historien, M*lle*. *Oliva* & M*de*. *de la Motte* seroient grosses.

Le pamphlet est peu ancien, car il y est question de l'affaire de M. *le Maître* & de quelques autres événemens plus récens.

Le style est aussi bigarré que le fond; c'est quelquefois le persifflage leste & agréable d'un homme de cour; c'est quelquefois le ton plat & grossier d'un écrivain mal éduqué.

30 *Janvier*. M. l'Abbé *Tandeau de Marsac*, Conseiller clerc de Grand' Chambre, est décidemment Rapporteur de la Cour, à la place

place de M. *le Fevre d'Ammécourt*. Cette disgrace a réconcilié avec la Compagnie ce Magistrat, qu'on regardoit comme vendu au Ministere, & avec le Public, qui admirant ses talens plaignoit l'emploi qu'il en faisoit souvent contre les intérêts de la Nation. Au contraire, on sait très mauvais gré au premier d'avoir accepté: il a beau s'en défendre, en disant que c'étoit pour empêcher que la place ne fût remplie par un traitre tel que l'Abbé *Sabbathier*, qui la sollicitoit; on ne reçoit point cette excuse. Il en est vu de très mauvais œil par ses confreres & le mardi 24 dans l'assemblée des chambres, il essuya de violens sarcasmes, & Messieurs ajoutent que ce ne seront pas les derniers.

31 *Janvier*. La *Gazette Noire* tant vantée & annoncée depuis si longtems comme un ouvrage curieux, n'est qu'une rapsodie de Libraire, une compilation indigeste de morceaux tirés de l'*Espion Anglois*, de l'*Espion des Boulevards*, de la *Vie privée de Louis XV*, des *Annales* de Me. *Linguet* & autres livres de ce genre: morceaux altérés, défigurés par le prétendu rédacteur, dont le style bas & les plaisanteries grossieres forment un contraste monstrueux avec les différens styles des écrivains pillés.

Par un *Avis* imprimé à la tête du volume, daté de Londres le 1er Octobre 1783, on y promet une suite, en cas que celle-ci soit bien accueillie; mais il y a grande apparence que le public détrompé ne sera pas curieux d'être dupe une seconde fois.

31 *Janvier*. Comme les Provinces ne reçoivent de la Caisse d'Escompte qu'un secours médiat, on parle d'en créer de semblables à Lyon, à Marseille, à Bordeaux, à Nantes, à Rouen, qui dépendront de celle de Paris & ne formeront qu'une seule machine. Ce projet, dont le Ministere s'occupe depuis longtems, avoit été agité jusques à présent sans succès, dans la crainte de trop allarmer le public: aujourd'hui qu'il est un peu plus familiarisé avec la Caisse d'escompte, on ne seroit pas surpris qu'il se réalisât; on va jusques à dire qu'on s'occupe de Réglemens qui serviront de Code aux nouvelles annexes. On fait valoir les facilités que de pareils établissemens procureront au commerce, dont ils augmenteront l'étendue & l'utilité: mais les gens sensés redoutent ces innovations & voudroient voir renverser de fond en comble un établissement impraticable en France, & qui tôt ou tard doit devenir nuisible.

1er *Février* 1786. On assure que M. le Baron *d'Entrechaux* est déjà sorti de la Bastille & même depuis quelque tems.

1er *Février*. Les interrogatoires de M. le Cardinal & de Madame *de la Motte* sont finis dès la semaine derniere. M. *Titon* compte terminer la semaine suivante ceux des autres accusés; après quoi l'on se rassemblera pour décider si le procès sera réglé à l'extraordinaire: ce qui ne doit pas faire de difficulté; ensuite commenceront les récollemens & confrontations par le ministere de l'*Evangéliste*: on qualifie de la sorte énergiquement le second Rapporteur, chargé de vérifier les opérations du premier. Depuis longtems on nomme dans le public pour cette fonction, M. *Dupuis de Marcé*, Conseiller de Grand' chambre, plus renommé pour sa probité, que pour ses lumieres, & c'est la qualité la plus essentielle dans le rôle qu'il va jouer.

C'est ordinairement alors que les accusés publient leurs Mémoires, tant à cause du jugement qui approche, que parce que c'est la seule époque où ils sont censés avoir juridiquement connoissance des charges & informations.

En attendant Me. *Target*, l'Avocat du Cardinal, lit chez lui le Mémoire manuscrit qu'il a composé pour cette Eminence, sous le titre de *Précis*. Des gens qui l'ont entendu, en sont peu contens & trouvent qu'il ne justifie pas, à beaucoup près, le Cardinal.

2 *Février* 1786. La Cour des monnoyes en effet a senti le danger des Billets substitués aux Louis portant intérêt à quatre pour cent, quelque précaution qu'ait semblé prendre le gouvernement pour prévenir toute crainte & inquiétude: en conséquence, avant d'enrégistrer les Lettres patentes données à Versailles le 18 Janvier pour l'introduction de ce pa-

pier, elle a cru devoir adresser au Roi des Remontrances, qui n'ont été répondues que le 27 Janvier d'une maniere assez méprisante & d'un ton sévere & courroucé. Cette Cour a donc enrégistré sur le champ le 27, mais *du très exprès commandement du Roi*, & avec des modifications qui ont déplu au Ministere: ensorte que Sa Majesté lui a fait apporter ses Regîtres, comme au Parlement, pour y subir la même humiliation & une plus grande, puisque le Souverain n'a point employé sa main auguste à la radiation, mais a ordonné au Greffier en chef de la faire; ce qu'il a exécuté très humblement. On ignore encore si la Cour des Monnoyes a fait intérieurement quelque Arrêté, contenant les réserves & protestations d'usage.

2 *Février*. M. *de Chalut* est un ancien Fermier général très riche, qui n'ayant point d'enfans, de concert avec sa femme étoit allé aux enfans-trouvés, y avoit choisi une petite fille qui leur avoit plu & l'avoit amenée, éduquée & mariée. Depuis Madame *de Chalut* est morte. Il y a peu de tems que M. *de Chalut* est venu trouver Madame *de Ville*; (c'est le nom de la jeune femme) il lui a apporté une somme de cent mille écus, provenante des diamans, dentelles, robes, vaisselle & autres effets que lui avoit laissés Madame *de Chalut* par testament, & dont le capital placé à intérêts avoit augmenté à ce point.

Madame *de Ville* a demandé à M. *de Chalut* si cela lui apartenoit en propriété, ou devoit entrer dans la communauté ? Il lui a répondu que c'étoit pour elle en propre & qu'elle pouvoit en difposer : en conféquence, elle est allée aux enfans-trouvés & avec toutes les formalités convenables a placé cette somme, en leur faveur, faifant 15,000 livres de rentes, à perpétuité, pour être annuellement & par portion égale employées à marier deux filles.

On ne fauroit trop citer ce trait de Madame *de Ville*, qui n'eft pas auffi connu qu'il le méritoit & d'autant plus louable qu'outre une bienfaifance peu commune, il caractérife une modeftie encore plus rare.

2 *Février* 1786. Il paroît que dans le pays étranger, les Négocians François, Banquiers & autres Agioteurs, qui fe font prévalus des Arrêts du Confeil rendus fur les fpéculations d'un jeu exceffif en cette matiere, qui s'étoit introduit depuis près de deux ans, pour ne pas remplir leurs engagemens, font regardés comme péchant effentiellement contre la morale du commerce, comme des gens de mauvaife foi, comme des parjures. C'eft ce qu'on juge par une réponfe de M. *Théophile Cazenove* à M. *J. J. Pallard* à Marfeille, datée de Paris le 10 Août 1785, & imprimée à Amfterdam.

Cette Lettre, écrite d'un ftyle fimple & naturel, d'un ton fage & modéré, eft en outre d'une logique preſſante : elle eſt d'ailleurs appuyée de piéces, dont les plus victorieuſes ſont les certificats d'Angleterre & de Hollande, ſuivant leſquels les débiteurs de M. *Cazenove* ſeroient condamnés dans les deux pays; à Londres, au Tribunal de l'Honneur; à Amſterdam, au Tribunal des Loix mêmes.

3 *Février.* Le Concert Spirituel d'hier a attiré beaucoup de monde. Mademoiſelle *Candeille* y a déployé de nouveaux talens. On y a d'abord exécuté une ſymphonie concertante de ſa compoſition, avec forté piano, clarinettes, baſſons & cors obligés; ce morceau a paru d'une expreſſion forte & vigoureuſe dans le genre des ſymphonies Allemandes, ſurtout de celles du célebre *Hayden*: l'*andante* en variations a enlevé tous les ſuffrages. L'exécution y a parfaitement répondu & a été très brillante. Mlle. *Candeille* tenoit le forté piano; c'eſt une ſuperbe créature : elle enchantoit à la fois les yeux & les oreilles; elle a été applaudie à tout rompre.

Cette jeune perſonne, après avoir paru comme une muſicienne de la plus grande eſpérance, a eſſayé d'obtenir de nouveaux applaudiſſemens comme poëte; on a exécuté *le bonheur du Juſte*, hymne dont elle a compoſé les paroles, & mis en muſique par ſon pere. Ce morceau, qui ne préſentoit aucune oppoſition, a paru un peu froid, quant au poëme : prudemment on ne l'avoit pas fait imprimer, ce qui empêche de le juger : il eſt à présumer qu'on ne l'a pas cru digne d'être conservé.

Une autre nouveauté de ce Concert, qui n'a pas moins enchanté les spectateurs, ç'a été de voir Mlle. *Renaud* & sa sœur, toutes deux actrices depuis quelque tems de la comedie Italienne, chanter un duo Italien, musique de M. *Misliwsehek*: il seroit difficile de trouver un ensemble aussi soutenu & deux voix aussi bien faites pour s'allier ensemble: il y a longtems qu'on a joliment dit que cette famille étoit une *couvée de rossignols*.

3 *Février*. Suivant les nouvelles Lettres patentes enrégistrées à la Cour des Monnoyes, l'abondance des matieres d'or que l'attrait du bénéfice accordé a fait rentrer dans le Royaume, ou sortir des caisses particulieres, s'accroît tellement de jour en jour que, quelque diligence qu'on apporte au travail, il est impossible de satisfaire à l'empressement du public, & comme les possesseurs ne veulent s'en défaire qu'avec avantage, il en résulte dans la circulation un engorgement momentané, qui pourroit devenir préjudiciable au commerce; d'autant plus qu'il sert de prétexte à plusieurs débiteurs pour ne pas payer. En conséquence on proroge jusques au premier Janvier 1787 le cours des anciens Louis; on augmente les hôtels des Monnoyes, où les especes d'or seront fabriquées: ensorte que d'ici au 1 Mars, on calcule qu'ils

en pourront fabriquer pour cent huit millions: on créé des reconnoissances en certaine proportion, portant intérêt à quatre pour cent, devant être retirées d'un mois à l'autre. Pour fournir à ce petit bénéfice, de façon qu'il ne tourne pas au détriment du Roi, on créé deux cens quatre-vingt-trois offices de Changeurs, avec finance, qui joints aux cent dix-sept déjà établis, donne une quantité de quatre cens.

Les nouveaux hôtels des monnoyes où l'on fabriquera, sont *Rouen*, *Montpellier*, *la Rochelle*, *Strasbourg*; ensorte qu'il y en aura onze.

Comme l'on craint dans le public que le mouvement des especes d'or n'occasionne celui des especes d'argent, on déclare que cette supposition est dénuée de fondement & que le principe même qui a nécessité l'opération sur l'or, exclut tout ce qui pourroit apporter le moindre changement dans la valeur des especes d'argent.

4 *Février*. Depuis 1777, que M. *de la Blancherie* s'est constitué de sa grace *Agent général de correspondance pour les sciences & les arts*, il n'a cessé de se couvrir de ridicule par l'importance qu'il a mise à ses puériles fonctions, par la charlatanerie avec laquelle il impose aux dupes crédules & attire leur argent sous le prétexte d'un établissement *gratuit*, aux dépens duquel il s'est, du galetas qu'il occupoit d'abord dans un college borgne, transporté & logé dans un superbe hôtel,

tel, il l'a orné de meubles magnifiques, il se fait entretenir un carosse, des chevaux, des secrétaires, des valets de chambre &c. Des gens moins plaisans sont surtout révoltés de son impudence à se donner pour l'interprête des nations, lorsqu'il ne possede aucune langue; pour le centre des sciences & des arts, au milieu de sa profonde ignorance; & leur juge dans un journal, où il ne fait que répéter ce qu'ont déjà dit les autres journaux. Ce qu'il faut admirer pourtant, c'est son opiniâtreté à se relever de deux chûtes, à lutter à la fois contre ses créanciers & contre un petit Ministre, dont il a triomphé successivement; c'est son adresse à inventer sans cesse de petits moyens de faire parler de lui, & de forcer ses rivaux mêmes à attester son existence & à y contribuer.

C'est ainsi que tout récemment par le canal du Journal de Paris chaque souscripteur a reçu *Extrait des Regiſtres du Conseil*...... A ce titre on a été frappé de vénération, s'imaginant trouver quelque Loi du Souverain; mais l'indignation a bientôt succédé, lorsqu'on a lu de suite *d'Administration de la correspondance générale & gratuïte pour les sciences & les arts, du* 21 *Décembre* 1785, avec une liste fastueuse de tous les dignitaires de ce Conseil, à la tête duquel il s'est placé modestement.

4 *Février*. Hier à l'opéra, quoique ce fût vendredi, le Sieur *Moreau* a doublé le Sieur *Cheron* dans le rôle d'*Ismenor*, magicien &

personnage important de l'opéra de *Dardanus*. Cet acteur a l'organe assez beau; il est musicien, mais ne plaît pas au public, qui en a témoigné son mécontentement: il l'a fait d'une façon si soutenue, si marquée & si humiliante, que le Sieur *Moreau* a perdu la tête &, interrompant son rôle, est venu au bord du théâtre, le cœur gros de soupirs & avec une voix sourde & entrecoupée de sanglots, a dit au parterre: *Ingrats..... Ingrats...... Ingrats......* à trois reprises différentes; *j'irai en prison; mais vous m'arrachez ce reproche.* Pendant cette apostrophe il s'est formé le plus grand silence: au mot de prison, Madame la Duchesse de Bourbon s'est écriée de sa loge: *non, vous n'y irez pas*; & le public qui a reconnu que cette incartade ne devoit s'attribuer qu'à un excès de sensibilité bien rare parmi ces Messieurs, s'est réconcilié avec le Sieur *Moreau* & l'a beaucoup applaudi.

Cependant pour l'exemple on dit qu'il a été conduit à l'hôtel de la force, mais en est déjà sorti & qu'il est question de le dédommager de ce léger châtiment par une gratification.

4 *Février* 1786. Les Députés du Parlement de Bretagne sont repartis hier de Paris & sont retournés à Versailles, où ils ont dû prendre des ordres définitifs, soit de continuer leur route pour attendre à Rennes la Réponse du Roi, soit de recueillir la Répon-

fe de Sa Majesté pour la reporter à la compagnie.

5 Février. *L'extrait des Regiſtres du Conſeil d'adminiſtration de la correspondance générale & gratuite pour les ſciences & les arts*, eſt le comble du ridicule par les formules emphatiques dont Mr. l'Agent général débite ſes niaiſeries, par ſa parodie des formes judiciaires pour les conſigner, & par le tableau nombreux d'Agens ſecondaires, où il enchâſſe tout le rouage de ſa machine. On voit dans celui-ci, un *Agent général*, deux *Secrétaires généraux*, un *Tréſorier*, un *Préſident*, deux *Vice-Préſidens*, ſept *Aſſociés protecteurs*, deux *Aſſociés honoraires*, neuf *Aſſociés ordinaires*, & puis encore un *Préſident* du Comité de correspondance, onze *Aſſociés libres*, enfin dix *Aſſociés auteurs*.

Quant au diſcours de M. l'Agent, il y rend compte & fait l'hiſtorique de ſes travaux depuis 1777, de la conſiſtance & de l'étendue qu'a pris l'établiſſement; de ſes reſſources ingénieuſes & utiles, dans les circonſtances critiques où il s'eſt trouvé; de ſes voyages, de ſes courſes, de ſes fatigues dans toutes les parties de la France & chez l'étranger, pour acquérir des admirateurs, des proſélytes & principalement des ſouſcripteurs. Il parle de l'origine du Conſeil en 1781: il n'omet pas les deux ſuſpenſions; mais qu'il ne préſente que comme prudentes & volontaires, quoique très forcées;

il exalte le zèle de M. le Duc *de Charoſt*, ce digne Préſident, pour remettre en activité toutes les parties de l'établiſſement; enfin il détaille un nouveau plan de réglement & en expoſe les motifs & les avantages.

Sur quoi le Conſeil & M. l'Agent général conſidérant...... que les progrès des connoiſſances en tout genre, tant en France, que dans le pays étranger, non ſeulement ſervent de liens à tous les peuples entre eux; mais qu'ils ſont encore des ſources d'induſtrie pour les individus, & que de ces deux avantages réſultent manifeſtement la gloire des empires & le bonheur des peuples; que malgré les ſervices qu'ont rendu & que rendent encore tous les établiſſemens formés par la munificence des Souverains, à l'effet de propager les connoiſſances & d'encourager les talens, ces inſtitutions manquent entre elles de cette communication active, prompte & réciproque...... Conſidérant en outre que l'établiſſement de la Correspondance générale & gratuite a pour but d'y ſuppléer........ & après pluſieurs autres *conſidérations* du même genre, *la matiere miſe en délibération* il a été ſtatué, &c. Suivent ces ſtatuts, ne contenant autre choſe que ce qui a été réglé précédemment, rédigé ſous ce grand mot.

5 *Février*. M. *Metra* étoit un nouvelliſte devenu fameux par M. le Comte *d'Aranda*, qui, durant la derniere guerre ſe faiſoit un

plaisir de lui confier les nouvelles qu'il vouloit bien rendre publiques : celui-ci se faisoit une gloire d'être l'écho de l'Ambassadeur d'Espagne & mettoit beaucoup d'importance à son rôle. Il est mort ces jours-ci, & l'on lui a fait l'épitaphe suivante :

Metra n'est plus ! revers tragique,
Dont se doit affliger tout digne politique.
Pour lui, je suis certain qu'au suprême moment,
  A son caractere fidele,
Il eût trouvé moins dur d'entrer au monument,
S'il avoit pu lui-même en donner la nouvelle.

5 *Février*. La tragédie de *Médée*, de Longepierre, la seule restée au théâtre, avoit été peu jouée depuis Mlle. *Dumesnil*, & comme elle est médiocre en elle-même, le public ne sembloit pas fort empressé de la revoir. On a remis hier cette piéce & Mlle. *Raucourt* a fait le principal rôle, avec tant de noblesse, d'énergie & de vérité, qu'elle a été applaudie à tout rompre. L'enthousiasme du public a été tel, qu'il a demandé l'actrice à la fin & l'a accueillie avec de nouveaux battemens de mains. On ne doute pas que cette tragédie, suivie avec fureur, ne rende beaucoup d'argent aux comédiens. Du reste, voilà l'époque où Mlle. *Raucourt*, sortie de son état de médiocrité, va désormais figurer au rang des grandes actrices : elle étoit superbe

jusques dans son costume, & n'a point eu cette voix entrecoupée, étouffée, qui l'empêchoit souvent de rendre & de faire entendre toutes les parties de ses rôles.

Les connoisseurs les plus difficiles & les moins portés en sa faveur, ne peuvent s'empêcher de lui rendre justice & d'avouer qu'elle a prodigieusement acquis.

6 *Février*. Les amateurs de livres s'empressent d'acheter le Catalogue de ceux de M. l'Abbé *Sepher*, dont la vente commencera le 6 Mars. C'est une brochure in 8°. de plus de 500 pages, qui contient les notices de plus de 30,000 volumes.

Le propriétaire, Docteur de Sorbonne, Vice-Chancelier de l'Université, Chanoine, Chevecier de saint Etienne des grès, étoit avantageusement connu dans la République des lettres par ses lumieres & son érudition: il avoit cherché à rendre complettes les diverses parties de sa bibliothéque; mais il s'étoit principalement attaché à la théologie, ainsi qu'à l'histoire: celle de France surtout offre des morceaux uniques.

M. *Sepher* ne composoit point, mais lisoit avec soin, & ses collections précieuses par elles-mêmes le deviennent encore plus, par les notes savantes dont il chargeoit des feuillets de papier blanc, insérées au commencement d'une grande partie de ses livres rares & singuliers.

6 *Février* 1786. Madame la Baronne *de*

Vaffe, traducteur du *Plutarque Anglois*, en ayant fait la dédicace à Sa Majesté le Roi de Suede, ce Monarque, pour lui témoigner la satisfaction que lui a procuré la lecture de l'ouvrage, a daigné lui faire tenir par son Ambassadeur à cette Cour, M. le Baron *de Staal*, deux très belles médailles d'or; dont l'une représente l'effigie du Roi & celle du grand Gustave; l'autre, les emblêmes de la derniere révolution de 1772.

7 *Février*. Le mercredi premier Février, lendemain de la présentation de la fille de M. *Necker*, aujourd'hui Madame l'Ambassadrice de Suede, il s'est vu plus de trois cens carosses à la porte du pere: ce qui faisoit courir le bruit qu'il alloit reprendre l'administration des finances.

7 *Février*. M. *Lantier*, auteur de l'*Impatient* & du *Flatteur*, qui ont eu quelque succès, a fait jouer hier une autre comédie, ayant pour titre *les Coquettes rivales*, en cinq actes & en vers. Les deux premiers ont offert quelques traits brillans, qui ont ébloui un moment les spectateurs; mais tout le reste a paru misérable & l'on peut regarder cette piece comme tombée.

7 *Février*. La *Société patriotique Bretonne* propose pour sujet aux citoyens enthousiastes du bien public & des bons patriotes, *l'Eloge de M. de la Chalotais*, mort depuis peu. Le Prix sera la gloire d'avoir élevé un monument immortel à ce Magistrat vertueux & persécu-

té. On ne sait si la Société a consulté le Ministere avant de choisir ce sujet, qui pourroit ne pas lui plaire, & qui, par cette raison du moins, offre de très grandes difficultés aux concurrens.

8 *Février* 1786. M. *de la Blancherie*, non content d'avoir répandu en profusion son extrait des Regiſtres, a eu la vanité de le préſenter au Roi & d'être mis dans la gazette à ce sujet.

C'eſt par cette feuille qu'il a ouvert cette année le tome septieme de ſes *Nouvelles de la République des lettres & des arts*. On a déjà dit ce que c'étoit que ce recueil, répétition des autres journaux; mais ce qui le rend curieux & le diſtingue, c'eſt le *Supplément*, intitulé *Sallon de correspondance*. C'eſt une relation de ce qui s'eſt paſſé dans l'aſſemblée du mercredi de chaque ſemaine, où l'on voit que M. l'Agent général a *pris congé*, qu'il a *présenté*, qu'il a annoncé *la mort*, qu'il a fait part de *l'élection*: toutes niaiſeries, auxquelles il donne du corps & de l'importance par ces grands mots.

Vient enſuite la Notice des morceaux expoſés & le jugement qu'en a porté l'Agent général d'après les avis du *Conseil* ou du *Committé*; Notice qui pourroit être intéreſſante, ſi les objets en valoient la peine, ou n'étoient pas connus.

8 *Février* 1786. Voici une nouvelle épigramme contre l'Abbé *Aubert*, moins dure,

quoiqu'auſſi méchante que la précédente; elle eſt d'ailleurs mieux tournée & plus digne de M. Marmontel:

> Un jeune peintre à ſon retour de Rome,
> D'après Geſſner peignoit la mort d'Abel:
> L'œuvre avançoit, ſi bien que le jeune homme
> Se croyoit preſque un nouveau Raphaël:
> Dans ſon tableau, l'Abel, l'Adam & l'Eve
> Formoient un grouppe, & la main de l'éleve
> Les avoit peint des traits les plus touchans;
> Mais n'ayant pas fréquenté les méchans,
> Il rendoit mal l'air de mauvais augure,
> L'air triſte & bas qu'exigeoit la figure
> Du noir Caïn: l'art étoit en défaut,
> Lorſqu'un beau jour trouvant, par aventure,
> Le cuiſtre *Aubert*, l'artiſte fit un ſaut:
> Enfin, dit-il, voilà ce qu'il me faut,
> Et mon Caïn ſera d'après Nature.

8 *Février* 1786. Une de ces nuits dernieres il s'eſt gliſſé par une corde des fenêtres du château de Verſailles dans le jardin, un homme qui a été apperçu des deux ſentinelles françoiſe & ſuiſſe: il a voulu s'échapper, mais elles l'ont forcé de s'arrêter & de raiſonner, quoiqu'elles viſſent bien que ce n'étoit point un voleur. Il a été conduit au corps de garde: l'officier ayant reconnu ce jeune Seigneur & inſtruit par lui-même de ſon avanture, l'a laiſſé aller; cependant elle a tran-

fpiré & voici ce qu'on raconte. Il s'eſt trouvé que c'étoit M. *d'Archambaud (Talleyrand,)* un neveu de l'Archevêque de Rheims, qui étoit couché avec Madame la Ducheſſe *de Guiche*, dont le mari ne devoit pas rentrer: malheureuſement celui-ci étant revenu à l'improviſte, il a fallu que l'amant cédât la place. Cette aventure répandue à Verſailles & dans Paris, très ordinaire d'ailleurs, fait beaucoup de bruit à raiſon du local & des perſonnages.

8 *Février*. Les Députés du Parlement de Bretagne n'ont reçu que dimanche à Verſailles la réponſe du Roi aux Remontrances de la Compagnie. Quoiqu'on en diſtribue des copies ici, les gens inſtruits les regardent comme infidelles. Cette réponſe donne raiſon dans le fond au Parlement, mais le blâme ſur la forme. Les Députés en ont été ſi mécontens, qu'ils ſont convenus de ne pas les laiſſer tranſpirer, qu'ils ne fuſſent rendus à Rennes.

8 *Février*. Tandis qu'on uſe de la plus grande ſévérité envers certains ouvrages, on eſt fort ſurpris d'en voir circuler avec liberté d'autres, dont la licence eſt extrême: de ce nombre eſt un ouvrage périodique aſſez rare, mais qu'on trouve au ſallon des Arts, ſous le titre du *Nouvelliſte politique d'Allemagne*: on y lit No. 18. du mardi 31 Janvier 1786, à l'endroit des articles divers le paragraphe ſuivant:

„ La galanterie qu'on va raconter, ne pou-
„ voit gueres trouver d'imitateurs que par-
„ mi les financiers de la premiere claſſe: auſſi
„ vient-elle du Contrôleur général des finan-
„ ces du royaume le plus riche de l'Europe.

„ M. *de Calonne* donna cette année pour
„ étrennes à Madame *le Brun* de Paris, une
„ poignée de piſtaches en papillotes, & en
„ les lui préſentant, il l'avertit de ne pas dé-
„ faire les papillotes ſans précaution. Il fal-
„ loit une bonbonniere pour mettre les pi-
„ ſtaches. Le galant Miniſtre en offrit une
„ ſuperbe en or enrichie de diamans: mais
„ quelle fut la ſurpriſe de Madame *le Brun*,
„ ouvrant la boîte, de la voir pleine de
„ louis neufs, & en défaiſant les papillotes,
„ d'y lire autant de billets de la Caiſſe d'Eſ-
„ compte, chacun de la valeur de 300 li-
„ vres."

9 *Février*. On ajoute à l'hiſtoire de Madame *de Guiche*, faiſant un bruit du diable, que
le mari s'étant apperçu du cas, lui avoit dit:
„ Madame, je vois bien que vous êtes la
„ digne fille de votre digne mere! il falloit
„ me prévenir, & je ne ferois pas entré."

M. le Duc *de Guiche* n'a pas manqué de
rendre compte de cette anecdote à la Comteſſe *de Grammont* ſa mere, qui a pris la
choſe en plaiſantant & lui a répondu: „ n'eſt-
„ ce que cela? il n'y a pas de quoi vous ef-
„ faroucher; il falloit vous y attendre: eſt-

,, ce que vous croyez être le fils de votre
,, pere?"

9 *Février.* Le Procès verbal des opérations de la Cour des Monnoyes relativement à la violence qu'elle a éprouvée pour l'enrégiſtrement de la ſubſtitution du *Papier Monnoye* aux Louis ou autre numéraire, eſt encore plus intéreſſant que celui de l'Emprunt, à raiſon des ſuites qu'il peut avoir, & il eſt bon d'en fixer les époques d'après les Regiſtres mêmes de cette Cour.

Le lundi 23 Janvier, les Lettres patentes portées à la Cour des Monnoyes.

Nomination de Commiſſaires pour les examiner.

Mercredi 25 on arrête des Remontrances d'après le compte des Commiſſaires.

Le jeudi 26 objets des Remontrances fixés.

Vendredi 27 ordre de porter les Remontrances à Verſailles.

La Cour reçue à Verſailles à ſix heures du ſoir; ordre d'enrégiſtrer ſur le champ.

La Cour rendue à Paris ſe raſſemble à dix heures du ſoir & enrégiſtre, avec mention de Repréſentations à faire au Roi.

Le lundi 30, Lettre du Garde des Sceaux, pour faire rayer la mention des Repréſentations.

Réponſe que la Cour n'a ni la volonté ni le droit de rayer ſon Arrêt ni partie d'icelui.

Le mardi 31, la Cour mandée pour la ſeconde fois à Versailles: le Roi en sa présence a fait biffer par le Greffier en Chef la mention des Représentations: ensuite a ordonné que les Lettres Patentes avec l'enrégistrement pur & simple fussent imprimées & affichées.

On a travaillé pendant toute la nuit à l'exécution & le matin 1 Février, elles étoient affichées à l'hôtel des Monnoyes & criées dans les rues le jour même.

Le mercredi 1 Février, Protestations par la Cour des Monnoyes contre la radiation de la veille.

9 Février 1786. Un auteur obscur, ne tirant pas grand bénéfice de ses œuvres, s'étoit tourné du côté des nouvelles à la main, dont il se faisoit deux mille écus de rentes: cette année, il s'est avisé de critiquer les opérations de M. le Contrôleur général, de faire des calculs en conséquence. Le Ministre a trouvé très mauvais qu'un particulier sans caractere s'immisçât dans les affaires publiques, & comme ce malheureux est sans crédit, sans parens, sans protecteurs, il l'a fait arrêter & mettre à Bicêtre. Heureusement il a une femme hardie, assez bien de figure; elle est allée chez M. *de Calonne*, elle lui a redemandé son mari, & sur ce qu'il la traitoit assez lestement, elle a pris un ton vigoureux, elle lui a dit que s'il ne lui accordoit pas cette grace, elle alloit faire une scene & se tuer à ses yeux. Elle a mis tant d'énergie dans cette menace & dans son désesspoir, que le Contrôleur général a eu peur qu'elle ne l'effectuât; il s'est laissé toucher & a fait sortir le prisonnier.

9 *Février.* Une fille, nommée *Bourgeois*, mauvaise figurante dans les ballets de l'opera, dont il a été question à l'occasion de sa sœur impliquée dans un procès criminel, avoit ensorcelé d'amour un jeune Conseiller de la Cour des Aides, nommé *Mariette*, le fils du marchand d'estampes. Depuis un an ou deux, il s'étoit enterré avec elle & travailloit grandement à se ruiner; il ne faisoit aucune de ses fonctions de Magistrature; il avoit en quelque sorte déserté de sa compagnie, pour se retirer dans une terre avec sa maîtresse & s'y plonger sans distraction dans toutes sortes de luxure, dont elle lui donnoit des leçons: les parens de M. *Mariette* se sont remués & ont obtenu une Lettre de cachet, qui l'exile à Amiens au sein de sa famille, où la *Bourgeois* a sans doute défenses de l'accompagner, ou du moins n'osera le suivre.

10 *Février.* L'inquiétude naturelle de M. le Comte *de Mirabeau* ne lui a sans doute pas permis de se fixer à Paris, ou peut-être ses créanciers l'ont-ils forcé à une fuite nécessaire: quoi qu'il en soit, on doit le regarder comme dans une crise pressante, puisqu'il se résout à entreprendre un journal, dont il semble annoncer le chef-lieu à Cologne. Son journal s'appellera *le Conservateur*, & l'on en distribue depuis deux jours en son nom le *Prospec-*

tus : *Abréger & Choisir*, c'est sa devise & son plan.

C'est un Sieur *Benavent*, intriguant, ci-devant impliqué dans le procès du Maréchal Duc de Richelieu contre Madame la Présidente de Saint Vincent, prenant aujourd'hui la qualité d'Intéressé dans les affaires du Roi, chez lequel se prennent les souscriptions de 36 livres de France. Ce correspondant du Comte de Mirabeau ne passe nullement pour homme de lettres.

Comme M^e. *Linguet* semble avoir absolument renoncé à ses *Annales*, que, depuis un an il n'en est plus question, & que l'Abbé *Tabouet*, son correspondant, ne fait que répondre aux souscripteurs qui viennent lui demander raison de leur argent ; M. le Comte de Mirabeau s'est sans doute flatté de remplacer ce fameux journaliste, sur les erremens duquel il doit marcher ; car son ouvrage, tel qu'il l'annonce, sera littéraire, politique & périodique : au reste, il ne sera que le rédacteur des matériaux d'une société de gens de lettres, qui dirigeront le *Conservateur*.

10 *Février*. On ne fait que parler de l'aventure de Madame la Duchesse *de Guiche*, d'autant plus fâcheuse, qu'elle a été élevée sous les yeux de la Reine. Du reste, M. *d'Archambaud* a fait tout ce qu'il a pu pour la cacher : quoiqu'il se fût un peu froissé le genou dans sa chûte, il n'a pas moins affecté

de se montrer le mercredi au bal de la Reine & même d'y danser. On craint bien que cela n'empêche Madame la Duchesse *de Guiche* d'avoir l'adjonction ou la survivance de Gouvernante des Enfans de France.

10 *Février* 1786. La séance qui devoit avoir lieu cette semaine à l'occasion du Cardinal, est encore renvoyée à la semaine prochaine. Ces lenteurs démentent le bruit qui avoit couru d'une Lettre de l'Empereur au Roi, pour engager son beau-frere à terminer promptement ce procès, dont on ne faisoit que s'entretenir dans les Cours étrangeres & qui faisoit tenir même des propos injurieux à la gloire de la Reine, sa sœur.

11 *Février* 1786. Le Recueil des pieces concernant le procès du Cardinal, qui se vendoit publiquement, n'est plus ostensible depuis quelques jours; il a donné lieu, ainsi que la *Lettre du Garde du corps*, à des courses & à des plaintes de la Maison *de Rohan*, qui ont fait sévir même contre plusieurs Libraires, entr'autres contre les Sieurs *de Saulges* pere & fils, dont l'un est en fuite & l'autre a été conduit à l'hôtel de la force. Le premier a soixante-onze ans; il passoit depuis quarante ans pour espion de police; ce qui étoit d'autant plus vraisemblable, qu'il avoit été lié autrefois avec le Sieur *d'Emmery*.

Un M. *Manuel*, auteur d'un petit ouvrage intitulé *Essais historiques, litteraires & philosophiques,*

phiques, publié en 1783; qui ayant perdu son état de Gouverneur des enfans de M. *Tourton*, par la sortie violente qu'un certain Abbé *Royou* avoit fait contre lui dans *l'Année Littéraire*, en le représentant comme un impie, comme un homme abominable, avoit été obligé pour ressource de se faire Libraire, ou Colporteur, a été aussi arrêté.

11 *Février* 1786. Le Docteur *Mesmer* est actuellement en Dauphiné chez M. *Servant*, dans une terre de ce grand Magistrat, où il lui révele toutes les profondeurs de sa doctrine.

11 *Février*. M. le Comte *de Mirabeau*, dans son *Prospectus* qui mérite d'être plus développé, annonce son journal comme un dépôt également précieux pour les Sciences & les Lettres, comme intéressant pour les Philosophes & les bon Citoyens, qui cultivent l'économie politique. Il contiendra:

1º. Des notices & des analyses des anciens livres, où se trouvent des idées saines, des morceaux bien faits, des anecdotes curieuses.

2º. Un choix de pieces mêlées & fugitives, éparses dans tous les journaux de l'Europe.

3º. Une analyse de ce qui concerne particuliérement l'Angleterre & de tous les papiers-nouvelles Anglois.

4º. Une analyse systématique des Mémoires les plus intéressans des compagnies savantes.

Tome XXXI. E

5°. Des morceaux de Littérature, de Politique & de Philosophie morale, qui n'ont jamais paru.

6°. Enfin des réflexions sur les opérations politiques des divers gouvernemens de l'Europe.

Tout cela formera vingt-quatre numéro par an, si bien fournis qu'il résultera douze volumes de 250 à 300 pages de cette masse périodique : ils seront enrichis, suivant que l'exigeront les sujets, de gravures & de cartes géographiques.

M. *de Mirabeau* ne dit point quand commencera son journal; mais bien qu'on peut apporter son argent : du reste, il espere qu'on ne soupçonnera pas que le nom de *Mirabeau* puisse servir de caution à aucun brigandage typographique, ou littéraire.

C'est à Cologne, un M. *Hermann*, propriétaire du Nouvelliste politique d'Allemagne, qu'il annonce comme chargé de tout ce qui concerne l'entreprise.

11 *Février* 1786. Quand l'huissier du Parlement porta les pieces du procès de M. *le Maître*, au nombre de dix-neuf, demandées par l'Arrêt du Conseil, il ne savoit trop où les remettre ; le Conseil n'ayant point de Greffe, ni d'usage à cet égard : mais M. *Huguet de Montaran*, Secrétaire des finances, les réclama & prétendit que c'étoit lui qui devoit les recevoir de ses mains, avant qu'elles passassent dans celles du Garde des Sceaux :

ce Chef de la justice y a consenti, il vouloit même lui en donner son reçu; à quoi M. de Montaran a répondu, qu'il suffisoit qu'il le lui demandât & lui en accusât la réception par une Lettre; ce qui a été fait.

En outre, M. *de Miromesnil* a demandé à M. *Seguier* son Plaidoyer, & il a confié le tout à un Maître des Requêtes, qui lui en doit rendre compte: il paroît que tout cela embarrasse beaucoup M. le Garde des Sceaux.

Quoi qu'il en soit, s'il ne peut réussir dans sa cassation de l'Arrêt, il a un autre projet qui semble mieux fondé ; c'est d'adresser au Parlement une Déclaration, qui lui défende de brûler ainsi, à sa fantaisie, les piéces de conviction.

12 *Février* 1786. Extrait d'une Lettre de Bordeaux du 7 Février..... Notre Parlement toujours menacé attend ce que la Cour fera sur la grande question des alluvions. Les décrets qu'il a lancés, sont contre un Chevalier de Malthe de la langue d'Auvergne, & un Notaire de village, son complice. *M. de Pestel*, c'est le nom du premier, l'Agent des *Polignac*, des *Polastron* & autres associés de la compagnie, en faveur de laquelle les Arrêts du Conseil ont été rendus ; dès cet automne s'étoit immiscé des arpentemens des terreins contestés, & le Procureur-général en avoit rendu plainte à la rentrée; depuis il est revenu & a fait sourdement, à l'aide du Notaire en question, des concessions & ven-

tes de portions de terreins à des payſans. Le Parlement l'a laiſſé s'enferrer, & quand il a pu acquérir des preuves par les pieces mêmes, il a décrété de priſe de corps & le Greffier & le Chevalier *de Peſtel*, qui ſe ſont enfuis & rendus à Paris. On dit que ce Chevalier s'étant préſenté à l'audience de M. le Controleur général, en a été fort mal accueilli & regardé par tout le monde comme une brebis galeuſe. Quoi qu'il en ſoit, le Garde des Sceaux a demandé l'apport des charges & informations; à quoi le Parlement s'eſt refuſé, prétendant qu'il en avoit beſoin pour continuer la procédure, ce qu'il fait.

12 *Février*. On aſſure qu'on a découvert que M. *Manuel* étoit auteur de la *Lettre d'un Garde du Corps*; d'un ouvrage ſur *Saint Louis* tout prêt à paroître, plein d'impiétés & de ſarcaſmes contre ce bon Roi; enfin de beaucoup d'autres pamphlets, dont on a trouvé les manuſcrits chez lui.

13 *Février*. Depuis longtems on parle de l'embarras où ſe trouve Mlle. *Guimard*, qui veut vendre ſon petit temple pour ſatisfaire ſes créanciers. Afin de mieux s'en défaire & plus promptement, on lui a conſeillé de le mettre en loterie. Cette idée, que tout autre propriétaire auroit dû rejetter, par la difficulté de réuſſir, à raiſon des obſtacles de la Loterie royale de France, qui s'oppoſe à toutes les Loteries particulieres, a été adoptée de la Terpſicore moderne: la négociation

& cependant traîné en longueur; mais il faut croire qu'elle a enfin réussi, puisque le *Prospectus d'une Loterie de la maison de Mlle. Guimard* se répand dans le public, quoique sans mention d'un Arrêt du Conseil qui seroit nécessaire à cet effet, ni même sans approbation directe de la Police.

Les billets seront de 120 livres chacun; il y en aura 2500, formant un capital de 300,000 livres, & l'état estimatif qui en a été fait par M. le Doux, Architecte, monte à 408,000 livres, indépendamment des meubles, qui resteront à la maison, étant faits pour la place.

C'est le premier Mai dans une salle des Menus que cette loterie sera tirée. Un seul billet gagnera, & du reste Mlle. Guimard remplira envers le nouveau propriétaire toutes les formalités nécessaires & exigées par la Loi.

13 *Février* 1786. On a parlé de la rivalité élevée entre le Sieur *Dauberval*, Maître des Ballets de Bordeaux & le Sieur *Gardel*, Maître des Ballets de Paris: celui-ci pour nuire au premier, profitant du droit de l'Académie Royale de musique, qui enleve despotiquement partout les meilleurs sujets à sa convenance, a demandé qu'on fît venir de Bordeaux deux Danseurs, les soutiens des Ballets de son confrere, les Sieurs *Goyon* & *Hus*: ils ont débuté le jeudi 9, mais n'ont pas répondu à leur réputation. Le premier

à de la vivacité, de l'à plomb, une danse légere & brillante, du jeu, de l'expression & paroît en général bon pantomime; mais ses bras sont roides & sa bouche béante: le second, pour lequel on avoit inséré un pot pourri composé de trois airs, ne seroit bon que sur les treteaux.

13 *Février* 1786. Relation de la Séance publique de l'Académie Françoise, tenue aujourd'hui lundi 13 Février pour la Réception de M. le Comte de Guibert.

Les travaux entrepris pour l'arrangement & l'embellissement de la salle destinée aux séances publiques de l'Académie françoise, ont retardé longtems le triomphe du récipiendaire. Ils étoient finis depuis quelques jours, & le jeudi 9 avoit été indiqué à cet effet: un autre incident a obligé de reculer jusques à aujourd'hui la cérémonie, c'est le desir des Ministres d'y assister.

La salle ci-devant triste, noire, enfumée, a fourni nouvelle matiere à la critique; on l'a trouvée trop galante, trop semblable à une salle de bal; enfin n'ayant plus rien de la gravité qui doit répondre à son objet. On ne peut blâmer la tapisserie en fleurs de lys, les portraits des Rois protecteurs qui la décorent; mais le blanc éblouissant dont on a affecté d'égayer toutes les parties non tapissées, les nouvelles tribunes ressemblant à de petites loges de spectacle, des loges grillées pour les Ministres ou autres grands Seigneurs, ou grandes Dames, qui voudroient jouir *incognito* de la séance, ont paru tout à fait déplacés. Ces observations & de semblables ont amusé l'auditoire jusqu'au moment du discours de M. *de Guibert*.

Il devoit être plus qu'un autre embarrassé de son discours de réception, lui qui, dans un éloge non avoué, mais dont tout le monde le fait auteur, avoit représenté l'Académie françoise instituée par Richelieu, comme un nouveau moyen de préparer son despotisme & après avoir asservi les individus par la force des armes, de s'asservir encore les esprits en rendant le génie son stipendiaire & son apologiste. Un autre point non moins difficile pour tous les candidats, c'est celui de concilier la modestie qu'on attend de lui en ce moment, avec la démarche que l'Académie exige, celle de se présenter, de demander, de solliciter la place, comme si l'on l'en croyoit non-seulement digne, mais le plus digne. On a vu dans le début du Récipiendaire très entortillé, qu'il n'étoit point à son aise : aussi a-t-il glissé légérement sur ces articles. Il a passé rapidement à l'éloge de M. *Thomas* dont il occupe la place. C'étoit de son vivant un Littérateur médiocre ; M. *de Guibert* l'a tout de suite fait asseoir au rang des plus grands hommes. Après être entré dans une énumération longue & détaillée de ses ouvrages connus, il a parlé de ceux laissés imparfaits par leur auteur ; *la*

Petréide, ce poëme épique en l'honneur du Czar, qui devoit avoir vingt-quatre chants & dont six sont presque terminés : deux autres productions en prose occupèrent les loisirs du défunt, au moment de sa mort ; l'une, espece de *Traité sur le génie des Peuples, à toutes les grandes époques de leur existence*: l'autre, *Essai sur le langage poëtique*.

Dans les discours de Réception, tous les Académiciens morts sont non-seulement les premiers hommes de leur siecle, mais les plus vertueux. M. *Thomas* méritoit ce titre, au moins autant qu'un autre. La vertu regne dans tous ses ouvrages, *elle y met toujours son empreinte ou son parfum*: telles sont les expressions même de l'orateur, qu'on affoibliroit en les dénaturant.

Du reste, M. *Thomas* étoit un grand faiseur d'Eloges ; M. *de Guibert* a voulu l'imiter dans son discours : outre les éloges d'usage, on trouve ceux de M. de Buffon, de M. de Saint Lambert, de M. Ducis, de M. l'Archevêque de Lyon, du Maréchal de Broglio, de M. Necker, de M. d'Alembert, de Voltaire, de tous les Ministres enfin, ces *Administrateurs qui ont toujours devant leurs yeux le Peuple qui souffre, ou qui est heureux par eux, & l'histoire qui les juge*. C'est encore le Récipiendaire qui parle & ce qu'il y a de plaisant, c'est que le moment d'après il exhorte l'Académie d'avertir le public, qu'en *prodiguant indifféremment & la même espece &*
la

la même mesure d'applaudissemens à ce qui est bon, ou à ce qui est vertueux, ou à ce qui est simplement honnête, à ce qui est réellement grand, ou à ce qui ne l'est que de convention, à ce qui est utile, ou à ce qui l'amuse; il confond toutes les nuances, tous les dégrés, & affoiblit lui-même l'honorable éclat de ses suffrages." — *Ex ore tuo te judico*, pourroit-on dire à M. de Guibert.

On trouveroit plusieurs autres inconséquences de cette force dans son discours, si l'on vouloit l'analyser & le discuter sérieusement. On ne peut nier qu'il n'y ait de très-belles choses, de grands mouvemens oratoires, des morceaux de génie; mais souvent une emphase d'idées, une enflure d'expressions, un manque de justesse, & un défaut de goût, qui sont les caracteres distinctifs de tous les ouvrages de M. de Guibert.

Une observation qui n'a point échappé aux critiques, c'est que le Récipiendaire ait affecté de louer tous les ouvrages de M. Thomas, excepté ses *Réflexions philosophiques & littéraires sur le poëme de la religion naturelle*, morceau sur lequel il a gardé un silence absolu, sans doute dans la crainte d'offenser la cabale Volterienne.

La réponse de M. *de Saint Lambert*, Directeur, formoit un contraste frappant avec le discours de M. de Guibert. Elle a paru simple, noble, sans enflure, pleine de raison & d'un goût très sain. Après avoir étalé les titres du candidat, après avoir fait, en homme du métier, l'analyſe de ſa *Tactique* ; après avoir cité ſes deux Tragédies, dont l'une intitulée *le Connétable de Bourbon*, n'a été jouée qu'à la Cour, n'eſt point imprimée & eſt peu connue ; dont l'autre, ſujet pris dans l'hiſtoire Romaine, eſt abſolument ignorée juſques à ſon titre, qu'il n'a point indiqué : l'orateur eſt paſſé à l'éloge de M. Thomas ; il ne s'eſt point étendu, comme le Récipiendaire, ſur ſes ouvrages ; mais il a révélé pluſieurs anecdotes de ſa vie, plus intéreſſantes, plus propres à ſatisfaire la curioſité & à le peindre.

Quoique ce diſcours n'ait pas excité dans l'auditoire le même fracas que le premier, il eſt infiniment ſupérieur aux yeux des gens de goût, & à quelques taches près, c'eſt un petit chef-d'œuvre dans ſon genre.

Dans ce temple de l'adulation, il étoit naturel que toute la ſéance fût conſacrée à louer M. Thomas ; lui qui avoit loué durant ſa vie entiere. M. Ducis a donc répété en vers ce que ſes deux confreres avoient dit en proſe ; il a lu une *Epitre à l'amitié* ; il a débuté par une peinture des douceurs de l'amitié ; il s'eſt enſuite étendu en deſcriptions vagues des autres plaiſirs, qui ne valent pas ceux de deux cœurs réunis par ce ſentiment ; en lieux communs ſur l'amour & les autres paſſions qui tyranniſent le cœur humain : enfin il en eſt venu à ſon héros, à M. Thomas. Le poëte a peint avec attendriſſement l'époque où lui-même fut malade, où son ami vint à sa rencontre s'élancer dans ses bras. Il a vanté les délices de la maison de campagne de M. l'Archevêque de Lyon, nouveau coup d'encensoir à ce Prélat; il a représenté ensuite M. Thomas, sur le point d'aller jouir du beau ciel de la Provence, & cette image a formé un contraste heureux avec les images lugubres de la mort de cet ami expirant, non en philosophe, mais en bon chrétien. Il a terminé par une analyse rapide & pittoresque des nombreuses & brillantes productions du défunt.

Cette Epitre a été fort applaudie par l'assemblée, qui, vivement électrisée, étoit disposée à trouver tout beau, tout admirable. Cependant, sauf quelques morceaux de sentiment assez bien faits, tels que celui du pauvre & de son chien, ce n'est qu'un amas confus de lambeaux décousus d'images déplacées, où le sujet principal est noyé: le style en est encore très vicieux, péchant non seulement contre le goût, mais contre les premieres regles de l'art d'écrire; c'est l'ouvrage d'un écolier de rhétorique, ayant du talent, mais ayant encore besoin d'être corrigé par un maître sévere.

Il est bien à craindre que cette Epitre & le Discours de M. de Guibert ne perdent infiniment à l'impression, & que les lecteurs ne se répentent dans le calme du cabinet, des applaudissemens trop prodigués dans le tumulte d'une foule avide & difposée à recevoir les impulfions d'un adroit charlatanifme.

M. le Secrétaire a annoncé dans cette féance, que lé Prix extraordinaire fondé pour l'*Eloge de Mr. d'Alembert*, étoit remis à l'année 1787.

14 *Février* 1786. Extrait d'une Lettre de Perpignan du 4 Février 1786..... On ne dira plus comme autrefois: *Virtus merces ipfa fibi*; on lui décerne partout des prix, partout on lui éleve des autels. Le Confeil général de cette ville, vient de prendre à l'occafion d'un bienfait du Roi envers la Province, de ceux qui l'ont follicité & qui y ont coopéré, une délibération de ce genre.

Il doit d'abord être offert à M. de Lepinay, Fermier général, un Brevet de *Citoyen du Rouffillon*; il doit enfuite être placé au lieu le plus apparent de notre hôtel de ville, une pierre de marbre portant l'infcription fuivante:

,, Louis XVI, de glorieufe mémoire, a
,, accordé à fa très fidele Province de Rouf-
,, fillon, la fuppreffion de la Barriere dite de
,, *Pitou*, qui la féparoit du Languedoc & la
,, réputoit *Etrangere*, & des Droits de Doua-
,, ne qui y étoient perçus, ainfi que l'aboli-
,, tion des Droits locaux, appellés *Real &*
,, *Impariage*, qui gênoient le commerce, l'in-
,, duftrie & la circulation. Ce bienfait mé-
,, morable a été dû à la protection diftinguée
,, du Maréchal Comte *de Mailly*, Comman-

„ dant de la Province; aux soins & travail
„ de M. *Raymond de Saint Sauveur*, Inten-
„ dant, l'auteur du projet; & au zèle & bons
„ offices de M. *de Lepinay*, Fermier géné-
„ ral, Député de sa Compagnie en la Pro-
„ vince pour cet effet. Les Lettres paten-
„ tes énonciatives de cette grace signalée ont
„ été enrégistrées de voix unanime, le 17 Oc-
„ tobre 1785, par le Conseil Souverain, dont
„ le patriotisme s'est toujours distingué"...

14 *Février* 1786. Les nouveaux murs sont toujours suspendus; mais le Parlement qui avoit nommé des Commissaires pour en faire la visite, s'en occupe foiblement, parce que le Roi lui a fait dire qu'il comptoit lui adresser des Lettres patentes à ce sujet.

14 *Février* 1786. On a parlé, lors de son apparition, d'un petit livre ayant pour titre *Voyage de Figaro en Espagne*. Cette premiere édition de 1784 a été suivie d'une autre en 1785, & enfin d'une troisieme en deux petits volumes, sous le nouveau titre de *Voyage en Espagne*, *par M. le Marquis de Langle*. Les Espagnols très scandalisés de cette satyre contre leur gouvernement, leur religion, leurs mœurs, leur pays, y avoient déjà répondu & n'ont fait que donner par-là plus de célébrité à l'ouvrage. Il est parvenu à la connoissance de Sa Majesté Catholique: ce Monarque s'en est fait rendre compte sans doute, & en a été scandalisé au point que témoignant son indignation de voir que le

E 7

livre & l'auteur restassent impunis, il a exigé qu'on en fît justice; ou a menacé de fermer son Royaume à tous les François.

Le Ministere en conséquence a obligé M. *Seguier* de faire un Réquisitoire à ce sujet, qui a été prononcé le 7 de ce mois, Grand' Chambre & Tournelle assemblées; il a demandé la lacération & la brûlure de l'ouvrage & a conclu à un decret de prise de corps contre l'auteur; mais le Parlement n'a statué que sur le premier point, & l'exécution doit avoir lieu demain quinze.

15 *Février*. Le 24 Janvier 1786, il a été enrégistré au Parlement des Lettres-patentes données à Fontainebleau le 23 Octobre dernier, concernant l'ouverture de nouvelles rues sur l'emplacement de l'ancien couvent des Capucins, situé rue du fauxbourg Saint-Jacques. Ces rues de trente pieds de largeur chacune, seront au nombre de quatre.

15 *Février* 1786. On ne parle que d'un jeune *Castelanne*, qui a perdu au jeu de la Reine douze cens mille francs contre deux joueurs de profession, Messieurs *Dulau* & *Dudreneuc*. Cette somme excede de beaucoup sa fortune: rentré chez lui, il a senti dans quel abîme de maux il se plongeoit lui & sa famille; car il a une femme & un enfant: après avoir écrit à ses parens pour les prier de faire honneur à cette dette, dont il ignoroit encore le montant, il a ajouté que se trouvant indigne de paroître à leurs yeux, à ceux de

tous les honnêtes gens; il alloit cacher la honte & son desespoir dans quelque lieu ignoré & fuir tant que terre le porteroit.

15 *Février* 1786. M. le Duc d'*Orléans* actuel, ayant reçu du Roi l'agrément de faire construire dans Notre Dame un catafalque pour son pere; la cérémonie a eu lieu hier: il n'est point d'usage que les Princes de la Ligne supérieure y assistent: il ne s'y est trouvé que le Duc d'Orléans, le Duc de Bourbon & le Duc d'Enghuien; le Prince de Condé a toujours la fievre, & la conduite du Prince de Conti, le jour où le cœur fut apporté au Val de grace, ne lui permettoit pas d'en tenir une autre ce jour-là: c'est l'Abbé Maury qui a prononcé l'oraison funebre. Elle a tellement déplu au Duc d'Orléans, qu'en sortant il a déclaré qu'il alloit s'opposer à ce que l'impression commencée fût continuée.

16 *Février* 1786. On peut juger de l'importance que la Cour d'Espagne a mise dans l'affaire de M. le Marquis *de Langle*, par celle que M. Séguier lui a donnée lui-même dans son Requisitoire, qui se publie imprimé aujourd'hui.

Ce Requisitoire, presque aussi long que l'ouvrage condamné, a 27 pages d'impression in 4º. Le Magistrat le discute avec autant de rigueur, de précision & d'étendue, qu'un livre dogmatique; il l'envisage comme une collection infâme de blasphêmes contre la Divinité, d'impiétés contre la Religion, de sarcasmes contre les Mœurs, d'injures contre la nation Espagnole, & d'invectives contre son Gouvernement: il le parcourt ensuite sous ces divers points de vue & ne lui fait grace sur rien; il va jusques à reprocher à l'auteur de ne connoître pas même le local du pays dont il parle; & cependant les gens impartiaux qui ont voyagé en Espagne, assurent qu'il y a beaucoup de vérités, mais présentées sous un ton caustique, fait pour blesser l'amour-propre des nationaux & qui n'en est que plus propre à les corriger. Quant aux propositions sur lesquelles tombe la censure de M. Seguier, il en est peu qu'on ne pût défendre comme très raisonnables, & le vernis de plaisanterie dont elles sont revêtues, déplacé, indécent dans un traité de théologie, de morale ou de philosophie sérieuse, est choisi exprès, sans doute, pour les faire mieux passer. Il est certain que la brûlure servira à donner plus de vogue à ce voyage très amusant par lui-même, & remplira le vœu du Marquis de Langle: *Mon ouvrage sûrement sera réduit en cendre*, s'écrie-t-il; *tant mieux! tant mieux! mille fois tant mieux! cela porte bonheur: salut aux ouvrages qu'on brûle, le public aime les ouvrages brûlés.* Rien de plus drôle que cette exclamation, qui redouble l'indignation apparente du dénonciateur, ne pouvant s'empêcher d'en rire intérieurement, ainſi que les Juges, ainſi que tous les Lecteurs du Requiſitoire.

Quoi qu'il en ſoit, il a fallu remplir la forme & les trois imprimés ſont incendiés, comme impies, ſacrileges, blaſphématoires, deſtructeurs des mœurs & de la religion, injurieux & calomnieux envers la nation Eſpagnole & ſon gouvernement, ſéditieux & propres à ſoulever les eſprits contre l'autorité légitime & les dépoſitaires de la ſuſdite autorité; enfin tendant à porter atteinte à l'union indiſſoluble qui doit regner entre la France & l'Eſpagne.

Au reſte, ce Marquis de Langle débute fort avantageuſement. Tout le monde veut le connoître & ſavoir quel il eſt. Si l'on en croit ce qu'on en dit, moins ſavant, mais plus gai que le Comte de Mirabeau, il a de commun avec lui d'avoir paſſé une grande partie de ſa jeuneſſe dans les châteaux forts, d'avoir beaucoup d'eſprit & peu de conduite.

16 *Février* 1786. Depuis le dernier *Mémoire de la Marquiſe de Cabris défendant à l'interdiction de ſon mari*, appuyé d'une Conſultation en date du 14 Janvier, de la part d'habiles juriſconſultes, elle a publié des *Obſervations*, où elle défend ſon honneur, ſes droits maternels, l'état de ſon mari & le ſort de ſa fille.

Ces *Obſervations* ſont principalement dirigées contre le Comte *de Graſſe*, qui devroit plutôt chercher à ſe faire oublier qu'à reparoître en public, ſurtout ici, où l'on lui reproche des manœuvres clandestines, des vues intéressées, enfin un rôle vil & odieux. ,, C'est ,, une femme qu'il défie", s'écrie Madame de Cabris! ,, C'est une femme qu'il veut ter- ,, rasser, pour s'emparer de son mari, de sa ,, fille & de sa fortune! Il s'obstine à vou- ,, loir que ma fille, malgré elle, malgré moi, ,, devienne l'épouse de son fils; & c'est pour ,, la traîner à l'autel, qu'il veut anéantir son ,, pere & enchaîner sa mere!"

On assure que cet écrit plein de force, ainsi que le précédent, sont de la composition même de la Marquise *de Cabris*, digne émule du Comte de Mirabeau, son frere.

Au surplus, l'affaire est sur le Bureau; le rapport en a dû commencer cette semaine & elle est peut-être jugée en ce moment.

17 *Février.* Quoique l'auditoire de l'Abbé Maury fût nombreux & choisi, il n'y avoit pas encore autant de monde qu'il auroit pu s'y en trouver, par l'économie de M. le Duc d'Orléans, qui a fait supprimer des portions de la charpente comme trop dispendieuses. Quant à l'orateur, son discours a causé une grande sensation: on en parle beaucoup encore; il est en effet arrêté à l'impression & il n'y a pas d'apparence qu'il soit répandu de sitôt; c'est ce qui fait qu'on va entrer dans quelques détails à ce sujet. Il étoit divisé en deux parties: la premiere concernant les vertus domestiques; la seconde, les vertus publiques du Duc d'Orléans. L'une étoit nourrie

de faits & d'anecdotes, qui foutenoient l'attention & l'intérêt fur les détails de la vie privée du Prince; mais faits & anecdotes qu'on reproche à l'Abbé Maury de n'avoir pas affez approfondis & difcutés; en forte qu'il s'y en trouve plufieurs d'apocryphes, d'autres d'exagérés, quoique fournis par la maifon, par les commenfaux & contemporains du défunt.

L'autre partie traitée plus en grand, a donné matière à plus de critiques. On y a trouvé plufieurs mal-adreffes; une effentielle, fans doute, ç'a été la digreffion du panégyrifte, qui eft convenu que dans les fociétés on fe plaignoit de la ftérilité de fon fujet, on lui demandoit ce qu'il y avoit à en dire? comment il en pourroit tirer avantage? Ce tour oratoire, qu'il a tourné au profit de fon amour-propre, pour faire valoir fon art de féconder une matière auffi ingrate, établiffoit trop ouvertement l'opinion générale fur fon héros, qu'il ne pouvoit jamais réhabiliter autant qu'il l'avoit dégradé. L'article des vertus guerrières du Duc d'Orléans n'a pas été moins gauche; il a trop appuyé fur ce point, où il falloit gliffer. L'anecdote du Prince Henri, étonné des profondes connoiffances du Duc d'Orléans dans la tactique, s'écriant „ que la France fe plaignoit à tort de n'a- „ voir point de Généraux, lorfqu'elle poffé- „ doit un Prince fi capable de commander," ne pouvoit en impofer à perfonne & étoit d'une adulation si excessive, qu'elle devoit nécessairement exciter le rire.

Le morceau de l'inoculation a révolté tous les prêtres; ils se sont indignés qu'un Ministre du Seigneur osât dans la chaire de vérité faire l'apologie d'une méthode, sur laquelle la Faculté de théologie consultée craignoit encore d'asseoir une opinion & de prononcer.

On a prétendu que l'orateur auroit dû ménager davantage les Abbés *de Saint Far & de St. Albin* présens, les bâtards du Duc d'Orléans, qu'il a fait rougir de leur naissance, en parlant des amours ignobles du défunt; mais c'étoit pour lui servir de transition au mariage avec Madame *de Montesson*, à cette moderne Nehemie, qui avoit purifié les feux impurs allumés dans la caverne: il a voulu justifier cet hymen par celui de Louis XIV avec Madame *de Maintenon*, & s'est répandu en grands éloges de la premiere.

Enfin M. l'Abbé *Maury*, après avoir amené des éloges sans fin & de quantité de gens fort étrangers au sujet, a terminé par souhaiter aux petits-enfans du défunt ses vertus, par adresser un compliment à l'Archevêque de Paris, & il a affecté non seulement de ne rien dire au Duc d'Orléans, mais de lui faire sa leçon, en appuyant à plusieurs reprises sur le respect que les Princes doivent avoir pour le public, sur la crainte excessive que son pere avoit de lui déplaire, d'en choquer l'opinion: leçon d'autant plus marquée

& plus satyrique, que personne n'ignore le propos répété cent fois du Duc d'Orléans actuel, *qu'il faisoit plus de cas d'un écu, que du suffrage de tout un peuple.*

Cette oraison funebre, quoique débitée avec rapidité, a duré, montre sur table, quatre-vingt-cinq minutes. L'Abbé Maury l'a prononcé de la maniere la plus imperturbable; il n'avoit point de souffleur, il n'avoit pas même apporté son cahier. Malgré sa longueur, les censeurs même les plus violens conviennent qu'il n'a pas ennuyé un seul instant; parce que son discours étoit plus historique qu'oratoire, plus en récits, qu'en réflexions: ils admirent plusieurs morceaux très bien composés, tels que celui de la révolution de la Magistrature: partout ils ont trouvé infiniment d'esprit; mais souvent un défaut de sens commun, de goût, & de connoissance de la langue.

Il est constant que M. le Duc d'Orléans au sortir de l'église, interrogé à l'Archevêché s'il étoit satisfait de l'oraison funebre? s'est écrié en présence de beaucoup de témoins: *tant s'en faut, j'en suis fort mécontent; je ne le laisserai pas ignorer à l'orateur & j'espere bien qu'elle ne sera pas imprimée, comme il l'a prononcée.*

17 *Février* 1786. Les amis & les partisans de M. *le Maître* commencent à se rassurer sur son compte; il paroît constant que M. le Garde des Sceaux, malgré toute sa bonne

volonté, n'a pu trouver à mordre fur l'Arrêt & qu'il fubfiftera. Il n'eft plus auffi queftion de la Déclaration concernant le droit que s'arroge le Parlement de faire brûler en certains cas les piéces de conviction.

17 *Février* 1786. Extrait d'une Lettre de Lyon du 12 Février 1786..... Il eft très vrai que M. *Poivre* eft mort au mois de Janvier dernier : il étoit occupé à mettre en ordre fes manufcrits ; je ne fais qui fera chargé de ce travail. Il eft bien honteux que perfonne n'ait fait l'éloge de cet Adminiftrateur, qui a rendu de fi grands fervices à l'Etat & qui, comme Savant, étoit encore plus recommandable.

18 *Février* 1786. Extrait d'une Lettre de Château-Dun, du 10 Février...... Le Pere *Victor Benard*, Religieux Recollet, Ex-gardien de cette ville, tombe malade d'une maladie grave, mais que notre Médecin ne juge pas devoir être mortelle. Cependant elle empire & au bout de dix jours il eft à l'agonie. C'étoit le 2 de ce mois, jour de la purification. Ce Religieux avoit été très fenfible à l'impreffion de la mufique : le Docteur fait venir deux violons dans la chambre du moribond pour derniere reffource ; il leur fait exécuter différens airs, & le Pere Victor fe ranime au bruit des inftrumens ; il fourit en voyant danfer un de fes confreres âgé de 72 ans, un particulier & le chien du Médecin : bientôt une fueur abondante lui furvient & cette crife fa-

lutaire assure cette espèce de résurrection. Le nom du Médecin mérite d'être connu, il se nomme M. *Destrée.*

18 *Février* 1786. *La Prévention vaincue,* à qui l'auteur a donné le titre de comédie, n'est qu'un drame, qui n'approche pas de celui du même auteur, *Amelie & Montrose.* Il y a peu de vraisemblance dans l'intrigue & beaucoup de détails ressemblans à mille autres qu'on a vus. Cependant comme il n'offre pas de défauts essentiels; qu'il prêche l'honnêteté & la vertu; il a joui d'un certain succès. Il est en trois actes & en prose: c'est hier que les Italiens en ont donné la premiere représentation.

18 *Février.* Les séances concernant l'affaire du Cardinal, commencées le mercredi 15, ont occupé les Juges encore le jeudi 16 & le vendredi 17.

Le rapport s'est ouvert le mercredi à dix heures jusques à deux; le même jour de relevée depuis quatre heures jusques à neuf, & le lendemain encore depuis dix heures jusques à deux, qu'il a fini.

Le surlendemain on est allé aux opinions, & elles ont duré depuis neuf heures jusques à près de quatre heures. Il y avoit quatre points à décider.

1º. M. le Cardinal, avant de subir ses interrogatoires à la Bastille par M. *Titon,* avoit fait ses protestations & comme Prince, & comme Grand-Aumônier, & comme Prêtre,

& comme Evêque, & comme Cardinal: en conséquence il avoit présenté une premiere Requête très bien libellée, où d'après toutes ces qualités, il demandoit à être renvoyé par devant ses Pairs.

Les Chambres assemblées ont décidé qu'il n'y avoit point d'égard à avoir à cette demande.

2°. Le Cardinal par une seconde Requête demandoit à être renvoyé à fins civiles: décidé que le procès seroit réglé à l'extraordinaire.

3°. Quant à l'élargissement provisoire & à la conversion du decret de prise de corps en decret d'assigné pour être ouï: la Requête renvoyée au fond.

4°. Le Cardinal par une derniere Requête demandoit une information de témoins, tendante à établir que le collier avoit été dépécé, comment & par qui il l'avoit été? d'où il sortiroit des preuves de son innocence.

Cette information rentrant dans l'ordre des faits justificatifs, interdits par l'Ordonnance à l'accusé, jusques après la visite du procès, le Cardinal a encore été débouté quant à présent de cette demande.

Il n'y a eu que dix voix en sa faveur contre 55 contre. A l'égard des autres accusés, toutes leurs Requêtes ont été jointes au fond du procès.

Le Jugement a été conforme aux Conclusions des gens du Roi, sauf que celles-ci étoient

étoient plus strictes sur le premier point: elles vouloient que la Requête fût absolument rejettée.

19 *Février* 1786. Le petit Mémoire manuscrit dont on a parlé, dû au zèle courageux d'un seul commerçant, a enfin réveillé les autres. Ceux de Dijon, de Tours, de Châlons sur Saone, de Troyes, de Bordeaux, de Rouen, de Besançon, de Lyon, de Paris & de Versailles, se sont réunis & publient par la voye de l'impression: *Mémoire à consulter pour les Négocians faisant le Commerce des marchandises des Indes, contre la nouvelle Compagnie des Indes.* Il est court, puisqu'il n'a que 10 pages; mais suivi d'une *Consultation* beaucoup volumineuse, de 81 pages: elle est datée du 1er. Février 1786 & signée de deux Avocats, *la Cretelle* & *Blonde*: le premier, plus homme de lettres encore que jurisconsulte, est auteur de plusieurs ouvrages couronnés par l'Académie ou par les suffrages du public. C'est un des coopérateurs du *Mercure*, pour extraire les ouvrages concernant la politique, la législation & autres matieres graves; l'autre est connu pour sa hardiesse & son courage à écrire contre l'Administration & les Administrateurs prévaricans: ainsi les noms de ces Avocats font rechercher l'ouvrage & l'on annonce d'avance qu'il ne tardera pas à être supprimé.

A la suite de la Consultation se trouvent des piéces justificatives, qui grossissent le *Fac-*

tum de 32 pages, caractère de minute très serré.

19 *Février* 1786. Un *tableau historique & philosophique de la religion*, par l'Abbé *Para*, Ex-jésuite, paroissoit depuis plusieurs mois sans contradiction & imprimé avec permission. L'auteur de la gazette ecclésiastique est le premier qui se soit élevé contre, & l'Abbé *de Feller*, auteur du *Journal historique & littéraire de Luxembourg*, n'avoit pu s'empêcher, au milieu de ses éloges pompeux & multipliés, d'improuver quelques assertions de l'ouvrage; enfin l'Abbé *Lourdet*, Professeur de langue hébraïque au college royal de Paris, a ouvert les yeux & reconnu la surprise que l'auteur lui avoit faite, en lui arrachant son approbation comme Censeur : pour écarter l'orage qui s'élevoit sur la tête de l'auteur & la sienne, il a exigé que le *tableau historique* fût retiré, jusques à ce qu'on y eût mis les cartons suffisans.

19 *Février* 1786. On n'a pas manqué de chansonner le *Lycée*; il court à ce sujet un vaudeville en six couplets, dont on assure que plusieurs sont très plaisans; ils sont encore peu répandus & nous n'en parlons que d'après autrui.

19 *Février* 1786. Le Sieur *Despreaux*, ci-devant danseur de l'opéra, aujourd'hui pensionnaire du Roi, a le génie tourné vers la bouffonnerie; il est spécialement affecté à ce genre de travail pour amuser la cour & il

vient de composer la parodie de *Penelope*, sous le titre de *Syncope, Reine de Micmac*, en trois actes. Elle a été exécutée le 31 Janvier devant la cour & doit être jouée mardi aux Menus pour l'amusement d'un certain nombre d'amateurs choisis. Rien de plus plat à la lecture que cette facétie.

20 *Février*. Il paroît un Mémoire pour le Comte *de Cagliostro*. Son Avocat, Me. *Tylorier*, instruit par l'exemple de son confrere *Doillot*, avant d'en annoncer la publication qui commence aujourd'hui, a pris des précautions pour s'empêcher d'être assailli par la foule. Sa maison est entourée de gardes & l'on ne peut y entrer qu'avec ordre. Du reste, il en a fait partir avant une quantité d'exemplaires pour toutes les Cours de l'Europe & de l'Asie, où son client est connu. On assure que ce Mémoire est très modéré, très sage & intéresse singuliérement le lecteur.

20 *Février*. M. le Duc *d'Orléans*, quoiqu'ayant lieu d'être personnellement piqué contre l'Abbé Maury, garde un profond silence à cet égard. Le seul morceau dont il se prévaille pour en arrêter la publication, c'est celui concernant le mariage de son pere avec Madame *de Montesson*; mariage qui n'avoit été approuvé ni par la Nation, ni par le Roi, ni par la Maison d'Orléans, & que le feu Duc avoit jugé lui-même à propos de voiler des ombres du mystere.

Au surplus, l'Abbé Maury est d'autant plus coupable, qu'ayant lu ce paragraphe à M. *Fontaine*, Secrétaire des commandemens de M. le Duc d'Orléans, ce confident de son maître avoit prévenu l'orateur combien il lui déplairoit, l'avoit prié, supplié, conjuré de le supprimer.

L'Abbé Maury avoit aussi lu son discours en entier à Madame *de Montesson*, qui n'avoit eu garde de lui donner le même conseil.

20 *Février* 1786. Quoique l'affaire de M. *le Maître* semble tout-à-fait assoupie, M. *Augeard* se ressent encore des suites funestes qu'elle entraîne. Il n'a point disparu une seconde fois, ainsi que le premier; mais il n'ose se montrer à Versailles & exercer sa charge de Secrétaire des commandemens de la Reine; il craint même d'être obligé de s'en défaire. Car, malgré l'assurance de la protection, que la Souveraine a daigné lui donner dans le commencement, comme les Vaudreuil, les Polignac & autres de cette cabale sont, quoique légèrement, maltraités dans les pamphlets dont on le regarde comme coopérateur, ou instigateur, il conçoit qu'il ne pourroit résister longtems à leurs efforts pour le supplanter.

21 *Février* 1786. On a parlé de la présentation de Madame l'Ambassadrice de Suede (Mlle Necker.) Il est aisé de croire que n'étant point accoutumée à la cour, elle y pa-

rut fort gauche ce jour-là: pour l'en confoler, on lui a adreſſé le quatrain fuivant:

Le timide embarras qui naît de la pudeur,
Bien loin d'être un défaut eſt une belle grace:
La modeſte vertu ne connoît pas l'audace,
Ni le vice effronté l'innocente rougeur.

21 *Février*. Extrait d'une lettre de Madrid du 6 Février...... Les Eſpagnols commencent à ſe familiariſer avec nos philoſophes françois les plus taxés de matérialiſme & d'athéiſme; il y a vingt ans qu'on n'auroit oſé preſque prononcer ici le nom de *Buffon*, qu'on n'y connoiſſoit gueres que par les cenſures de la Sorbonne. Aujourd'hui on vient d'en entreprendre la traduction & le premier volume de ſon hiſtoire naturelle commence à paroître. Il ſort des preſſes de notre meilleur imprimeur *Don Joachin de Ibarra*. Cette édition eſt in 8. & extrêmement ſoignée; on y a joint des gravures, auſſi très belles: la premiere eſt le portrait de l'auteur.

Le traducteur eſt *Don Joſeph Clavijo*, déjà connu dans la république des lettres par un Journal intitulé (*il Penſador Madritenſe*) & par les Mémoires du Sieur *de Beaumarchais*, où celui-ci, maître du champ de bataille, maltraite fort ſon adverſaire. Quoiqu'il en ſoit, Don Clavijo poſſede très bien la langue françoiſe; il écrit la ſienne en maître & de plus eſt grand amateur de l'hiſtoire naturelle.

Le prix du volume Espagnol est de 25 réaux de billon (6 livres 5 sols de France) broché; & relié avec les estampes enluminées, il se vend 32 réaux de billon. Je vous fais ce petit détail pour que vous puissiez comparer la cherté des livres Espagnols avec les vôtres, si c'est pour vous un objet de curiosité.

22 *Février* 1786. Madame la Baronne *de Thomassin de Juilly* a onze freres, beaux-freres ou oncles vivans, dont neuf, en comptant son mari, sont Chevaliers de saint Louis, & ont ensemble plus de 320 ans de service. Elle a sept enfans, dont l'aîné n'a que sept ans & demi, & qu'elle a presque tous nourris. Née & nourrie ainsi parmi les armes, elle est en outre femme de lettres : enthousiasmée du beau trait du Chevalier d'Assas, elle a voulu le célébrer dans un poëme; mais désespérant de ses forces & de son talent, a imaginé de proposer au concours l'apothéose de ce héros immortel; une couronne d'immortelles sera le prix du vainqueur.

C'est par une Lettre datée d'Arc-en-Barois le 1 Janvier 1786, que cette Dame a manifesté son projet aux journalistes du Mercure, en leur proposant d'être les arbitres du prix; ce n'est que dans le No. 7 du 18 Février qu'ils ont jugé à propos de faire connoître au public cette annonce.

22 *Février* 1786. Il paroît dans l'instant un Mémoire fort singulier & non moins romanesque que tout ce qu'on a publié dans

l'affaire du Cardinal: quoique le délit & les acteurs soient différens, celle-ci le lie naturellement à l'autre & semble nécessiter une addition d'informations dans la premiere, pour obtenir des renseignemens très propres à y jetter un grand jour.

Le Mémoire dont il s'agit, a pour titre: *Défense à une accusation d'escroquerie, Mémoire à consulter & Consultation pour Jean-Charles Vincent de Bette d'Étienville, bourgeois de Saint-Omer en Artois, détenu ès-prisons du Châtelet, accusé, contre le Sieur Vaucher marchand horloger, & le Sieur Loque, marchand bijoutier de Paris, plaignans.* Le récit historique des faits mérite un plus long détail, dans lequel on entrera lorsqu'on les aura bien résumés. Ils sont suivis d'une Consultation en date du 15 Février, signée de deux jurisconsultes peu connus, *Meslier* & *Hemery*.

22 Février 1786. Extrait d'une Lettre de Rennes du 14 Février....... Nos Députés sont de retour. On commence à voir des copies de la Réponse que le Roi leur a faite; elle est longue, entortillée, soutient le pour & le contre, & en général déplaît beaucoup aux patriotes & contient des propositions très erronées, que sans doute les Magistrats ne laisseront pas passer sans réfutation: cependant on leur dit à la fin des douceurs, dans l'espoir peut-être de les faire mollir sur les vrais principes: en un mot, en donnant absolument gain de cause au fond au Parlement, on le blâme sur la forme & l'on justifie absolument le Garde des Sceaux & le Contrôleur général, qui ont suggéré cette forme pour maintenir des abus évidens & contraires au bien public. Nous attendons les Lettres patentes annoncées.

23 *Février*. Les bals de l'opéra ont encore moins réussi au Panthéon: le plus brillant n'a rendu que 1200 livres: on s'est plaint de n'y plus trouver les commodités nécessaires & l'on les a ramenés à la salle ordinaire.

23 *Février* 1786. La Chambre des Comptes a été indignée de voir un de ses membres reçu avec peine parmi ses maîtres, le Sieur *le Clerc*, fils de l'ancien premier Commis des finances, quitter cette place pour rentrer dans la finance & succéder à M. *Watelet* dans la charge de Receveur général des finances d'Orléans. Elle a profité d'une fausse démarche qu'il a faite, pour le mortifier & le décréter d'ajournement personnel. Il s'agissoit d'une somme qu'il avoit prise dans la caisse du défunt, à laquelle il avoit substitué son billet: le Caissier avoit été décrété de prise de corps; tout cela s'est arrangé cependant le moment d'après; ce qui a encore mieux fait présumer que la chambre n'avoit pas été fâchée de punir ainsi le membre transfuge, qui de juge venoit de se rendre justiciable.

23 *Février* 1786. On tourne tout aujourd'hui

hui en spectacle. M. *Desfontaines* a fait jouer avant-hier aux Italiens, *l'incendie du Havre*, événement très moderne, dont divers journaux ont parlé, & qu'il a jugé à propos de mettre en opéra comique & en vaudevilles. Cette nouveauté a réussi.

23 *Février* 1786. *Réponse du Roi aux Députés du Parlement de Bretagne, du 5 Février 1786.*

„ J'ai examiné avec attention les Remontrances de mon Parlement de Bretagne, & je me suis fait rendre compte de nouveau de tout ce qui concerne l'affaire des tabacs dans ma Province de Bretagne. Il ne s'y est rien fait que par mes ordres & en vertu des décisions que j'ai rendues dans mon Conseil en pleine connoissance de cause.

„ Je n'ai trouvé d'irrégulier dans tout le cours de cette affaire, que les Arrêts que mon Parlement s'est permis de rendre contre les dispositions des Arrêts de mon Conseil & de mes Lettres patentes.

„ Je n'ai jamais entendu lui interdire, non plus qu'aux juges de son ressort, le soin d'empêcher la distribution d'aucunes denrées nuisibles à la santé de mes sujets; je leur en ai même imposé l'obligation, en leur accordant, sur ce qui concerne les tabacs, des pouvoirs plus étendus que ne leur donnoient les réglemens précédens; en même tems que je me suis réservé de statuer sur tout ce qui appartiendroit à mon administration.

,, Au surplus, je veux bien faire connoître inceſſamment & plus ſpécialement encore mes intentions à ce ſujet, en fixant la diſtinction des objets, de maniere que rien n'arrête les fonctions des juges ſur ce qui les concerne, & qu'ils ne puiſſent rien entreprendre ſur ce qui leur eſt étranger.

,, Mon Parlement n'a rien de plus à déſirer par rapport à ſa compétence ; il doit s'en rapporter entierement à la ſageſſe des moyens que j'employerai pour remédier aux abus qui peuvent être introduits dans la préparation des tabacs & dans la forme de leur diſtribution.

,, Je ne déſapprouverai jamais le zèle de mon Parlement pour le maintien du bon ordre & pour l'obſervation des loix ; mais il doit être attentif à en régler les effets avec ſageſſe & avec circonſpection ; il doit abandonner des ſyſtêmes nouveaux, dont l'expérience n'a que trop fait connoître le danger.

,, Je compte qu'il reconnoîtra toujours qu'il ne lui eſt pas permis de défendre l'exécution des Arrêts de mon Conſeil, parce qu'ils émanent de ma juſtice, qu'il ne peut ſe conſtituer juge de l'importance des cauſes pour leſquelles je me détermine à ordonner des évocations : que c'eſt en moi ſeul que réſide ſans partage le pouvoir légiſlatif ; que les loix enrégiſtrées & publiées en ma préſence, ou de mon exprès commandement, par ceux que j'honore de l'exécution de mes ordres à cet effet, doivent être observées, & que mon Parlement doit s'y conformer & en maintenir l'exécution ; que tous les Arrêts & Arrêtés de mon Parlement contraires à ces principes, sont nuls de plein droit, & n'ont jamais pu ni ne pourront jamais avoir aucune autorité.

,, Je connois la fidélité des membres de mon Parlement de Bretagne ; je suis assuré de leur soumission à ces principes fondamentaux que leurs peres ont toujours suivis ; & qu'ils se rendront de plus en plus dignes de ma confiance & de ma protection."

24 Février 1786. Au mois de Février 1785, M. *Bette d'Etienville* fait connoissance au caffé de Valois du palais royal avec un Sieur *Augeard*, qui se dit l'homme d'affaire d'une grande Dame, & s'en sert d'entremetteur pour une négociation qui, conduite très clandestinement par lui *Bette*, devoit être le principe de sa fortune. Il s'agissoit de découvrir un homme titré qui voulût épouser une Dame, encore jeune & jolie, d'une figure très aimable & d'un caractere doux, jouissant d'ailleurs de 25,000 livres de rentes & au sort de laquelle un Prince s'intéressoit.

Du reste, l'épouseur ne pouvoit voir sa future avant le mariage ; mais l'on lui promettoit de grands avantages, prix de sa docilité & de sa confiance.

M. *Bette*, par le moyen d'un M. *Mulot*,

chanoine régulier, grand-prieur de l'abbaye de St. Victor, déterre un Baron *de Fages*, qui accepte les propositions & se soumet aux épreuves. Il en rend compte au Sieur *Augeard* qui, après plusieurs délais mystérieux & pressé de s'expliquer, articule enfin que la Dame à marier se nomme Madame *de Courville*, & que le Prince faisant les frais du mariage est *le Cardinal de Rohan*; il fait plus: le 4 Avril, il le conduit dans une maison pour traiter personnellement avec leurs commettans; mais toujours avec un tel mystere, que le Sieur *Augeard* ne veut pas que le Sieur *Bette* connoisse l'endroit où il les verra, & s'il témoignoit la moindre curiosité à cet égard, *il seroit un homme perdu.*

Malgré ces défenses, M. *Bette* a découvert que la maison où il avoit été introduit cette fois & nombre d'autres depuis, rue neuve saint Gilles au marais, No. 13, étoit la demeure de Madame la Comtesse *de la Motte*.

Le mariage se differe encore: Madame *de Courville* avoue à M. *Bette* que le retard a pour cause la gêne de M. le Cardinal, hors d'état de réaliser en ce moment une somme de 500,000 livres, qu'il vouloit lui donner en dot. Elle lui montre ses bijoux en grand nombre & très riches; il admire surtout une partie de brillans non montés, renfermés dans une petite boîte de layeterie, estimés, suivant elle, 432,000 livres: ils provenoient d'une *riviere*, dont le Cardinal lui avoit fait présent: parure qu'elle avoit décomposée, comme hors de mode, dont elle vouloit se défaire avant son mariage, & qu'elle lui propose d'aller vendre en Hollande. Il s'y refuse, parce qu'il n'y entendoit rien. Madame *de Courville* lui avoue en outre, qu'elle est d'une grande maison d'Allemagne; elle lui montre un Cordon & un Ordre de Chanoinesse.

Il seroit trop long de suivre toutes les parties de la négociation que pressoit le Baron, poursuivi par ses créanciers, & toujours remis sur différens prétextes. Pour le tranquilliser cependant, on avoit donné au Sieur *Bette* un dédit de dix mille écus, cacheté & confié au Victorin *Mulot*. Il avoit été permis d'en prévenir le futur & il s'en étoit prévalu pour faire quelques achats de bijoux à négocier, afin d'en tirer de l'argent & de payer les dettes les plus urgentes. Le 12 Août, Madame *de Courville* exige la représentation du papier cacheté, qu'elle savoit avoir été retiré des mains du Pere *Mulot*, & le déchire....... Elle détermine le Sieur *Bette* à l'accompagner jusques à Saint Omer, sa patrie: cependant ils ne partent pas ensemble. Le point de réunion est à Arras; il y arrive avec la diligence le 16 Août: Madame *de Courville* y étoit venue avant lui & l'attendoit: elle le tire à l'écart & lui apprend la détention du Cardinal, arrêté dès la veille 15 Août à Versailles. Elle lui déclare qu'elle est obligée de s'évader seule ; elle lui réitere ses instances pour qu'il l'accompagne: elle fait luire à ses yeux les plus magnifiques pierreries dans deux boîtes & lui montre un porte-feuille rempli de billets de la caisse d'escompte. Il refuse constamment & ne veut aller que jusques à Saint Omer, suivant sa convention. Elle convient de l'y rejoindre de la même maniere; mais à peine est-il remonté dans la diligence, qu'il la voit prendre la route de Paris dans sa chaise de poste, avec un homme en levite bleu.

Tant d'incidens extraordinaires & effrayans jettent M. *Bette* dans une perplexité étonnante. Il quitte St. Omer & se retire à Dunkerque. Là, le 16 Septembre, le Baron *de Fages*, accompagné d'un Comte *de Précourt*, vient l'arrêter: comme porteurs d'ordres du Roi, ils le ramenent à Paris, où instruits par le captif de tout ce qui s'est passé, ils lui déclarent qu'il est libre.

Le premier usage que fait M. *Bette* de sa liberté, est de courir rue neuve Saint Gilles, où il avoit eu ses entrevues mystérieuses; mais le portier & les domestiques lui déclarent qu'ils n'ont jamais connu Madame *de Courville*, ni le Sieur *Augéard*; que l'appartement qu'il désigne a toujours été habité par Madame la Comtesse *de la Motte*, partie le 7 Août pour Bar sur Aube, avec son mari & tous ses gens: qu'on n'avoit jamais connu un Sieur *de Marcilly*, personnage épisodique qui, sous le nom & les apparences d'un Magistrat, s'étoit montré dans presque toutes les conférences.

Détrompé de toutes les illusions dont il avoit été entouré & flatté si longtems, M. *Bette* a fini par être décrété de prise de corps au Châtelet le 22 Décembre, & constitué prisonnier le 28 en vertu d'une plainte des accusateurs, le taxant de fraude & d'escroquerie, quoique tout son délit soit de s'être rendu caution envers eux du Baron *de Fages*, dans la persuasion que le mariage de celui-ci auroit lieu & le mettroit en état de satisfaire ces marchands. Ici le procès rentre dans la nature des affaires ordinaires, traitées en justice, & cesse d'exciter la curiosité.

25 *Février* 1786. La belle action des Régimens de *Poitou* & de *Picardie*, qui a fait tant de bruit, que tout le monde a admirée & que le Roi a récompensée, lors de l'incendie du Havre, arrivé la nuit du 4 au 5 Janvier dernier, a fourni matiere à la piece de M. *Desfontaines*, sous le titre de *fait historique* en un acte, en prose & vaudevilles: & ce titre est très juste, car l'auteur n'y a rien ajouté du sien, qu'un épisode supposé d'un soldat qui délivre sa maîtresse à travers les flammes. Quant à l'incendie, il est absolument calqué sur celui du *Seigneur bienfaisant*, à l'opéra, seulement plus long & plus mal exécuté. Le reste du spectacle est assez beau & très imposant par une pompe & des marches mili-

taires, par des cris *de vive le Roi* multipliés & accompagnés d'une musique analogue.

25 Février. Depuis le Mémoire du Comte *de Cagliostro*, où son innocence & celle de sa femme surtout sont démontrées; le bruit a couru que M. *d'Epremesnil* devoit faire aux chambres assemblées la dénonciation du sort de cette étrangere infortunée, qui n'est ni décrétée ni accusée, qui n'est pas même, dit-on, appellée en témoignage, & qui cependant est détenue à la Bastille depuis le 22 Août, sans que son mari ait pu obtenir la permission de la voir & de lui administrer aucun secours, quoi qu'elle soit malade & mourante.

On présume que la dénonciation a eu lieu hier, en ce que dès le soir on a publié *Requête au Parlement, les chambres assemblées, par le Comte de Cagliostro; signifiée à M. le Procureur-général le 24 Février 1786, pour servir d'Addition au Mémoire distribué le 13 du même mois.*

Dans cette Requête, le Comte *de Cagliostro*, au nom & comme mari, & exerçant les droits de *Seraphina Felichiani* son épouse, supplie la Cour: ,, Disant qu'il a tout lieu ,, d'espérer que le premier Sénat de la France ,, ne rejettera pas la Requête d'un étranger, ,, qui demande la liberté de son épouse ex- ,, pirante dans les cachots de la Bastille."

25 Février 1786. On apprend que la Dame *la Tour*, sœur du Comte *de la Motte*, détenue depuis plusieurs mois à la Bastille, vient d'être mise en liberté: ainsi voilà une prisonniere dont on n'avoit point encore parlé, grossissant le nombre des victimes malheureuses de l'étrange aventure du Cardinal.

26 *Février*. Depuis la détention du Sieur *Desauges* fils, & du Sieur *Manuel*, l'allarme est parmi les colporteurs. Le pere *Desauges* n'a pas été arrêté, comme on l'avoit dit; mais il est caché & n'ose se montrer dans la crainte de la Lettre de cachet décernée contre lui & qui n'est point levée. Le scellé subsiste sur ses papiers & armoires. On regarde cette affaire comme très grave. On veut que les détenus soient actuellement passés à Bicêtre, avec deux autres impliqués dans la même affaire.

A ces inquiétudes en succedent depuis peu d'autres, que cause un nommé *Girardin*. Il vendoit des livres dans le passage du cul de sac de l'orangerie aux Tuilleries: étant malade, il étoit allé dans son pays pour respirer l'air natal: absent depuis plusieurs mois & ne donnant aucune de ses nouvelles à la propriétaire, chez laquelle il occupoit une chambre rue du chantre, celle-ci a craint de n'être pas payée & a demandé l'ouverture de la chambre par le ministere d'un Commissaire. On a trouvé toutes sortes de livres, les ouvrages les plus scandaleux, même des libelles, dit-on, contre la Reine: ensorte qu'on est à sa poursuite.

Ce qui défole furtout les colporteurs, fes confrères, c'est qu'on ajoute qu'on a trouvé auffi la lifte de ceux auxquels il vendoit fes ouvrages & celle de ceux dont il les tenoit : la crife eft fi forte que leur commerce en eft interrompu pour beaucoup de fortes d'ouvrages, & que ceux qui les poffedent, n'ofent les montrer ou même les annoncer.

26 *Février* 1786. L'Affemblée des chambres de vendredi, à l'occafion de la Requête concernant Madame *de Cagliostro*, a été chaude & longue, puifqu'elle a duré jufques à plus de trois heures.

On s'eft d'abord beaucoup occupé de la forme : les uns ont demandé fi l'affaire principale étant portée à la Grand' Chambre affemblée, cet incident pouvoit être agité aux chambres affemblées ? D'autres, fi Madame *de Cagliostro*, n'étant ni décrétée, ni accufée, ni même témoin, avoit droit d'intervenir ? Certains ont regardé le Comte *de Cagliostro*, décrété de prife de corps, comme ne pouvant autorifer fa femme : cette qualité de Comte *de Cagliostro* prife dans la Requête, a auffi offufqué plufieurs de Meffieurs. Durant ces débats, les Gens du Roi ont demandé à entrer & M. *Seguier* portant la parole, a fait un Requifitoire très violent contre la Requête qui n'avoit pas été fignée du Premier Préfident, avant la fignification au Procureur général ; il a conclu par demander qu'elle fût déclarée nulle, que le Procureur qui l'avoit signée, & l'huissier, qui l'avoit signifiée, fussent interdits. Un tel Requisitoire, où l'animosité étoit manifeste & qualifiée, par les Magistrats impartiaux, de Requisitoire *ab irato*, a révolté le grand nombre & l'on a décidé qu'il n'y avoit lieu à délibérer dessus. On a passé au fond de la question & dans le cours des opinions, il s'est fait plusieurs observations importantes. Un de Messieurs, qu'on croit être la Rapporteur, M. *Titon*, a prétendu que Madame *de Cagliostro*, qu'on peignoit dans la Requête comme dans un état de santé très fâcheux, se portoit bien; qu'elle s'étoit démis le poignet, mais que cet accident n'avoit pas eu de suites, & qu'elle étoit en état de s'occuper à travailler aux ouvrages de son sexe. Il a dit ne pouvoir donner des preuves légales de son assertion, mais tenir cependant ces faits de gens dignes de foi, quoique pouvant avoir intérêt de déguiser la vérité, & à portée d'être bien instruits. (Ce qui indiquoit assez clairement les officiers de la Bastille.)

Un autre de Messieurs (qu'on juge être M. *d'Espremesnil*, par l'intérêt qu'il prend à l'affaire) a certifié savoir de très bonne part, que Madame *de Cagliostro* étoit réellement malade & très malade; il a offert de nommer ses auteurs à l'assemblée, si l'on pouvoit lui assurer qu'il n'en résulteroit rien de mal contre eux.

Un autre opinant s'est élevé contre les

contradictions singulieres qu'on observoit de la part du Ministere, qui, d'une part, avoit apporté les plus grandes précautions pour découvrir la vérité dans cette affaire, en s'assurant de personnes contre lesquelles il n'y avoit aucune preuve de délit, en les retenant dans les fers, même après leur innocence reconnue; &, de l'autre, avoit laissé échapper M. *de la Motte*, se trouvant avec sa femme, lorsqu'elle fut arrêtée, & lui détachant ses boucles d'oreille, ses bagues, les diamans qu'elle avoit dans ses cheveux, en présence de l'Exempt, qui non-seulement ne l'arrêtoit point, mais le laissoit faire, & emporter ainsi avec lui le corps de delit, ou du moins très vraisemblablement des piéces de conviction.

Il a été aussi remarqué que le Baron *de Planta*, toujours détenu à la Bastille, se trouvoit dans le même cas que Madame *de Cagliostro*, c'est-à-dire, n'étoit atteint d'aucun décret.

Le résultat de tous ces dires différens, a été de charger Mr. *d'Ormesson* qui présidoit la compagnie, en l'absence de M. *d'Aligre*, de se retirer par devers le Roi, à l'effet de faire auprès de Sa Majesté les instances les plus vives pour obtenir la levée de la Lettre de cachet & contre Madame *de Cagliostro* & contre le Baron *de Planta*.

26 *Février* 1786. Le *Rideau levé, ou l'éducation de Laure*, en deux volumes, ouvrage érotique très récent, puisqu'il est daté de

1786. On assure qu'il peut figurer dignement dans les bibliotheques à côté du *Portier des Chartreux* & du *Libertin de cour*.

27 Février 1786. Madame *de Vergennes*, la femme de l'Intendant des impositions, a donné hier un Bal à l'hôtel de Mesmes, où elle loge rue Sainte Avoie. Elle se flattoit qu'il seroit très brillant; mais, faute de précautions suffisantes, il a dégénéré en une cohue affreuse & très mêlangée. La danse ne devoit durer que jusques à dix heures, où il devoit être servi un souper de cinquante couverts. On prétend qu'il s'est trouvé jusques à douze cens personnes à ce bal: tout le monde, ou le plus grand nombre du moins, se retirant à la même heure, le guet n'étant point suffisant pour établir l'ordre dans la circulation des voitures; l'embarras s'y est mis au point qu'à deux heures du matin la débacle n'étoit pas achevée.

M. *de Calonne* étoit prié du souper; il s'y rendoit sur les dix heures, précisément comme tout le monde s'en alloit; il s'est vû arrêté si longtems que, dans la crainte de faire attendre, il a dépêché un laquais chargé de ses excuses envers Madame *de Vergennes*. Cependant plusieurs hommes & jeunes gens, qui surtout impatiens allant chercher eux-mêmes leurs voitures, ont reconnu le carosse de M. *de Calonne*, sa livrée & sa personne; ils se sont imaginé que c'étoit lui qui causoit tout ce désordre, ils l'ont apostrophé durement, ils lui ont crié qu'il feroit bien mieux de rester dans son cabinet à s'occuper des affaires de l'Etat, que de venir au bal: ces interpellations ont bientôt attiré beaucoup de monde, de peuple & de polissons. Les mécontens ont profité de l'éloignement pour huer le Contrôleur général & se venger un peu de leurs maux par leurs injures. Cette scene fort désagréable pour le Ministre, a duré longtems, parce qu'ayant pris le parti de retourner chez lui, il a eu presque autant de peine à reculer qu'à avancer & ne s'est dégagé que difficilement de la canaille. On l'estime très heureux d'en avoir été quitte à pareil prix, dans un tems & une heure où s'autorisant de la licence du carnaval, elle auroit pu pousser sa brutalité à un excès plus condamnable encore. Enfin M. *de Calonne* est, graces au ciel! rentré dans son hôtel sain & sauf.

27 *Février* 1786. M. *Mercier* assure que le Marquis *de Langle* n'a point voyagé en Espagne, que c'est lui qui lui a suggeré l'idée de faire son livre d'après les auteurs qui ont écrit sur la même matière; & que c'est en Suisse & sous ses yeux qu'il a été composé. Quoi qu'il en soit, à la fin de la derniere édition du *Voyage en Espagne*, les éditeurs annoncent qu'ils viennent de mettre sous presse l'*Amour* ou *Lettres de Justine & d'Alexis*, publiées par M. le Marquis *de Langle*, & ils assurent que la frénésie de cette passion n'a

jamais été rendue avec plus de chaleur, plus de volupté & de chasteté tout à la fois, que dans cet ouvrage. Malgré cette annonce attrayante, l'*Amour* a fait peu de sensation, sans doute, car on n'en parle point. Il seroit à souhaiter pour le Marquis *de Langle*, que la brûlure illustrât sa derniere production.

Au reste, il faut lui rendre justice; en vérifiant les passages censurés dans le Requisitoire, avec le texte même, on trouve beaucoup de mauvaise foi dans la censure, & plusieurs endroits accompagnés de ce qui précede ou de ce qui suit, présentent un sens tout différent & ne sont nullement répréhensibles.

27 *Février* 1786. Voici la chanson sur le Lycée. — Air : *chanson, chanson.*

 La Grece n'eût qu'une Aspasie,
Qui chérit la Philosophie
  Jusqu'au tombeau :
Qu'il étoit pauvre ce Lycée,
Sa gloire sera surpassée
  Par le nouveau.

 Non, le François n'est plus frivole,
On démontre dans cette école
  L'attraction ;
Et tout le beau sexe s'amuse
Du quarré de l'hypothenuse
  Et de Newton.

Jadis une Belle en physique
Ne connoissoit qu'un point unique,
    Vrai jeu d'enfant :
Mais à présent elle compose,
Et veut remonter à la cause
    Du mouvement.

Je vois des femmes de génie
Etudier l'anatomie
    En vrais savans ;
Puis dans l'usage de la vie
En expliquer la théorie
    En pratiquant.

Voulez-vous savoir la chymie,
Approfondir l'astronomie,
    Et vous panser ?
Allez aux écoles nouvelles,
Vous apprendrez ces bagatelles
    Sans y penser.

Voyez Dunois, voyez Pompée,
Voilà David, voilà Poppée,
    Et Childebrand :
Passons à la guerre Punique,
La lanterne qu'on dit magique,
    N'en dit pas tant.

Si jamais maître en l'art d'Homère
Nous peint la reine de Cythère
  Et ſes attraits;
Dans ce ſallon plein de modelles
D'après Longin, d'après nos Belles,
  Je les peindrois.

✺

Craignons qu'une jalouſe Fée
Bornant les ſages du Lycée
  Dans leurs progrès,
Hors du giron de la ſcience
Ne les change par ſa puiſſance
  En perroquets.

28 *Février* 1786. *Le Rideau levé*, remplaçant parfaitement ſon titre, a par deſſus les autres livres du même genre l'avantage d'une réunion complette de tous les genres de libertinage poſſibles entre femme & homme, entre femme & femme, & entre homme & homme; il joint en outre un détail circonſtancié des divers acceſſoires qui peuvent augmenter le plaiſir, ou en empêcher les ſuites funeſtes. Aux deſcriptions de la débauche la plus effrénée ſe trouvent mêlés les tableaux de la volupté la plus délicate & la plus recherchée : enfin l'auteur, profeſſeur de l'art de l'Aretin, eſt auſſi anatomiſte, phyſicien, moraliſte, philoſophe, théologien, & les morceaux relatifs à ces ſciences ſont aſſez bien

fondus avec les autres obscenes pour n'être point disparates: il en résulte un roman intéressant entre l'héroïne & *Eugénie*, à qui elle écrit, séparées, gémissant l'une & l'autre dans le fond d'un cloître, & en égayant les ennuis par cette correspondance d'un style passionné, noble & pur, toutes les fois que les morceaux en sont susceptibles.

28 *Février*. Les partisans de M. l'Abbé *Maury* le défendent sur le reproche capital d'avoir qualifié Madame *de Montesson* d'épouse de M. le Duc *d'Orléans*; ils citent les recherches qu'il avoit faites à cet égard, ayant vu & tenu le contrat de mariage, l'acte de célébration & toutes les pieces nécessaires en pareil cas: en outre, il y étoit autorisé par M. l'Archevêque, dont la délicatesse scrupuleuse n'auroit pu souffrir qu'on parlât autrement d'une union avouée & consacrée par la religion. Au reste, comme l'Orateur s'obstine à ne point mettre de carton à son oraison funebre, elle reste toujours *in statu quo*.

M. le Duc *d'Orléans* tient en disgrace l'Abbé *Maury* & pour le mortifier davantage, il a fait dire à l'Abbé *Faucher*, l'orateur qui a prononcé la même oraison funebre le lundi 20 dans l'église de Saint Eustache, paroisse du palais Royal, qu'il seroit fort aise de le voir & de lui témoigner sa satisfaction.

28 *Février* 1786. Extrait d'une Lettre de Lyon du 20 Février 1786..... Vous désirez savoir ce que c'est que ce *Marbre religieux &*

sensible dont, suivant le discours de réception de M. *de Guibert*, notre Archevêque a honoré la cendre de M. *Thomas*: il s'agit de l'épitaphe ci-jointe.

AU DIEU CRÉATEUR ET RÉDEMPTEUR!

Ci gît Léonard-Antoine Thomas, l'un des Quarante de l'Académie Françoise, Associé de celle de Lyon, né à Clermont en Auvergne le 1er. Octobre 1732, mort dans le château d'Olias, le 17 Septembre 1785.

Il eut des mœurs exemplaires,
   Un génie élevé,
Tous les genres d'esprit;
Grand Orateur, grand Poète,
Bon, modeste, simple & doux,
   Sévere à lui seul,
Il ne connut de passions,
Que celles du bien, de l'étude,
   Et de l'amitié.
Homme rare par ses talens
   Excellent par ses vertus,
Il couronna sa vie laborieuse & pure
Par une mort édifiante & chrétienne:
C'est ici qu'il attend la véritable Immortalité.

Ses écrits & les larmes de tous ceux qui l'ont connu, honorent sa mémoire; mais M. l'Archevêque de Lyon, son ami & son confrere à l'Académie Françoife, après lui avoir procuré pendant fa maladie tous les fecours de l'amitié & de la religion, a voulu lui ériger ce foible monument de fon eftime & de fes regrets.

Vous voyez que le compofiteur de cette épitaphe, entraîné par fa douleur, s'eft bien éloigné de la briéveté du ftyle lapidaire.

Premier Mars 1786. La *Requête* imprimée du Comte *de Cagliofiro* eft de Me. *Thilorier*, Avocat, auteur du Mémoire, & n'a que fept pages.

Les perfonnages parlent eux-mêmes ; ils difent qu'ils ont appris que, peu après leur enlevement, la Cour, fur la dénonciation de l'un de Meffieurs, (M. *d'Epremefnil*) s'étoit occupée du fort des prifonniers détenus dans l'affaire du Cardinal & du leur conféquemment ; que l'affemblée avoit été continuée au premier jour ; mais que la Grand' Chambre affemblée, ayant depuis été faifie de la connoiffance de cette affaire, la Cour n'avoit pas repris la délibération continuée.

Le Comte *de Cagliofiro* expofe enfuite les faits concernant fon époufe mourante ; il détaille les efforts qu'il a tentés inutilement auprès des difpenfateurs du pouvoir, pour leur faire connoître la malheureufe fituation de fa femme : fa derniere reffource eft de la mettre fous la protection & la fauve-garde de la Cour. En conféquence il fupplie les Magiftrats d'ordonner que la Cour interpofe fes bons offices auprès du Roi, afin d'obtenir la révocation de la Lettre de cachet décernée contre la Comtesse *de Cagliostro*, & la permission pour elle de venir voir son mari, quand l'état de sa santé pourra le lui permettre.

1er. *Mars.* On annonce *Extrait du Mémoire de M. Bottineau sur la Nauscopie.* Tel est le mot imaginé pour caractériser l'art prétendu de ce charlatan, qui découvre l'arrivée des vaisseaux à plus de 250 lieues en mer.

1er. *Mars* 1786. On a profité de la vogue du Mémoire du Comte *de Cagliostro*, pour graver son portrait & le mettre à la tête des exemplaires qu'on vend. Un poëte, qui n'est pas l'admirateur de cet étranger, a composé ce quatrain pour être mis au bas:

L'homme dans chaque siecle a couru les prestiges;
Ce Docteur que tu vois, a profité du sien;
Il étudie l'homme, &, grand magicien,
Sur l'ignorance humaine il fonda ses prodiges.

1er. *Mars.* On a vu l'été dernier les compagnons maçons faire la loi &, se plaignant de n'être pas assez payés, forcer leurs maîtres à les augmenter: les garçons maréchaux aujourd'hui en ont voulu exiger autant; de concert ils ont quitté leurs maîtres, ont refusé de revenir, si l'on ne portoit leurs journées de 30 sols à 40 sols, & se sont attroupés dans les environs de Paris. Le Parlement, craignant les suites de ce complot, a rendu Arrêt le 23 Février, renouvellant les anciens Réglemens & défendant les attroupemens, sous quelque prétexte que ce soit : il a été publié dès le soir même ; mais comme on ne peut pas forcer ces ouvriers de travailler, les maréchaux restent toujours dans l'embarras, & l'on croit qu'ils seront obligés de composer avec leurs garçons : exemple funeste, qui doit occasionner la même révolution dans tous les autres arts & métiers ; conséquemment grever les rentiers d'une augmentation de prix de main-d'œuvre en tout genre, qui retombera sur eux.

2 *Mars* 1786. Il passe pour constant que M. le Cardinal *de Rohan*, de concert avec sa famille, a écrit une Lettre au Roi, où il dit que dans le commencement il n'a pu s'en rapporter à la clémence de Sa Majesté, comme Elle le lui offroit, parce qu'il étoit jaloux de se laver à ses yeux ; mais qu'aujourd'hui son innocence devant être parfaitement éclaircie par les dépositions & dans le cours de la procédure, il ne faisoit aucune difficulté de recourir au Roi, de se jetter à ses pieds & de s'en remettre à sa justice personnelle.

Quoique des gens de la plus haute considération attestent l'existence de cette Lettre, elle seroit si folle, si absurde & si insolente de la part d'un accusé, tout nouvellement confirmé dans son décret de prise de corps, qu'on ne peut la croire, & l'on regarderoit cette Lettre, s'il en existoit une, comme fictive.

Ce qu'il y a de plus constant, c'est un Bref du Pape, dont on commence à parler; où le Saint Pere apprend au Cardinal *de Rohan*, qu'ayant tenu un Consistoire à son sujet, on a trouvé qu'il avoit essentiellement péché contre sa dignité de membre du Sacré College, en reconnoissant un tribunal étranger & séculier; qu'en conséquence il étoit suspendu pendant six mois, & que, s'il persistoit dans une conduite aussi irréguliere, il seroit rayé absolument.

2 *Mars* 1786. Toujours quelque esprit caustique se rend le chevalier de la nation, & dans un écrit clandestin affiche le mécontentement général; c'est aujourd'hui une espece de rondeau qui circule dans les cercles & amuse les oisifs; il est intitulé *les trois Chefs*, & traite cruellement le Premier Président du Parlement de Paris, le Garde des Sceaux & le Contrôleur général.

2 *Mars*. Extrait d'une Lettre de Strasbourg du 25 Février.... C'est le 16 Janvier dernier que le Conseil Souverain d'Alsace eût en effet un suppliant bien qualifié; c'étoit le Doyen des têtes couronnées, le grand FRÉDÉRIC, comme prenant fait & cause dans l'affaire de son Receveur à Wesel. Sa Majesté Prussienne ayant présenté requête pour relever un Appel rendu par le Magistrat de cette ville en faveur du Poissonnier du Roi,

la Requête étoit dans la forme ordinaire: A *Nosseigneurs*, &c. Toute la différence qu'on y a remarquée, c'est qu'il n'y avoit que *supplie* FRÉDÉRIC, *Roi*, sans le mot d'usage *humblement*. On assure que le Roi de Pologne, *Auguste* III, a été dans le même cas.

3 *Mars* 1786. En 1773 on joua aux Italiens le *Bon fils*, piéce tirée du théâtre allemand. Elle fut attribuée dans le tems à l'Abbé *le Mounier*, sous le nom d'un M. *Devaux*. Ce sujet, malgré la musique de M. *Philidor*, n'eut point de succès. M. *du Rosoy* s'est avisé de le reproduire hier sous le titre de l'*amour filial*, comédie nouvelle en un acte, mêlée d'ariettes. Le fond eût été meilleur, qu'il l'auroit gâté par le jargon ridicule qu'il met dans la bouche de paysans parlant comme des courtisans ou des petits-maîtres. C'est-là son seul talent de faire rire & le public n'y a pas manqué. La musique de M. *Ragué* a été applaudie & a empêché la chûte totale du drame.

3 *Mars* 1786. Trois paysans ayant été condamnés à être roués, par la Chambre des vacations au mois d'Octobre dernier, un des Magistrats qui vraisemblablement n'avoit pas donné sa voix contre ces accusés, touché de voir ces innocens sur le point de périr, fut trouver M. *Dupaty*, lui témoigna ses angoisses: celui-ci profita de son crédit sur l'esprit de M. le Garde des Sceaux pour obtenir un Sursis. Depuis les faits se sont éclair-

éclaircis. M. *Dupaty* a pris fait & cause en personne en faveur des accusés, & il paroît pour eux un Mémoire très volumineux, qu'on attribue à ce Magistrat lui-même. Quoi qu'il en soit, il y prend le plus vif intérêt, car il le fait vendre chez lui au profit de ces malheureux, & très cher.

4 *Mars*. Voici la copie du Bref du Pape, telle qu'elle se répand, vraisemblablement d'après une traduction; car le Bref doit être en Latin; il est daté du 15 Février 1786.

„ D'après l'imprudente, très fatale & très
„ irrégulière démarche du Prince *Louis de Ro-*
„ *han*, pour se faire purger par le Parle-
„ ment de Paris, dans un procès criminel,
„ & le tort qui a résulté de cette démarche
„ qui est contre les immunités de l'Eglise;
„ l'empêchement qu'il a opposé à recourir à
„ la pieuse clémence & la pieuse intention
„ du très religieux Monarque de France, ex-
„ primée dans la Lettre de Sa Majesté écrite
„ au Souverain Pontife; le Saint Pere, de
„ l'avis du Sacré College, dans le Consistoire
„ du 13 du courant, le suspend de la Dignité
„ & des Prérogatives du Cardinalat, de tou-
„ tes les Voix actives & passives. Nous lui
„ prescrivons le terme de six mois pour com-
„ paroître & se purger devant le Saint Siege,
„ soit en Personne, ou par Procureur"....

4 *Mars* 1786. *Louis Gillet*, ce Maréchal de logis offert à l'admiration du public chez *Audinot*, est un des héros du jour. M. *Gau-*

cher, Artiste des Académies Royales de Rouen, Caen, Londres & autres, mais qui n'est pas de celle de Paris, a dessiné d'après nature & gravé le portrait de cet officier invalide: il est fort ressemblant & tout concourt, à rendre l'estampe précieuse: sujet, exécution, accessoires; au dessus du Médaillon est ce vers en forme de légende:

Pour servir la beauté, le François n'a point d'âge.

Et au dessous est représentée en petit l'action courageuse de ce brave militaire, qu'on a aussi tâché d'indiquer par le quatrain suivant:

Intrépide soldat, citoyen magnanime,
Il servit cinquante ans, & l'Etat & le Roi;
Et de ses derniers jours éternisant l'emploi,
Il vengea la vertu des attentats du crime.

4 *Mars* 1786. Les comédiens Italiens sont dans un grand embarras pour leur répertoire de ce carême: Madame *Dugazon* avoit obtenu un congé pour aller à Londres, mais devoit être de retour le 24 Février. Elle s'y est bien trouvée & a écrit à ses camarades qu'ils pouvoient disposer de ses rôles. On ne sait comment Messieurs les Gentilshommes de la chambre prendront cette licence; elle intervertit tout l'arrangement des représentations pour certaines pièces qu'on n'ose faire jouer en l'absence de cette actrice, dans la

crainte du mécontentement du public, qui l'a déjà manifesté à diverses reprises.

5 *Mars* 1786. On avoit observé dans le discours de réception de M. le Comte *de Guibert* à l'Académie françoise, une longue tirade sur M. *Necker*, sur Madame, sur Mademoiselle, exaltés avec la plus grande emphase: la tirade avoit été applaudie de même. On a été surpris à la lecture de ne point trouver ce morceau. On ignore la raison d'une telle suppression.

5 *Mars*. On continue à faire des calembours sur M. le Cardinal *de Rohan* & même de très indécens, parce qu'ils insultent à sa misère actuelle: par exemple, on fait des chapeaux de paille, bordés d'un ruban couleur de feu, & l'on les appelle *Chapeaux du Cardinal sur paille*: des tabatières *au Cardinal blanchi*; elles sont d'ivoire, avec un petit point noir au milieu; ce qui semble indiquer qu'on croit que dans tout état de cause, il ne sortira pas de son procès parfaitement net.

5 *Mars* 1786. Aujourd'hui que l'affaire de M. *le Maître* est totalement assoupie, on sait qu'un jeune Abbé *Brothier*, le neveu du savant Ex-jésuite du même nom, très érudit lui même & travaillant à l'édition du fameux *Plutarque*, entreprise à la tête de laquelle il est comme Littérateur, ainsi que d'autres du même genre, auroit été vivement impliqué dans l'affaire, sans la discrétion de

M. *le Maître*. Les deux manuscrits originaux trouvés chez ce dernier, qui ont si fort excité la curiosité des inquisiteurs & ont servi de matiere principale aux interrogatoires, étoient de la composition de M. l'Abbé *Brothier*, ainsi qu'il l'avoue aujourd'hui à ses amis: l'un avoit pour titre *de l'abus de l'Autorité de* M. *le Garde des Sceaux*, & l'autre rouloit sur le procès du Cardinal. Ce qui l'inquiétoit encore plus, c'est qu'ils étoient écrits de sa main. Il convient qu'il eût dans les premiers jours une frayeur extrême, parce qu'on vint vérifier son écriture chez son imprimeur; c'étoit dans les commencemens, où l'on disoit que le prisonnier avoit perdu la tête & nommoit tous ses complices. Heureusement que ce concours de circonstances bizarres tenoit à une autre cause & ne lui fut point funeste.

Quoi qu'il en soit, il s'en suit de ce silence obstiné de M. *le Maître* sur le compte de l'Abbé *Brothier* & sur celui de plusieurs autres, qu'il avoit, au contraire, conservé son sang-froid, qu'il étoit incapable d'aucune perfidie, lâcheté ou foiblesse, & que s'il a chargé M. *Augéard* à boulet rouge, c'est qu'il a envisagé cette tournure comme la seule propre à terminer cette crise sans nuire infiniment à son collegue, qui, instruit par son exemple, devoit être sur ses gardes & ne point se laisser appréhender. C'étoit un aiguillon nécesceffaire, afin de mettre en jeu pour la cause commune, non seulement les familles puissantes auxquelles M. *Augéard* appartient ou est allié, mais tous les grands personnages dont il tenoit ses renseignemens, anecdotes, pamphlets. M. le Maître avoit sagement prévu que de ce concours d'efforts naîtroit bientôt le salut de tout le monde.

5 Mars 1786. Quoique le carnaval ait été assez long pour qu'on ait pu épuiser tous les genres de plaisirs, ils se prolongent jusques dans le carême & il doit y avoir un bal aujourd'hui très piquant par son titre, puisqu'on l'appelle *le Bal des Sylphes*. Non seulement les invitations sont anonymes, mais le lieu indiqué l'est aussi; c'est un hôtel vuide en ce moment, loué & arrangé *ad hoc*. Tout Paris est en l'air pour connoître ce dessous de cartes.

6 Mars 1786. Les écoles de l'Académie royale de Chirurgie sont aujourd'hui un vrai monument, qui depuis quinze ans fait l'admiration des amateurs & des étrangers. L'amphithéâtre, la partie la plus essentielle, n'en est pas la moins curieuse; on y voit en dedans plusieurs inscriptions, mais il en manque une au dehors. Un M. *Bourdelais* a fait celle-ci, qu'il traite modestement d'essai; elle est en latin & très juste:

Pallida scrutantes solerte cadavera cultro,
Hic mors ipsa docet morti subducere vivos.

On l'a traduite ainsi en François :

Sur les corps que moissonne une Parque homicide,
Esculape en ce lieu forme ses nourrissons;
Dans l'art de nous guérir un cadavre les guide;
La mort contre la mort donne ici des leçons.

Les partisans des inscriptions composées en notre langue, verront avec peine, mais ne pouront disconvenir, que la derniere ne soit bien inférieure à l'originale.

6 *Mars* 1786. M. l'Abbé *Raynal* a offert à l'Académie de Marseille une somme de douze cens livres pour le Mémoire qu'elle jugera avoir le mieux traité du commerce de cette ville. Cette Compagnie a accepté, & en conséquence propose pour sujet du prix : *quelles sont les causes de l'accroissement du commerce de Marseille? Quels sont les moyens d'assurer & de maintenir la prospérité de ce commerce?* Le prix sera adjugé à la séance du jour de la St. Louis 1788.

6 *Mars*. Il n'y a qu'heur & malheur dans ce monde. Un M. *Bourdon des Planches*, ancien premier Commis des finances, mis à la Bastille sous M. *Necker*, est aujourd'hui un oracle en matiere d'économie politique. Tous les journaux affectent de prôner son ouvrage ayant pour titre, *Projet de faire utilement en France le commerce des grains.* Il ne tend à rien moins qu'à ramener le régime réglémentaire & le monopole, modifié, il est vrai, & il en

voit découler toutes sortes de bien: en un mot, il le présente comme un projet, où le Roi gagne, où la nation gagne, où l'abondance est assurée à jamais, malgré l'intempérie des saisons & la stérilité des récoltes, où les impositions sont supprimées.

6 Mars 1786. Quoique M. *de la Reignière* le fils n'eût pas une excellente réputation à cause de ses singularités, on ne lui reprochoit pourtant jusques à présent aucune noirceur réelle qui annonçât un mauvais caractere. Mais on parle aujourd'hui d'un Mémoire imprimé, qu'il s'est permis contre M. *de St. Ange*, jeune auteur, & l'on assure que c'est un tissu de méchancetés & d'horreurs punissables; il faudra le lire pour en juger.

7 Mars 1786. Madame la Maréchale *de Mailly* est une jeune femme de la cour de la Reine, qui plaît beaucoup à Sa Majesté & acquiert une grande faveur auprès d'elle; ce qui excite la jalousie des autres Dames. Elle est enjouée & folâtre: genre d'agacerie qui lui attire d'un autre côté beaucoup de soupirans, dont elle se moque. Son plaisir est d'amuser de tous les détails de leurs avances auprès d'elle son mari octogénaire & d'en rire avec lui.

7 Mars. Le Sieur *Madinier* est un homme de Lyon, qui s'étoit associé avec les Sieurs *Gayet* & un tiers pour faire la banque. Ils se sont enrichis en faisant trois fois banqueroute. Le premier est un homme adroit, fin, instruit, qui a capté les bonnes graces du Contrôleur général & partage sa confiance avec le Sieur *Panchault*. C'est lui qui a suggéré à M. *de Calonne* la détestable opération de la conversion des Louis. On sait très mauvais gré au Ministre des finances de s'entourer de pareils gens, avec lesquels il ne peut faire que de très mauvaise besogne pour l'Etat.

7 Mars 1786. Il passe pour constant aujourd'hui que le Mémoire du Comte *de Cagliostro*, qui a fait tant d'honneur à son Avocat, Me. *Thilorier*, n'est point de celui-ci, dont tout l'emploi a été d'y apposer sa signature: on veut que le fond en ait été fourni en Italien par l'accusé, & que le surplus ait été arrangé par M. *d'Epremesnil*, tout *Cagliostro* en ce moment, qui ne s'occupe d'autre chose & en perd la tête; il est furieux que son coup de collier en faveur de la Comtesse soit nul jusques à présent.

7 Mars 1786. *Mémoire justificatif pour trois hommes condamnés à la roue*. Tel est le titre du Mémoire annoncé, très volumineux, puisqu'il a 251 pages.

C'est le 20 Octobre dernier, qu'un Arrêt du Parlement, en infirmant la sentence du Bailliage de Chaumont, qui le onze Août 1785 n'avoit envoyé les accusés qu'aux galeres perpétuelles, les a condamnés, pour les cas résultans du procès, à la roue.

Cet Arrêt, prononcé au mépris des formes les plus sacrées, prescrites par l'ordonnance; prononcé sans aucune preuve que les accusés fussent coupables, ni même que le corps du délit existât; prononcé contre la preuve même de leur innocence; prononcé par une partialité manifeste de la part des premiers juges, a fortement indigné M. *Dupaty*, chargé de présider à un Bureau pour la rédaction d'un nouveau Code Criminel, & il s'est chargé lui-même de la défense de ces malheureux, nommés *Lardoise*, *Simare* & *Bradier*, qui l'ont signé.

Cette défense est suivie d'une Consultation du 14 Février dernier, par Me. *le Grand de Laleu*.

Quoiqu'on ait affecté dans ce *Factum* de donner des éloges au Parlement, ce corps n'en a pas moins senti combien il lui étoit injurieux; aussi assure-t-on qu'il a été dénoncé & remis aux mains des gens du Roi pour donner des conclusions dessus.

Au surplus ce *Factum* fait la plus grande sensation à Paris & à Versailles: la Reine a voulu le lire, & a envoyé une somme d'argent pour les accusés; on ne doute pas que cet auguste exemple n'influe sur toute la cour.

8 *Mars* 1786. M. *de St. Ange* (Ange Fariau) est un second Poinsinet, doué d'un amour-propre si excessif, qu'en caressant celui-ci, on lui fait accroire tout ce qu'on veut; on le mystifie de la façon la plus étran-

ge. C'est une plaisanterie de ce genre, qui a fait naître la cause dans laquelle M. *de la Reigniere* a écrit comme Avocat; cause qui, quoique portée au Châtelet, suivant qu'il l'annonce, a plutôt l'air d'une dérision de la justice que d'un procès réel.

En effet, il roule sur des vers insérés dans le Journal de Paris au commencement de l'année, & attribués à un Mr. *Duchosal*, satyrique de profession, auteur des *Exilés du Parnasse*, de *Mon Songe*, &c. Celui-ci a renié ces vers, où l'on fait un éloge outré de M. *de Saint Ange*, & il est éclairci aujourd'hui par une Lettre de M. *de Ville*, Président trésorier de France au Bureau des finances de la Généralité d'Amiens, en date du 21 Janvier 1786, que ce prétendu madrigal n'étoit qu'une mystification dont il s'avoue l'auteur & dont il avoit voulu punir le dédain que M. *de Saint Ange* avoit fait d'autres vers de sa façon, en refusant de les insérer dans le *Mercure*, auquel il travaille pour la partie des pieces de poésie fugitives.

On juge facilement que toute cette querelle est moins que rien; mais M. *de la Reigniere*, en sa qualité d'Avocat, en a fait quelque chose, &, à la suite d'un *Mémoire à consulter pour Me. Duchosal, Avocat en la Cour, demandeur, contre le Sieur de Saint Ange, coopérateur subalterne du Mercure de France, défendeur*, il a inséré une Consultation en date du mardi 28 Février, où il estime gravement que son client est bien fondé à demander une Déclaration de sa partie adverse, par laquelle elle reconnoîtra que Me. *Duchosal* n'est point l'auteur des vers en question & a droit d'exiger des dommages intérêts, (applicables à œuvres pies) pour l'avoir faussement accusé d'une chose dont elle n'avoit qu'une certitude éventuelle, & pour avoir fait imprimer lesdits vers sans l'aveu de l'auteur, ou dudit Me. *Duchosal*: enfin, que si la Cour ne sévit pas contre le Sieur *de Saint Ange* & ceux qui abusent à son exemple de la facilité des journalistes, à louer & laisser louer indistinctement tout le monde, il est à craindre, non seulement que la louange ainsi prostituée, ne perde de son prix, mais encore que la Justice ne soit trop souvent importunée de contestations semblables à celle-ci, qui, détournant son attention d'objets plus graves, nuisent aux intérêts du public....

On ne peut nier que ce Mémoire, vraie facétie, ne soit très ingénieux, très amusant, mais très méchant: il tourne en dérision & la partie adverse le Sieur *de Saint Ange* & beaucoup d'autres gens de Lettres, tels que l'entrepreneur du *Mercure* & ses stipendiaires; le Sieur *d'Aquin*, rédacteur de l'Almanac Littéraire; les Sieurs *Vigée*, *de la Harpe*, *le Miere*, le Marquis de *la Salle*, les journalistes de Paris: & tout cela forme contre M. *de la Reigniere* une foule d'ennemis, dont il aura peine à se garantir. Il est vrai que d'un autre côté, il s'eſt entouré par ſes flagorneries du Sieur *de Beaumarchais*, du Marquis *de Bievre*, des Sieurs *Sautereau de Marſy, Freron, Imbert, Paliſſot, Maſſon de Morvilliers, Beaumier*; mais ceux-ci ne ſeront jamais ſi chauds à le défendre, que ceux-là ſeront ardens à l'attaquer. On aſſure qu'il l'eſt déjà au criminel.

8 *Mars* 1786. C'eſt Me. *Blondel*, Avocat au Parlement, qui eſt chargé de la défenſe de Mlle. *Oliva*. L'on annonçoit depuis quelques jours ſon Mémoire comme prêt à paroître; on veut aujourd'hui qu'il ſoit arrêté & l'on craint même qu'il ne ſoit pas publié.

8 *Mars*. On n'a pas manqué de trouver dans Noſtradamus une centurie relative au procès qui excite aujourd'hui la curioſité de toute l'Europe; c'eſt la 50Ieme: édition de 1574.

L'an quatre-vingt & plus maquereaux & guenons,
Aucuns en liberté, d'autres en baſtions,
Giſſent tout vifs, ſavoir : femme qui n'eſt pas bête,
Deux comtes ſans comtés, bonnet rouge ſans tête.

9 *Mars*. La plus grande atrocité qu'on reproche à M. *de la Reigniere*, c'eſt d'avoir rappellé très au long & à pluſieurs repriſes une anecdote de la vie de M. *de Saint Ange*, tombée dans l'oubli depuis plus de dix ans qu'elle s'eſt paſſée; il s'agit d'un ſoufflet qu'on prétend qu'il a reçu en 1775 au

Caffé de Procope, à la suite d'une querelle occasionnée par son amour-propre humilié. C'est d'avoir fourni la clef d'une épigramme que lui envoya le lendemain anonymément M. *Masson de Morvilliers*, & insérée dans l'Almanac des muses de 1770 sous le titre vague de *Vers adressés à un petit poëte turbulent, en lui faisant présent d'une épée de bois.*

Petit Roi des niais de Sologne,
De Bebé petit écuyer :
Petit Encycopedre altier,
Petit querelleur sans vergogne :
Petit poëte sans laurier ;
Au Parnasse petit rentier :
Petit brave au bois de Boulogne,
Tu veux, en combat singulier
Exposer ta petite trogne,
Eh bien, nous t'armons Chevalier.

Pour l'intelligence de cette épigramme, il faut savoir que M. *de Saint Ange* est né en Sologne & qu'il étoit alors de la cour de M. *de la Harpe*, à qui le nom de *Bebé* est resté depuis que *Freron* l'en avoit qualifié.

9 Mars 1786. D'après l'annonce faite l'année dernière, des graces du Roi devant se verser au commencement de cette année sur tous les gens de Lettres qui en seroient susceptibles, M. le Contrôleur général a sous ses yeux actuellement les divers Mémoires qu'ils lui ont présentés, au nombre de 800, & l'on assure que l'on ne tardera pas à savoir les pensions ou gratifications accordées en conséquence.

Comme beaucoup de membres de l'Académie françoise ont des prétentions, on présume que c'est ce qui a déterminé cette Compagnie à faire supprimer du discours imprimé de M. le Comte *de Guibert*, l'éloge de M. *Necker*, qui n'auroit pu que déplaire beaucoup à M. *de Calonne*.

9 *Mars.* Le Bal des Sylphes a eu lieu en effet dimanche & a été d'une grande magnificence; on en a admiré l'ordre & la décence, quoiqu'il fût très nombreux. On sait aujourd'hui que c'est un M. *Coustard de Villiers*, Administrateur des Domaines, qui a fait cette galanterie à la femme d'un de ses confreres: elle avoit dit en plaisantant qu'elle feroit volontiers les honneurs d'un bal, pourvû qu'il ne lui en coûtat rien. Pour ménager sa délicatesse, ce galant financier a emprunté l'ingénieuse allégorie des Sylphes.

10 *Mars* 1786. Le Mémoire de M. *Dupaty* est remarquable par une grande clarté, par une logique pressante, par une éloquence vigoureuse, par une sainte hardiesse.

Dans un exorde très court, il rend compte de son objet d'arracher au supplice trois infortunés, pendant trois ans traînés dans cinq tribunaux, envoyés aux galeres par une Sentence, à la roue par un Arrêt. Il loue l'humanité inquiète du Chef de la Magistrature, qui a retenu le glaive de la Justice prêt à frapper: il excuse les Magistrats asservis aux formalités d'une Ordonnance criminelle si rigoureuse; enchaînés, aveuglés par une jurisprudence criminelle si barbare; enfin accablés sous le poids trop excessif d'une justice civile & criminelle, à distribuer tous les jours à dix millions d'hommes.

L'orateur retrace ensuite l'histoire du procès; il fait connoître les dénonciateurs, la dénonciation, les accusés, la procédure. Il établit une foule de moyens de nullité dans cette derniere; il prouve que même en la légitimant, non seulement il n'existe au procès aucune preuve que les accusés soient coupables; mais qu'il est encore démontré qu'ils sont légalement & moralement innocens des délits dont ils ont été prévenus: enfin il se permet des digressions sur plusieurs points de l'Ordonnance criminelle, dont il fait sentir l'absurdité & la barbarie. C'est ici que son éloquence éclate, tonne, foudroie.

Le Mémoire est enrichi en outre de notes très curieuses & très intéressantes.

On ne doute pas que M. *Dupaty* n'ait saisi avec empressement cette occasion essentielle d'achever de sapper entiérement l'édifice monstrueux de notre Législation Criminelle, qui, attaquée depuis longtems par la Raison & le Génie, résiste encore.

10 *Mars* 1786. Mr. l'Abbé *Desmonceaux*, Pensionnaire du Roi, qui fait une étude par-

ticuliere des maladies des yeux depuis long-tems, a observé que la plupart des enfans aveugles-nés qu'on lui apportoit, l'étoient pour avoir été baptisés avec de l'eau froide sur la fontanelle, partie la plus sensible de la tête & la moins parfaite de tout le corps, en sortant du ventre de la mere.

S'étant bien instruit ensuite que cet usage de baptiser n'étoit pas de nécessité absolue, que les rites de l'église d'Allemagne & de tout le Nord sont différens, que le rituel de l'église de Paris autorise le mélange de l'eau chaude avec la froide, & qu'on ne manque pas de le pratiquer pour les enfans des riches ; il a composé un *Mémoire à consulter* sur cette matiere, digéré, il y a dix ans, & s'est appuyé de la *Consultation* d'un Docteur Régent de la faculté de Médecine de Paris & Censeur Royal, Mr. *Missa*, en date du 14 Octobre 1785, qui est absolument du même avis.

Muni de ces différentes observations & pieces, M. l'Abbé *Desmonceaux* a adressé de *très humbles & très respectueuses Représentations à Nosseigneurs les Président, Archevêques, Evêques, & Messieurs les Députés du second Ordre, tenant l'Assemblée du Clergé de France pour l'année 1785*, sur les accidens qui arrivent aux nouveaux-nés, d'après l'effusion de l'eau baptismale, faite à froid.

On ne sait pas pourquoi Nosseigneurs dans leurs séances de l'année derniere n'ont pas jugé

jugé à propos de répondre à ces repréfenta-tions ; il faut efpérer qu'ils y auront plus d'é-gard cette année, où ils doivent fe raffembler.

Quoiqu'il en foit, l'auteur a fait imprimer ce morceau dicté à la fois par l'humanité & par la religion, & fans le vendre, il en ré-pand des exemplaires parmi fes amis. Il eft à fouhaiter qu'il en réfulte une maffe de ré-clamations, propre à faire impreffion fur le Gouvernement & par contrecoup fur Nos-feigneurs.

M. l'Abbé *Defmonceaux* affure, que la po-pulation gagnera par la nouvelle méthode gé-néralement adoptée, tous les ans, plus de mille citoyens.

10 *Mars* 1786. Extrait d'une lettre de Rennes du 3 Mars 1786..... Le Parlement a enfin obtenu fatisfaction entiere fur l'affai-re du tabac. Il a enrégiftré les Lettres-Pa-tentes, qui lui accordent une compétence abfolue & illimitée à cet égard. En outre Sa Majefté promet qu'une des claufes du nou-veau bail fera de rendre les moulins aux dé-bitans & la liberté de raper.

11 *Mars* 1786. Le Mandement que l'Ab-bé *Georgel* a rendu en fa qualité de Vicaire général de la grande-aumônerie de France au fujet du carême, fait grand bruit. Ce Mandement deftiné pour la Chapelle de Ver-failles, pour les Quinze-vingts, pour le couvent de l'Affomption, pour la chapelle des Tuilleries, en un mot pour toutes les

Maisons Royales soumises à cette jurisdiction seulement, est peu connu & très rare; mais c'est une procession chez l'Abbé *Georgel* pour le lui demander & il a la discrétion de n'en donner à personne. L'imprimeur a également reçu défenses de sa part d'en vendre à qui que ce soit. Ce qui excite la curiosité, c'est le début de ce singulier discours, où il compare le Cardinal à Saint Paul dans les liens & lui-même à *Timothée*, le disciple de ce grand Apôtre: mais tout cela est très adroitement arrangé. Ceux qui ont lu le Mandement assurent, que l'auteur n'y dit presque rien de lui-même; qu'il est tout en citation: que du reste il se conforme au premier Pasteur, à M. l'Archevêque de Paris, & ne semble rien enjoindre que d'après son autorité & son exemple. Il faut lire soi-même cette pièce intéressante, à cause des circonstances.

Les gens versés dans le Droit Canon, indépendamment de la forme, agitent le fond entre eux & le critiquent. Ils prétendent que le Cardinal, étant dans les liens d'un décret, non seulement ne peut faire aucunes fonctions, ni exercer en rien la jurisdiction de ses places; mais que les pouvoirs confiés par ce supérieur à ses délégués, tombent aussi & deviennent nuls.

Quoiqu'il en soit, le bruit court que l'Abbé *Georgel* a déjà reçu des marques de mécontentement de la Cour & est exilé à Mortagne dans le Perche.

11 *Mars*, 1786. On a repréſenté hier pour la première fois au théâtre françois *le Mariage ſecret*, comédie nouvelle en trois actes & en vers. Cette piece qui avoit déjà eu du ſuccès à la cour, a été bien accueillie à la ville. Elle roule ſur des *qui pro quo*, des mépriſes, des ſurpriſes, ſur un *imbroglio* de ſcene de nuit, qui fait toujours rire le gros du public, n'approfondiſſant rien & ne réfléchiſſant point. Dans le fait, les incidens plus bizarrement qu'ingénieuſement amenés, ne peuvent ſatisfaire un ſpectateur difficile, & tous les perſonnages modelés ſur le même moule de bêtiſe, excepté le principal qui les fait mouvoir comme des mannequins, n'offrent aucun de ces contraſtes heureux, vrais reſſorts de l'excellente comédie.

D'ailleurs, rien de piquant, ni dans le motif de ce principal perſonnage, ni dans l'objet qu'il ſe propoſe, ni dans les effets en réſultans. Le motif eſt l'amitié d'une ſœur pour ſa ſœur, paſſion bonne, louable, admirable dans un roman, ou dans un drame; mais froid & nullement comique. L'objet eſt de tromper un vieillard, oncle qui n'eſt ni aſſez ridicule, ni aſſez récalcitrant pour que le ſpectateur puiſſe prendre un certain plaiſir à le voir dupe. Il en eſt de même des deux amis de ce vieillard, amoureux chacun de leur côté, de la niece remariée, qu'on fait concourir à déterminer l'oncle d'approuver ce mariage; l'un eſt ſi bonaſſe & l'autre d'un caractere si peu prononcé dans le courant de la piece, que le premier fait pitié & le second n'excite aucun sentiment.

En rendant justice au poëte, on conviendra qu'il n'y a que des apperçus dans cette comédie & un germe de talent non développé. Elle ne méritoit point les applaudissemens outrés qu'on lui a prodigués, dûs en grande partie à Mademoiselle *Contat*, reparoissant la premiere fois depuis ses couches & ayant mis sur pied toutes sa nombreuse cabale. Aussi l'auteur l'a bien senti & n'a point voulu être encore nommé: lorsque, suivant l'usage, le parterre l'a demandé, l'acteur est venu annoncer qu'il étoit anonyme; quoique tout le monde sût que c'étoit M. *Desfaucherais*, déjà connu par une chûte récente au même théâtre.

11 *Mars* 1786. Le froid rigoureux qui a regné depuis le commencement de ce mois, & une neige abondante ont donné lieu à des courses de traîneaux, qui ont amusé les Parisiens: les Princes se sont signalés dans ce genre de spectacle, surtout le Duc d'Orléans, qui l'a montré au Palais Royal, aux Tuilleries, au Luxembourg & dans les rues de la capitale.

On parle à cette occasion d'une scene plus attendrissante, occasionnée aussi par le froid rigoureux. Trois enfans se noyoient dans une piece d'eau du parc de Versailles, où la glace s'étoit rompue sous leurs pieds, pendant qu'ils patinoient ; ils ont été sauvés par un quatrieme, qui s'est jetté à l'eau & les a retirés successivement. Le Roi a voulu voir ce jeune héros citoyen, & l'a décoré d'une médaille, le dimanche 5 de ce mois, dans la galerie : on ne sait pourquoi les journaux n'ont point conservé son nom & n'ont même fait aucune mention d'une aventure aussi intéressante.

12 *Mars*. L'hospice de charité établi à Saint Sulpice par Madame *Necker* se soutient : les comptes qu'a retardés la longue maladie de l'institutrice & qui d'après son engagement doivent être rendus publics, sont enfin à jour. On y voit que la journée de chaque malade, fixée en 1779 à 16 sols six deniers & une fraction, est progressivement augmentée à 17 sols sept deniers, taux de celles de 1785.

Le tableau de mortalité présente un résultat non moins satisfaisant, par la proportion des morts des autres hôpitaux. En 1784, sur 2068 malades à l'hospice, il en est péri 272, & 307 sur 2035 en 1785.

On annonce dans un Avertissement, que grand nombre d'hôpitaux se sont modelés déjà pour le régime & l'ordre sur celui-là, & l'on parle d'une grande marque d'approbation, que le respect empêche de faire connoître plus en détail.

12 *Mars* 1786. C'est M. *Fretteau*, Conseiller de Grand' chambre, membre de la

chambre des vacations & beau-frère de M. *Dupaty*, qui, n'étant point de l'avis de ses confrères, a eu recours à ce Magistrat pour obtenir le sursis en faveur des trois assassins prétendus. Ses confreres sont furieux contre lui, non de cet acte d'humanité, mais de sa conduite sournoise. M. *Fretteau*, sous prétexte de s'éclaircir sur cet Arrêt qui le tourmentoit, a demandé au Président de la chambre d'avoir communication de la procédure pour l'examiner à son aise. Il a trahi le secret de cette procédure & l'a remise à M. *Dupaty*; ensuite la dénaturant, ils ont dressé dessus leur Mémoire, où l'on réconnoît & la main de M. *Fretteau* & celle de son beau-frère. C'est cette perfidie qu'ils lui reprochent.

L'Avocat, Me. *le Grand de Laleu*, de qui la Consultation est signée, est un jeune homme hors d'état de composer un pareil Mémoire, mais qui, de son côté, n'est pas moins dénoncé à son Ordre & à la veille d'être rayé.

12 *Mars* 1786. M. *le Maître* est de retour depuis quelques jours & parfaitement tranquille. Il étoit nécessaire qu'il reparût pour faire le service durant son quartier d'Avril. L'embarras aujourd'hui est de savoir quelle contenance il observera vis-à-vis de M. le Garde des Sceaux, lorsqu'il sera obligé d'y paroître. Comme cette formalité n'est nécessaire qu'aux Bureaux de grande

direction & qu'ils ont lieu rarement; on présume qu'un confrere le fera pour lui.

13 *Mars* 1786. Il est très vrai que l'Abbé *Georgel* est exilé où l'on a dit; il est parti avant-hier & n'a pu obtenir vingt-quatre heures de répit qu'il demandoit.

13 *Mars.* Depuis la signature du Bail des fermes, on sait que M. *Augéard* est conservé; ce qui fait honneur à M. *de Calonne,* qui a déployé beaucoup de magnaminité durant toute l'affaire de ce prétendu libelliste.

13 *Mars* 1786. Les récolemens sont finis & les confrontations doivent commencer demain dans le procès du Cardinal *de Rohan:* mais quelque envie qu'on ait de tirer à la conclusion, comme il y a un contumace, le Comte *de la Motte,* il y a des délais nécessaires vis-à-vis de lui, dont on ne peut se dispenser.

Du reste, on confirme plus que jamais la Lettre au Roi; mais on la met plus particuliérement sur le compte de sa famille, qui a forcé le Cardinal de se joindre à elle. Comme on a vu depuis Madame la Comtesse *de Marsan* sortir toute en pleurs du cabinet du Roi, on présume que cette Lettre n'a pas produit grand effet.

Depuis le Bref du Pape, on ne qualifie à la Cour M. le Cardinal, lorsqu'on en parle, que l'Abbé de Rohan.

13 *Mars* 1786. Extrait d'une Lettre d'Orléans du 8 Mars..... L'Abbé *Roger,* Cha-

noine de notre Cathédrale, & Avocat du Roi au Châtelet de cette ville, convoitoit depuis longtems la fille de la loueuse de chaises; ses parens s'appercevant de ses vues criminelles, l'avoient prié de discontinuer ses assiduités & de s'abstenir même tout à fait de venir chez eux. On ne sait comment il a opéré une séduction complette; mais les rendez-vous se donnoient dans l'église, comme dans le lieu le moins suspect : là, dans un réduit qu'ils s'étoient pratiqué au milieu des chaises, ils se livroient à leurs ébats en toute liberté. Un malin ou rival de l'Abbé s'est douté de quelque chose; il a trouvé le moyen d'être témoin du fait: il en a appellé d'autres & les amans tout honteux ont été obligés de s'évader. La chose n'en est pas restée là; il y a eu des épigrammes, des chansons & le scandale est devenu si grand, que la justice a été obligée de prendre connoissance de ce délit sacrilege. L'Abbé a eu le tems de s'enfuir, mais la jeune personne est en prison.

14 *Mars* 1786. L'Angleterre possédoit seule & depuis longtems le secret de faire des aciers fins. Le Gouvernement desiroit fort le lui dérober. Le Sieur *Sanche*, livré de tout tems à l'étude & à la pratique de la métallurgie, prétend, après plusieurs tentatives réitérées, être parvenu à faire de l'acier infiniment superieur à ceux d'Allemagne & qui ne le cede en rien à ceux de nos voisins. Sur des

expériences approuvées des Commissaires de l'Académie des Sciences, par des Arrêts du Conseil des 14 Septembre & 2 Octobre 1784, enrégistrés le 15 Septembre suivant, le Sieur *Sanche* a eu un privilege exclusif pour quinze ans, d'établir une manufacture de ces aciers à Amboise. Elle doit ouvrir ses ventes le 1er. Avril prochain.

14 *Mars* 1786. On a parlé dans le tems d'un ouvrage périodique, ayant pour titre *les Lunes du cousin Jacques*: c'est le surnom de l'auteur, qui n'est pas sans mérite. On en jugera par *l'impromptu* suivant, adressé à Madame la Marquise *de Courtebonne*, venant de gagner au Parlement un procès de la plus grande conséquence, le 6 Mars 1786.

Air: *des Billets doux.*

Il couronne enfin votre espoir
Ce tribunal, dont le devoir
   Guide toujours les traces;
Ce n'est pas la premiere fois
Qu'en France nous voyons les Loix
   D'accord avec les Graces.

✤

A la douceur, à la bonté,
Au moins autant qu'à l'équité
   On a rendu les armes;
En honorant le Droit des gens,
Thémis honore en même tems
   Vos vertus & vos charmes.

Les Juges ont pour vous nos yeux:
Au Pinde, à Cythéré, en tous lieux,
Vous verrez même chose.
Ce cœur sensible & ces attraits,
La nature les fit exprès
Pour avoir gain de cause.

14 *Mars* 1786. Extrait d'une Lettre de Bordeaux du 7 Mars...... Les travaux sont commencés & se continuent avec la plus grande activité sur le terrein du Château-trompette. Presque toutes les rues sont alignées & tracées.

14 *Mars*. On ajoute, à ce qu'on a dit de l'Abbé *Georgel*, qu'il a défenses de recevoir aucune Lettre & moins encore d'en écrire. On veut qu'une phrase de son Mandement où, sans nommer le Baron *de Breteuil*, il le désigne comme l'ennemi personnel du Cardinal & l'instigateur des persécutions qu'éprouve son Eminence, soit la cause principale de sa punition.

15 *Mars* 1786. Extrait d'une Lettre de Vienne du 25 Février...... L'on singe partout les François: je trouve aussi dans cette cour des faiseurs de pamphlets pour ou contre le gouvernement. Il en fait composer & puis il les supprime. Tel est un petit ouvrage nouveau, je ne sais s'il est original ou seulement traduction: on le dit écrit dans le goût de *l'Enéide de Blamaver*, que je ne connois pas. L'auteur y fait jouer aux mem-

bres de l'affociation germanique les rôles les plus finguliers. L'un paroît fur la fcene comme *Nabab de Guzurate*, l'autre comme *Nabab d'Arcot*, un troifieme, comme *Nabab de Calcutta*; mais enfin leurs affemblées & celles de leurs Ambaffadeurs fe trouvent diffoutes à l'occafion d'une difpute d'étiquette fur la préféance. Par décence, la cenfure s'eft vue obligée de défendre récemment cette fatyre, qui faifoit trop de bruit, & remarquable entre beaucoup d'autres du même genre fur l'affaire qui occupe toute l'Allemagne. On dit ici que le Roi de Pruffe a auprès de lui M. le Comte *de Mirabeau*, & l'on craint qu'il ne l'employe comme écrivain: dans ce cas l'Empereur auroit Me. *Linguet*, qui ne vaut cependant pas fon adverfaire, à en juger par leurs écrits dans la querelle de l'Efcaut......

15 *Mars* 1786. M. *Tellès d'Acofta*, Grand-maître des eaux & forêts des Province de Champagne, Duché de Luxembourg & Comté de Chigny, bien différent de la plupart de fes confreres fort ignorans, a beaucoup écrit fur fon métier, devenu très critique aujourd'hui: en confidération de fes ouvrages fur les bois, intitulés *Inftruction, Supplément à l'Inftruction, &c.* & de plus de 33 ans de fervice, il a obtenu le 25 Février dernier des Lettres d'honneur.

16 *Mars* 1786. Extrait d'une Lettre de Nifmes du 8 Mars..... Le Docteur *Mef*-

mer, qui parcourt nos provinces méridionales, a paru dans cette ville le 11 Février dernier, & en est reparti le 15, au grand regret de ses prosélytes, qui y sont en grand nombre. Il fut, comme à Grenoble, accueilli avec distinction de nos Académiciens, qui lui montrerent en détail le cabinet d'antiquités & d'histoire naturelle de la compagnie.

L'inventeur du magnétisme animal ayant pour objet principal de reconnoître les progrès de sa doctrine & d'en encourager les Professeurs, au sortir de l'Académie se transporta chez M. Marchand, Chirurgien, *membre de la Société de l'harmonie de Lyon*; il examina le réservoir magnétique & donna ses conseils aux malades.

On s'empressoit à l'envi de voir ce personnage qui a fait tant de bruit; plusieurs de ses admirateurs desiroient être initiés dans sa doctrine par lui-même; mais il s'y est refusé, vu la brièveté de son séjour.

Du reste, si le *Journal de Nismes* vous parvient, vous y verrez à quel dégré le fanatisme du magnétisme est exalté dans les têtes de cette ville. . . .

16 *Mars* 1786. Extrait d'une Lettre de Versailles du 12 Mars 1786..... Vous avez été mal informé à l'égard du trait héroïque passé à Versailles l'année derniere. Le fond est très vrai; mais la date & les circonstances, telles qu'on vous les a racontées, ne

font point exactes : je vous joins ici l'inscription de la médaille qui est fort détaillée. Il faut y ajouter seulement que le héros est un garçon cordonnier, attiré par les cris d'un de ces enfans, qui, sachant nager, soutenoit sa tête hors de l'eau : il envisagea d'abord le danger dans toute son étendue, & crut que sa tentative ne pouvoit que lui être funeste, sans espérance de succès pour les autres : enfin, ému de pitié par les cris déchirans de cet infortuné, il n'hésita plus, se mit à genoux, fit le signe de la croix, & se précipita dans l'eau. Ce ne fut qu'avec beaucoup de peine qu'il parvint à ramener ces enfans successivement au bord, à travers un chemin qu'il se frayoit, en brisant la glace d'une main, tandis qu'il en soutenoit un de l'autre.

C'est M. le Baron *de Breteuil*, qui a rendu compte au Roi de cette belle action. Sa Majesté a ordonné qu'on frapperoit une médaille, avec la chaîne d'or, de la valeur de mille livres. Je l'ai vue : elle représente d'un côté l'effigie de Louis XVI, & de l'autre le récit simple du fait dans les termes suivans & dans la forme ainsi figurée :

Le Roi
A décoré
De cette médaille
Joseph Chrétien,

Natif de Verfailles,
Âgé de 17 ans,
Qui s'eft courageufement
Précipité fous la glace
Et en a tiré trois enfans
Près de périr,
Le vingt-fept Décembre
1785.

C'eft en effet le cinq de ce mois que *Jo-feph Chrétien* a paru orné de fa décoration à la cour, où il a été accueilli avec une extrême bonté, non feulement du Roi, mais de la Reine & fans doute auffi de tous les Princes & Princeffes de la famille royale, qui auront voulu le voir & le récompenfer perfonnellement. La Reine lui a donné une gratification pour payer fa Maîtrife.

16 Mars 1786. M. *Sedaine*, comme tout le public en étoit déjà inftruit, a été élu Membre de l'Académie françoife le 9 de ce mois.

17 Mars. Les partifans de l'inoculation viennent d'obtenir encore un triomphe fur leurs adverfaires: fous prétexte de prévenir les épidémies que la petite verole occafionne fréquemment dans les maifons, où il y a beaucoup d'enfans réunis, ils ont déterminé le Roi, convaincu des avantages de propager leur méthode, à ordonner qu'aucun fujet ne feroit à l'avenir admis dans fes Pages & ceux de la Reine, dans les Ecoles militaires & à la maison de Saint-Cyr, qu'après avoir eu la petite vérole naturelle, ou avoir été inoculé; ce dont les parens auront à justifier par les certificats d'un médecin & d'un chirurgien de leur résidence, légalisés par le premier Magistrat du lieu.

17 *Mars* 1786. Me. *le Grand de Laleu*, l'Avocat qui a signé le Mémoire pour les trois hommes condamnés à être roués, a comparu hier devant la Députation & a lu un Mémoire vigoureux & très bien fait: bien loin de s'excuser, comme on s'y attendoit, & de tout rejetter sur ses instigateurs, Messieurs *Fretteau* & *Dupaty*, de déclarer qu'il n'avoit fait que prêter son nom en cette occasion, en convenant qu'il n'étoit point l'auteur du Mémoire; il l'a défendu, il l'a adopté, il a parlé avec beaucoup de véhémence & de chaleur, & a reproché aux Avocats leur lâcheté de l'inculper pour avoir osé défendre l'innocence.

Messieurs les Députés ont été fort mécontens de tant d'audace, & tout paroît disposé pour ordonner la radiation du jeune homme, d'autant plus indispensable qu'il est essentiel pour l'Ordre, s'il veut conserver sa discipline sur ses membres & ne pas se laisser entamer à cet égard, de devancer le Parlement, qui ne manqueroit point de sévir contre le Mémoire & son auteur.

Heureusement les gens du Roi ont demandé un mois, lorsqu'on leur a remis ledit Mémoire, pour faire leur requisitoire; ce qui donne du répit aux Avocats.

17 *Mars* 1786. On se rappelle que l'année derniere on parla d'une piéce destinée aux *Variétés amusantes*, que les comédiens françois en vertu de leur privilege de revision avoient retenu pour eux dans l'enthousiasme qu'elle leur avoit causée. Cette comédie, intitulée *la Physicienne*, en un acte & en vers, a été jouée hier sur le théâtre de la nation & n'a pas répondu à l'attente des comédiens. Il y a d'excellentes plaisanteries, qui ont beaucoup fait rire dès le commencement; mais tout l'ouvrage portant uniquement sur la manie des clubs, des ballons, du magnétisme, de l'histoire naturelle, du bel-esprit, de l'agriculture, & dénué d'intrigue, ne pouvoit se soutenir & devoit nécessairement ennuyer à la longue. D'ailleurs l'héroïne a trop de ressemblance avec les *Femmes savantes*, & un parallele semblable étoit trop inégal à soutenir de la part de l'auteur, M. *Montagne*, qu'on a nommé dans le tems aussi & qui du reste n'est pas sans talent; il tourne surtout très bien un vers & il y a beaucoup de grace & d'élégance dans plusieurs tirades de son dialogue.

17 *Mars* 1786. Madame *Dugazon* a été effrayée sans doute du châtiment qu'elle s'étoit mise dans le cas de subir: elle s'est rendue à son devoir & a reparu dans la piece de *la*

Dot, interrompue depuis son départ. On se doute des transports avec lesquels elle a été accueillie.

18 *Mars* 1786. Pour entendre mieux la démarche récente du Cardinal en vertu du Bref dont on a parlé, il faut rappeller la teneur même de l'Arrêt du 17 Février, dont le prononcé porte très littéralement : ,, La ,, Cour, sans s'arrêter aux réserves & pro- ,, testations portées dans les interrogatoires ,, de M. le Grand-Aumônier, ni à sa demande ,, en renvoi préalable devant un Concile pro- ,, vincial, dont il est débouté, ordonne qu'il ,, sera passé outre à l'instruction & au juge- ,, ment du procès; en conséquence que les ,, témoins ouïs aux informations, & autres ,, qui seront entendus de nouveau, seront ,, récolés en leurs dépositions, & si besoin ,, est, confrontés aux accusés ; comme aussi ,, que les accusés seront récolés dans leurs ,, interrogatoires, & si besoin est, *affrontés* ,, les uns aux autres : joint le surplus des ,, requêtes des parties au fond, pour, en ju- ,, geant, y avoir tel égard que de raison, &c."

On voit par cet Arrêt, que le Cardinal ne demandoit à être renvoyé que comme Evêque devant un Concile Provincial : on parle aujourd'hui d'une autre Requête où, d'après la décision du Consistoire, il décline de nouveau la jurisdiction du Parlement & demande à s'aller purger à Rome.

18 *Mars*. C'est aux deux Chambres assem-

bl ées (Grand' Chambre & Tournelle) qu'a d'abord été faite la dénonciation du Mémoire en faveur des trois hommes condamnés à la roue. Le premier point a été d'éclaircir comment l'auteur de ce Mémoire avoit eu communication de la procédure : d'après les différens rapports il s'est trouvé que M. *Fretteau*, l'un des Juges, avoit désiré la voir & par une finesse qui a paru suspecte, il a été reconnu que, pour avoir cette communication, au lieu de s'adresser au Président de la Chambre des Vacations, M. *Gilbert de Voisins*, il avoit eu recours à M. *de Rozambo*, l'un des Présidens de Tournelle, mais qui n'étoit point de service en cette circonstance. Le Greffier ayant été mandé, il a confirmé ce fait & a ajouté que la procédure étoit chargée de notes étrangeres, qu'on veut être de la main de M. *Dupaty*. Quoi qu'il en soit, il a été arrêté de dresser procès verbal de tous les faits qu'on recueilleroit propres à jetter du jour sur cette affaire, & cependant que le Mémoire seroit remis aux gens du Roi pour donner leurs conclusions.

Depuis M. *Clupin*, de la seconde Chambre des Enquêtes, un des Juges de la Chambre des Vacations, ayant agité dans sa chambre, si cette affaire intéressant par suite l'honneur d'un membre de la Cour & celui d'un membre d'un Parlement étranger, il ne seroit pas convenable qu'elle fût portée tout à coup aux Chambres assemblées? Il a été convenu que cela devoit être ; la demande en a été faite par la Chambre & cela n'a pas souffert de difficulté.

De son côté, M. *Fretteau* se dispose à soutenir le choc ; il a d'abord prétendu avoir d'autant plus de droit de s'inquiéter sur l'Arrêt, qu'il n'en avoit été que de l'avis d'un plus amplement informé, & il a été obligé de convenir depuis qu'il avoit été de l'avis des galeres perpétuelles ; il a dit ensuite que le Mémoire avoit été fait & distribué à son insçu, & c'est chez lui que demeure M. *Dupaty*, son beau-frere ; c'est chez lui qu'on va chercher le Mémoire & qu'on en reçoit l'argent. Malgré ces circonstances aggravantes & accablantes, il va chez ses confreres de la Chambre des Vacations, il prend des notes & voudroit bien trouver quelque tournure pour sortir du défilé où il s'est jetté : car il n'est rien moins question que de rompre tout commerce avec lui, de refuser d'opiner en sa présence, lorsqu'il sera de Tournelle ; en un mot, de le traiter, comme on a traité son beau-frere à Bordeaux.

Quant au fond de l'affaire, les Magistrats persistent à reprocher au Mémoire d'être faux & dans les faits & dans les principes. Ils disent que des douze Juges, huit avoient été pour la roue ; trois (du nombre desquels est *Fretteau*) pour les galeres perpétuelles, & un seul (M. *Guerrier de Romagnat*) pour un plus amplement informé d'un an, avec la note.

18 *Mars* 1786. Extrait d'une lettre de Saint Germain en Laye du 17 Mars.... En conséquence d'une note trouvée chez le colporteur *Girardin*, on est venu avec un ordre de Police chez un Libraire de cette ville, nommé *Goujon*; il étoit absent, & tandis que sa femme l'envoyoit chercher à Paris, on a tout culbuté, tout brisé, tout forcé très militairement, sous la direction du Commissaire *Chenon* fils, chargé de l'expédition; en sorte que le Libraire, quand il est arrivé à minuit, a trouvé sa maison sans dessus dessous, comme si les hussards y eussent passé. Si M. *de Crosne*, Magistrat integre, ami de l'ordre & respectant les propriétés, savoit ces déportemens, il les puniroit à coup sûr. Quoi qu'il en soit, le tout s'est terminé par l'enlevement de quelques livres prohibés, que le Sieur *Goujon* a prouvé par écrit n'être qu'un dépôt du Sieur *Girardin*, confié à sa garde. Les alguasils ont fini par le consoler & lui dire d'être tranquille.

On blâme beaucoup ici notre Prévôt, M. *Cousin*, qui se trouvant chez le Libraire, lorsque le Commissaire & l'Exempt sont venus, s'est en allé lâchement; au lieu de demander à voir l'ordre, de s'opposer à son exécution, comme chargé lui-même de la police de notre ville & conservateur des droits

& privileges des citoyens : mais c'eſt un jeune homme ſans expérience & ſans nerf. On ne doute pas, ſi M. le Maréchal *de Noailles* apprend cet événement, qu'il n'en faſſe de vifs reproches à M. *Couſin*.

19 *Mars* 1786. On ne ſauroit croire combien l'affaire du Cardinal vaut d'argent à la poſte ; le nombre des Lettres s'en eſt multiplié ſi conſidérablement, qu'on aſſure que *le Secret de la Poſte* eſt doublé aujourd'hui. On entend par *le Secret de la Poſte*, un Bureau où l'on décachette les Lettres ſuſpectes, on les ouvre, on les retient, on les envoye aux Miniſtres, en un mot on en fait ce qu'on veut. Comme on eſt ſurtout curieux de ſavoir la ſenſation que produit cette affaire chez l'étranger & la maniere dont elle y eſt préſentée par les nationaux, on n'auroit pu ſuffire aux détails d'un tel eſpionnage, ſans plus d'agens. Ce métier eſt bien infâme, ſans doute ; auſſi s'exerce-t-il dans les ténebres & ceux qui le font, n'ont garde de s'en vanter ou de ſe faire connoître. On dit cependant que c'eſt un M. *Rigoley d'Ogny*, couſin-germain de l'Intendant des Poſtes, qui eſt à la tête du Bureau. Ce ſoupçon eſt d'autant plus fâcheux pour lui, que c'eſt un homme de Lettres eſtimable, qui ſembleroit n'être pas fait pour un métier auſſi vil & auſſi exécrable.

19 *Mars.* Madame la Comteſſe *de Caglioſtro* n'eſt point ſortie de la Baſtille ; on varie

même fur ce que le Roi a dit au Préſident *d'Ormeſſon*, auquel s'eſt joint depuis le Premier Préſident. Comme il n'étoit chargé que de bons offices, il ne s'eſt point trouvé tenu de rendre compte légalement & littéralement de la réponſe du Roi. Tous deux ont ſeulement donné à entendre, que ſi la compagnie vouloit l'élargiſſement de la priſonniere, il falloit qu'elle ne parût pas s'en occuper.

En général, on aſſure que le Roi a dit que ſi elle étoit réellement malade, il falloit qu'elle ſortît: qu'en conſéquence le Commiſſaire & le Médecin de la Baſtille s'étoient tranſportés chez la Comteſſe & avoient conſtaté qu'elle n'avoit eu que des incommodités attachées à ſon ſexe & inſéparables de ſa captivité & de ſa ſituation. Sur le compte qui en a été rendu à Sa Majeſté par le Baron *de Breteuil*, on ajoute qu'elle a décidé qu'il falloit que Madame *de Cagliostro* reſtât-là juſques à nouvel ordre.

19 *Mars* 1786. On n'a pas manqué de tomber ſur le Parlement depuis le Mémoire de M. *Dupaty*, & l'on parle de vers adreſſés à ce Magiſtrat, où, en exaltant ſon zèle généreux, on outrage cruellement les Juges des accuſés en queſtion. Cette affaire fait fermenter beaucoup de têtes & excite des diviſions au ſein des ſociétés; il n'eſt pas juſques à l'Académie des Sciences qui s'en eſt occupée: comme elle a parmi elle deux membres

du Parlement, M. le Préſident *de Saron* & M. *Dionis du Séjour*, Conſeiller de Grand'chambre; ils ont ſenti la néceſſité de faire revenir leurs confreres ſéduits par le Mémoire. En conſéquence, le dernier a péroré, &, pour l'écouter, l'aſtronome a quitté ſa lunette, le géometre ſon compas, le chymiſte ſa cucurbite: l'orateur les a fait tous revenir, ſauf M. le Marquis *de Condorcet*, fort entêté de caractere & philoſophe fanatique.

20 *Mars* 1786. Les confrontations vont grand train. M. *Dupuis de Marcé* a tenu vendredi le Cardinal depuis neuf heures juſques à une heure, & depuis quatre heures du ſoir juſques à trois heures du matin. Il ſera bientôt queſtion des *affrontations*, c'eſt-à-dire des confrontations d'un accuſé à l'autre.

Au reſte, voici l'étiquette obſervée par M. le Cardinal & vis-à-vis de lui dans ces ſortes de ſéances. Au jour indiqué, il s'habille en cérémonie, revêt ſa calotte rouge, ſes bas rouges, tous les attributs de ſes dignités. M. le Gouverneur vient le prendre dans ſon appartement & le conduit juſques à la porte du Conſeil, où il le laiſſe avec le Magiſtrat & autres perſonnes néceſſaires: puis la porte ſe referme, & M. *de Launay* reſte dans la piece qui précède. Quand le Juge a beſoin de quelque choſe, il ſonne; M. *de Launay* ſe préſente. Le premier lui dit de quoi il a beſoin, d'un verre d'eau par exemple, & le

Gouverneur le présente au Magistrat à la porte, où il le vient chercher. Après la séance, le Gouverneur reprend son prisonnier sur le seuil de la porte de cette même chambre du Conseil, & le reconduit dans son appartement.

20 *Mars.* On a donné enfin vendredi la quatre-vingt-unieme représentation du *Mariage de Figaro*, qui depuis six mois fatiguoit sur l'affiche les yeux du public, & cependant il s'est trouvé presqu'autant de monde à cette représentation qu'à la premiere.

20 *Mars.* Le quatrieme Mémoire attendu dans l'affaire du Cardinal, car celui de *Bette d'Etienville* doit y être compris, puisque ce *Bette* a été confronté au Cardinal & y joue aujourd'hui un rôle; ce quatrieme Mémoire donc paroît: il a pour titre: *Mémoire pour la Demoiselle le Gay d'Oliva, fille mineure, émancipée d'âge, accusée; contre M. le Procureur-général du Roi, accusateur; en présence de M. le Cardinal Prince de Rohan, de la Dame de la Motte-Valois, du Sieur de Cagliostro, & autres; tous co-accusés.*

Dans une petite Note en tête, Me. *Blondel*, l'Avocat, détruit les bruits répandus au sujet de ce Mémoire; il déclare que, quoiqu'ils aient percé jusques dans les maisons les plus respectables, ils sont aussi absurdes que destitués de fondement; qu'après avoir diffamé sa cliente, on a calomnié encore sa défense: qu'il n'en a été donné, ni fait, ni même imaginé d'autres que celle-ci. Comme me ce *Factum* se voit dans le public seulement en cet instant, on ne peut rendre compte au juste de l'effet qu'il y produit: en général, il paroît qu'il est avantageux pour l'accusée.

21 *Mars* 1786. Le Sr. *Lani*, ancien danseur & compositeur des ballets de l'opéra, a donné ces jours derniers un bal, où il avoit rassemblé les plus jolies filles de Paris. Ce spectacle a ranimé sa paillardise. Il a jetté le mouchoir à l'une d'elles, dont la jeunesse & la fraîcheur lui ont procuré une nuit très voluptueuse; mais ayant fait trop d'efforts, il lui est survenu une inflammation à la vessie; il a fallu le sonder pour le faire uriner; on l'a blessé & ce vieux pécheur vient de mourir, comme il a vécu.

21 *Mars.* Il paroît un second *Mémoire à Consulter*, pour le Sieur *Bette d'Etienville*. Celui-ci est signé de Me. *Montigny*, Avocat mal famé, qui a fait là-dessus une spéculation d'argent: car il n'en donne à personne & le vend lui-même sans aucune pudeur.

21 *Mars* 1786. Le Sieur *Eberlé*, Essayeur général des monnoyes à Francfort, a publié dernierement sur la valeur intrinseque & monétaire de nos écus de 6 livres, plusieurs écrits tendans à les décréditer & à faire connoître que depuis 1726 leur titre avoit été successivement détérioré, & que particulierement ceux fabriqués en 1784 & 1785, se trouvoient affoiblis de plusieurs grains. Sur

la foi de son témoignage & de ses essais, le Magistrat de Francfort, la Régence Electorale de Mayence, celle de Baviere & le Sénat de Ratisbonne ont rendu des ordonnances diminuant la valeur monétaire des écus de France d'environ 2 sols 7 deniers de notre monnoye.

Notre gouvernement allarmé de ce discrédit, a fait faire à l'hôtel des monnoyes de Paris plusieurs essais, entr'autres un le 12 Janvier dernier, un second le 6 Février, & tout récemment un troisieme plus solemnel, en présence des plus célebres Essayeurs de Paris, du Procureur général de la Cour des monnoyes, de l'Inspecteur général des essais, du Sieur *Danti*, Inspecteur des fabrications monétaires & de plusieurs Banquiers considérables du Royaume, qui ont le plus de relation avec l'Allemagne, tels que les Sieurs *Girardot*, *Rillet*, *Sertorius* &c. Les Sieurs *Besnier*, Essayeur général, & *Racle*, Essayeur particulier, ont opéré, & il s'est trouvé que le titre commun de tous les essais étoit plus fort de plus de deux tiers de grain, que celui de la loi, qui n'est que de dix deniers vingt-un grains. On regarde par conséquent la fidélité de nos monnoyes d'argent comme démontrée & les soupçons élevés à leur sujet en Allemagne comme sans fondement.

On invite en outre le Sieur *Eberlé* à venir lui-même pour opérer sur nos écus avec ses agens chymiques, afin de réparer ses rapports inexacts présentés aux Cercles de l'Empire, qui ont occasionné des résolutions qu'on qualifie d'erronnées. On voit dans la gazette de France d'aujourd'hui un manifeste très long à cet égard.

21 *Mars* 1786. Extrait d'une Lettre de Pau, du 10 Mars..... Sur l'opposition du Président *de Labbadie*, dont vous demandez des nouvelles, à l'Arrêt de notre Parlement du 3 Mars 1785, il en est intervenu un second qui reçoit l'opposition, *quant à la forme seulement*, renvoie les parties à l'audience pour leur être fait droit au principal, & ordonne *de plus fort* que cependant le premier Arrêt sera exécuté.

Le Président s'est pourvu contre ces deux Arrêts de Pau devant le Roi & il a obtenu au Conseil Privé le 1er Août dernier un Arrêt, qui casse les deux de notre Parlement & renvoie le fond des contestations au Châtelet de Paris, sauf l'Appel au Parlement de Paris.

Nous avons vu les Mémoires de Me. *Bergeras*, l'Avocat du Président, & nous en avons été très satisfaits.

22 *Mars*. Mr. le Comte *de Guibert*, dans son discours de réception à l'Académie Françoise, en parlant de M. *Thomas* qu'il remplaçoit, n'a pas manqué de rappeller l'anecdote, suivant laquelle M. Thomas attaché au Duc *de Praslin*, en qualité de Secrétaire des affaires étrangeres, en fut disgracié pour n'avoir pas voulu se prêter à une intrigue,

dont l'objet étoit qu'il fe préfentât à l'Académie françoife, afin d'exclure M. *Marmontel* qu'on avoit des raifons de détefter. La famille du défunt a envoyé une note au *Mercure* pour réfuter cette anecdote.

On prétend dans cette note que cette anecdote eft fauffe, que le Duc de Praflin n'exigea rien qui pût allarmer la délicateffe de M. Thomas, & qu'à l'époque dont il eft queftion, il n'auroit pu le renvoyer, ni directement ni indirectement, puifqu'il lui avoit alors procuré pour récompenfe & retraite, par le Duc de Choifeul, la place de *Secrétaire Interprête des Suiffes*, avec 3000 livres d'appointemens ; place que M. Thomas a gardée jufques à fa mort.

On protefte en outre que M. le Duc de Praflin conferva toujours à fon protégé l'entrée libre de fa maifon & une part diftinguée dans fon eftime.

Du refte, on pourroit relever beaucoup d'erreurs de fait qui fe font gliffées dans le Mercure du 25 Février, à l'article du même difcours ; mais le détail en feroit trop long & trop minutieux.

22 *Mars*. Ce qui a donné plus de poids aux repréfentations des habitans de Montmartre concernant le mur qu'ont imaginé les Fermiers généraux, c'eft que Madame l'Abbeffe qui eft Montmorenci en fon nom, s'eft jointe à eux, ou plutôt eft venue après eux. Le Roi ayant dit au Prince de *Tingri*, fon

Capitaine des gardes, qu'il savoit que l'innovation en question intéressoit beaucoup sa cousine, ce Seigneur a profité de la circonstance pour présenter à Sa Majesté au nom de cette derniere un Mémoire très noble, dans lequel, en oubliant ses propres intérêts, elle ne parle que des dommages qui en vont résulter pour les habitans de sa Seigneurie, établis-là sous la foi d'une loi enrégistrée, de la déclaration de 1724, fixant à perpétuité les limites de la capitale; Madame l'Abbesse fait même sentir au Roi, que ses propres intérêts bien entendus ne seroient peut-être pas de se laisser aller à un bénéfice apparent, illusoire, chimérique & qui doit tourner en perte réelle.

Il est fâcheux que ce Mémoire très bien fait, de Me. *Belot*, Avocat & Bailly de Montmartre, reste manuscrit & n'acquiere pas une publicité qu'il mériteroit: il éclaireroit peut-être le gouvernement & feroit révoquer un projet dont la folie est le moindre caractere.

On a observé que, d'après ce Mémoire sans doute, l'allignement du mur avoit été resserré, mais trop foiblement.

23 *Mars*. Si les faits se sont passés, comme ils sont racontés dans le Mémoire de Mlle. *le Guay d'Oliva*, elle est parfaitement innocente. Voici son histoire, épisode romanesque, non moins curieux que tous les autres, du merveilleux procès digne de faire partie des *mille & une nuit*.

Mlle. *le Guay* est née à Paris le 1 Septembre 1761 d'une famille peu fortunée, mais honnête : ayant perdu sa mere de très bonne heure, elle perdit aussi une somme assez considérable amassée par celle-ci, qui, confiée à des amis dépositaires infideles, ou débiteurs de mauvaise foi, se réduisit à un capital de 4000 livres, faisant toute sa fortune. Elle ne dit point comment elle suppléoit à son manque de revenu; elle avoue seulement que, logée rue *du jour*, elle alloit souvent au palais royal, ou avec d'autres femmes, ou avec un petit enfant. C'est dans une de ces séances qu'elle fait connoissance du Comte *de la Motte* : celui-ci lui amene la Comtesse, qui lui déclare avoir toute la confiance de la Reine & lui propose de faire quelque chose d'agréable à Sa Majesté; pourquoi elle recevra quinze mille livres & un cadeau de la Reine, bien supérieur en valeur. La Demoiselle *Oliva*, toute étourdie & émerveillée, répond qu'elle sera trop flattée d'obéir. En conséquence on la conduit à Versailles, on l'habille, on lui remet une petite lettre, on la prévient qu'elle doit la donner avec une rose à un très grand Seigneur, qui se présentera à elle sur le minuit dans le parc du château, en proférant ces mots : *Vous savez ce que cela veut dire*. On l'avertit que la Reine se trouvera dans le même lieu, pour observer comment elle remplira sa mission. Le tout s'exécute. La Dame de la Motte poste la

Demoiselle Oliva près d'une charmille par la nuit très obscure: elle la quitte & va trouver le très grand Seigneur; il arrive, il s'incline devant Mlle. Oliva, tandis que la Dame de la Motte se tient à l'écart & est témoin de la rencontre. La Demoiselle Oliva est si troublée qu'elle oublie la Lettre qui reste dans sa poche & n'offre que la rose; cependant la Dame de la Motte accourt vers eux & dit très bas, mais avec précipitation: *vite, vite, venez.* L'inconnu, qui étoit le Cardinal de Rohan, à ce qu'il dit aujourd'hui, disparoît, & le Sieur de la Motte s'empare de la D^lle. Oliva, tandis que la femme & le Cardinal s'en vont de leur côté. La Dame de la Motte revient deux heures après; elle l'assure que la Reine est très contente. Cependant la D^lle. Oliva représente la Lettre oubliée; on répond qu'il n'y a pas de mal: on la jette au feu, ainsi qu'une prétendue de la Reine, après en avoir fait lecture à la D^lle. Oliva, pour lui confirmer la satisfaction de Sa Majesté.

Cette scene se passoit au mois d'Août 1784. Depuis la Demoiselle le Guay, qualifiée de *Baronne d'Oliva* par les Sieur & Dame de la Motte, a continué de les voir fréquemment, de manger chez eux en compagnie, à la ville & à la campagne, pendant environ six semaines. Elle a touché en divers payemens 4268 livres, à compte sur les 15000 livres, & l'on a fini par lui déclarer qu'on ne pouvoit lui en donner davantage, & elle ne les revit plus.

Cependant Mlle. Oliva avoit bâti de grandes espérances de fortune sur cette aventure; elle avoit changé de logement, elle étoit allée demeurer rue neuve Saint Augustin, elle avoit acheté des meubles à crédit; elle est tourmentée par ses créanciers, lorsque l'affaire du collier éclate: comme elle n'avoit rien de commun avec cette aventure, elle est tranquille, mais non sur ses dettes; ce qui la détermine, à la fin de Septembre 1785, à prendre un passe-port & à se rendre à Bruxelles, où une Dame de ses connoissances l'assure qu'elle vivra plus aisément. C'est-là que le 16 ou le 17 Octobre, au milieu de la nuit, elle est arrêtée par le Sous-Lieutenant de police de Bruxelles & mise en prison. Elle y apprend qu'elle est impliquée dans le procès du Cardinal de Rohan; on la transfere à Paris, au château de la Bastille, où elle est interrogée par le Lieutenant général de police, puis entendue comme témoin judiciaire; elle est décrétée de prise de corps, sur sa déposition, & le décret lui est signifié le 19 Janvier 1786.

23 Mars 1786. On prétend avoir découvert un nouvel art, qu'on appelle *Polityne*, parce que sa propriété caractéristique est de multiplier très promptement l'original d'un dessin ou d'une écriture quelconque. En conséquence il paroît un journal sous ce titre.

24 *Mars*

24 *Mars.* A la lecture du second *Mémoire à consulter & Consultation, sur la défense d'une accusation d'escroquerie, pour Jean Charles Vincent de Bette d'Etienville, bourgeois de S^t. Omer en Artois, détenu ès prisons du Châtelet de Paris, accusé.* On juge facilement que ce n'est qu'une affaire d'argent & pour le Client & pour l'Avocat, qui sont aussi misérables l'un que l'autre. Toute la premiere partie n'est qu'un rabachage de ce qui a été dit dans le Mémoire précédent: on s'y étend seulement plus au long sur la maniere dont a été arrêté l'accusé.

L'*Addition* est plus importante: il s'agit de la confrontation successive de Bette d'Etienville & avec Mlle. d'Oliva & avec la Dame de la Motte. Il ne reconnoît point la premiere, ni n'en est reconnu: quant à la seconde, il se rappelle parfaitement l'avoir vue chez Madame *de Courville*, dans le mois de Mai. De son côté, Madame de la Motte ne veut pas l'avoir vu, ou ne prétend l'avoir apperçu que chez le Cardinal. Du reste, elle convient de l'existence de Madame de Courville. Elle convient l'avoir rencontrée une seule & unique fois dans la semaine sainte 1785 chez le Cardinal, qui lui dit que cette personne s'appelloit *Mella de Courville*, que son vrai nom étoit *Sulbark*, qu'elle étoit Baronne & Chanoinesse d'un Chapitre noble de Colmar. Tout le reste de cette confrontation contient, non la vérité encore, mais des lueurs de vérité. Elle s'eſt paſſée le 11 de ce mois.

Enfin ſuit la *Conſultation* en date du 14 Mars, fort longue & ſignée du ſeul Avocat *Montigny*. On voit que le but eſt de groſſir le *Factum* & de lui fournir de paſſe-port.

Du reſte, il eſt écrit en ſtyle de laquais, & la lecture ne s'en pourroit ſupporter, s'il ne tenoit à une auſſi grande affaire que le procès du Cardinal, où tout devient intéreſſant.

24 *Mars* 1786. Extrait d'une Lettre de Beſançon du 12 Mars.... Vous ne ſauriez croire quels progrès rapides fait dans cette ville le magnétiſme. Tout le monde s'en mêle, & nos Avocats toujours ſuſpendus ſe retournent à préſent du côté de cette doctrine & établiſſent des baquets dans leur cabinet ; mais c'eſt le magnétiſme porté à ſon plus haut dégré de perfection par M. *de Puyſegur*, c'eſt-à-dire, *le ſomnambuliſme*. C'eſt un état, dans lequel tombent facilement les gens qui ont le genre nerveux délicat ; alors les yeux hermétiquement fermés, ils apperçoivent par le *plexus* ce qui ſe paſſe dans leur intérieur, ainſi que dans celui de ceux avec leſquels ils ſont mis en rapport.... Les plus difficiles à convaincre ſont aujourd'hui les plus ardens pour cette méthode ; il s'opere des cures merveilleuſes, il ſe paſſe des choſes plus extraordinaires encore que du

tems des *Convulsions*: je crois que tout Besançon deviendra fol, si cette épidémie ne s'arrête pas.

25 *Mars* 1786. Rien de plus simple en effet que le Mandement de l'Abbé *Georgel*, qui commence à se répandre, en manuscrit seulement: sauf la comparaison de Saint Paul, on n'y voit rien qui ait pu déplaire à la Cour; rien qui caractérise assez le Baron de Breteuil, pour faire présumer que l'auteur l'ait eu en vue. Il faut donc attribuer sa disgrace à l'allusion indiquée & surtout à son audace de s'ingérer de donner un Mandement, lorsqu'il n'en avoit plus le droit.

25 *Mars* 1786. Dans une invitation pour assister au Sermon qui se prêchera le 29 Mars aux Théatins par Mr. l'Abbé *d'Almaric*, Vicaire général de Tulle, relativement à une assemblée concernant les enfans-trouvés, on apprend que le nombre de ces malheureux va croissant chaque année; celle-ci il est de 15500.

25 *Mars* 1786. Mr. *Sedaine*, élu le 9 Mars dernier, a éprouvé peu de jours après une disgrace littéraire, qui tempere l'éclat du succès de son *Richard cœur de Lion*, qui se joue toujours avec la même affluence: on a joué le mercredi 15 à la cour son *Amphitrion*, opéra comique de grande maniere, qui n'a eu aucun succès. Les paroles en ont été trouvées plattes & burlesques. Le musicien Gretry est convenu lui-même que le poëme ne lui avoit

rien inspiré & que la musique ne répondoit point à sa réputation.

25 Mars 1786. Le 8 de ce mois l'Académie Royale des Sciences a élu, avec l'agrément du Roi, le Sieur *Thouis*, Jardinier en chef du jardin du Roi, pour remplir la place de Botaniste, vacante par la mort du Docteur *Guettard*. Cette élection est fort critiquée dans le public; elle a essuyé de grands débats dans la compagnie & déplaît surtout à M. le Comte *de Buffon*, qui voit ainsi son inférieur, une espece de domestique, devenir son égal. D'ailleurs le Sieur *Thouis* n'est que nomenclateur; il connoît mieux que qui ce soit de l'Académie, les simples & les plantes, tant indigenes qu'étrangeres: mais il est incapable d'en détailler les propriétés, encore moins d'écrire un Mémoire sur quelque matiere que ce soit. Au reste, le Sieur Thouis est très modeste; il est encore jeune & peut joindre à la pratique des connoissances théoriques, propres à le rendre digne de sa nouvelle place. Enfin l'on assure que la chose n'est point sans exemple.

25 Mars. Dimanche dernier il a été porté au Roi les Remontrances du Parlement, concernant la conversion des Louis annoncée depuis quelque tems. Ceux qui les connoissent, veulent qu'elles soient très bien faites, qu'elles peignent avec force les maux qui en résulteront pour le commerce, le discrédit de nos Louis nouveaux chez l'étranger, enfin les inconvéniens fans nombre de la difproportion de l'or avec l'argent: on y appuye principalement fur un bénéfice de dix-huit à vingt millions, que le Roi va faire fur fes Sujets: impôt détourné dont il les greve. On conçoit que toutes ces réflexions peuvent être vraies, mais viennent trop tard. En forte qu'on ne fait aucun gré à cette compagnie de fa démarche: qu'on n'y voit que le projet foutenu de critiquer les opérations du Contrôleur général & de lui mériter des reproches de la part du Roi & de la Nation.

Du refte, Sa Majefté a dit fuivant la formule, qu'elle feroit examiner ces Remontrances dans fon Confeil, avant de donner fa réponfe.

26 *Mars.* Extrait d'une Lettre de Vienne du 1er. Mars...... Un certain Abbé de Saint Remy, fe difant François, Chanoine honoraire de Saint Jean de Latran de Rome, Protonotaire Apoftolique, Agrégé de l'Académie Royale des Belles Lettres de Nancy en Lorraine, a fait imprimer ici l'année derniere un livret de 16 pages, fous ce titre: *Eloge lyrique de M. de Voltaire, dédié aux amateurs de la Belle Littérature:* bien tardif après tout ce qui en a été dit, mais enchériffant fur les autres, ce panégyrifte emphatique, non-feulement attribue à fon héros la gloire de tous les talens, mais il voudroit encore qu'on le regardât comme un faint,

digne d'avoir des autels: à ce petit ridicule près, fa piece n'eft point mal tournée; elle annonce du talent pour la poéfie; il y a même des vers très heureux.

Il paroît que cet avanturier avoit formé de vaftes projets de fortune fur fon opufcule, par lequel il comptoit fe rendre recommandable chez l'étranger. Il défiroit le dédier au Prince de Kaunitz; mais ce Seigneur, foit répugnance perfonnelle, foit crainte de déplaire à fon maître, qui n'aime pas Voltaire, a refufé cette permiffion à l'auteur: fa demande même en a été rejettée avec mépris, au grand dérangement des affaires de celui-ci. L'Abbé de Saint Remy, qui comptoit fa fortune faite au moyen de la dédicace, avoit contracté des dettes à compte. Le mémoire du feul traiteur monte à cent ducats: (plus de 1100 livres de France) on l'a mis en prifon, & c'eft à quoi ont abouti fes étourderies.

26 *Mars* 1786. Pendant que l'affaire du Cardinal occupe toutes les converfations, les mercénaires induftrieux s'évertuent pour gagner de l'argent & faire des dupes. C'eft ainfi qu'ils viennent de faire une collection des divers portraits des principaux acteurs du procès: Madame la Comteffe *de la Motte*, Madame la Comteffe *de Cagliostro*, Madame la Baronne *d'Oliva*, le Comte *de Cagliostro*, le Baron *de Fages*, le Sieur *Bette d'Etienville*, enfin M. le Cardinal *de Rohan*,

qui figure honteusement au milieu de tous ces avanturiers. La plupart de ces portraits ne sont nullement ressemblans & sont composés d'imagination.

26 *Mars.* Extrait d'une Lettre de Besançon du 15 Mars 1786...... Notre affaire des Avocats n'est point arrangée, quoi qu'on vous en ait dit : Me. *Monnot*, leur député, a vainement sollicité M. le Garde des Sceaux pendant tout le voyage de Fontainebleau & depuis ; il n'a pu rien obtenir. Nous apprenons qu'il vient de trouver pour son compte un débouché favorable & qu'il va devenir un des quinze fermiers des Domaines de M. le Duc d'*Orléans* ; ainsi nous allons rester sans Député.

Il est question de procurer à Me. *Marguet*, qui est toujours la pierre d'achoppement, une place qui le mettroit dans le cas de se retirer du barreau. Cet événement seroit heureux & applaniroit bien des difficultés.....

26 *Mars.* A chaque terminaison de l'année dramatique, il y a toujours quelque fermentation au sein de l'académie royale de musique : ce qui prouve combien sa constitution est vicieuse & variable. Trois sujets recommencent à remuer & menacent de quitter, si l'on ne leur accorde à chacun le double d'appointemens par an, c'est-à-dire dix-huit mille francs, au lieu de neuf mille livres ; ce sont les Sieurs *Laïs*, *Cheron* & *Rousseau*. La comparaison qu'ils font de leur sort avec celui des principaux acteurs

des deux comédies, les défole & les humilie. Ils ne peuvent envifager de fang froid les parts de ceux-ci monter à des 30,000 livres, tandis que la leur eft fi modique, lorfqu'ils font attachés au premier théâtre de l'Europe & ont infiniment plus de peine que les autres. Si l'on ne veut pas leur accorder ce revenu fixe, ils offrent de fe régir à *l'inftar* des comédies & prétendent que leur gouvernement républicain non feulement améliorera leur état, mais dégagera le Roi d'une partie du dédommagement qu'il fournit régulièrement à ce fpectacle. Il y a longtems que ce projet eft agité; il a déjà valu aux acteurs bien des adouciffemens & des augmentations: ils efperent à force de folliciter & de menacer, qu'ils fatigueront le Miniftere & obtiendront ce qu'ils défirent.

26 *Mars* 1786. Il paffe pour conftant qu'un Sieur *de Villette*, l'ami, le confident & l'agent de Madame *de la Motte*, perfonnage épifodique paroiffant pour la premiere fois fur la fcene depuis le Mémoire de Mlle. *d'Oliva*, mais connu de la Juftice & recherché par elle, a été enfin arrêté à Genève & qu'il eft amené à la Baftille, ou va y venir; ce qui doit jetter un grand jour dans l'intrigue ténébreufe du procès du Cardinal.

27 *Mars* 1786. Jeudi dernier, la Députation des Avocats n'a pas définitivement ftatué, comme les *zelanti* le vouloient, fur le fort de M^e. *le Grand de Laleu*; on a feulement

arrêté de ne point communiquer avec lui & d'attendre le réquifitoire de M. l'Avocat général contre le Mémoire de cet Avocat & la Confultation.

A l'égard de M. *de la Reyniere*, on s'eft conduit auffi fort modérement & l'on attendra que M. le Lieutenant criminel ait prononcé fur la plainte portée à fon tribunal contre le Mémoire de cet Avocat contre M. *de St. Ange*.

27 *Mars*. Il paroît que Mlle. *d'Oliva* fera peut-être la feule de tous les perfonnages impliqués dans le procès du Cardinal, non feulement qui en fortira victorieufe, mais qui en retirera un avantage confidérable. Son Mémoire a opéré le meilleur effet en fa faveur; on y reconnoît généralement fon innocence, fa candeur, fon honnêteté, même dans l'état de courtifanne qu'elle exerçoit, & c'eft ce dernier titre qui va devenir le principe de fa fortune: il y a déja une efpece de défi entre les Seigneurs de la cour, à qui l'entretiendra; on la met à l'enchere & chacun veut en tâter le premier, lorfqu'elle fortira de la Baftille.

28 *Mars* 1786. La caufe d'un Ex-oratorien qui fe plaide en ce moment en la Chambre criminelle du Châtelet, attire beaucoup de monde. Cet Ex-oratorien eft l'Abbé *Brun*, auteur de l'ouvrage intitulé *le Triomphe du nouveau monde*, qui contient un nouveau fyftême de paix perpétuelle, une rêverie dans le goût de celles de l'Abbé *de Saint*

Pierre, mais beaucoup plus étendue & roulant sur toutes les questions importantes de politique, de civilisation & de morale, que les diverses Académies de l'Europe proposent depuis quelque tems pour sujets de leur prix. Ce livre, qui a paru l'année dernière, revêtu d'un privilege & d'une approbation préalable très motivée & très flatteuse, exalté dans divers journaux, a été envisagé d'un autre œil par le Pere *Moisset*, Supérieur général de la Congrégation de l'Oratoire, qui, dans une requête, le qualifie d'*ouvrage infâme, contraire à la sûreté des Rois & à la Religion*. On ne sait si c'est pour se débarrasser d'un membre aussi scandaleux, suivant lui, ou par cet esprit de despotisme qui se glisse souvent dans les hommes les plus respectables d'ailleurs; mais ce chef, après lui avoir cherché plusieurs querelles, a fini par ordonner de mettre à la porte les meubles, effets, papiers, livres &c. de ce confrere en son absence: ce qui a été, sans autre formalité, exécuté le 4 Juin dernier & a donné lieu à une plainte de l'abbé Brun, réclamant près de 18,000 livres de billets de la caisse d'escompte qu'il n'a pas retrouvés, un manuscrit qu'il ne nomme pas, trois lettres importantes de personnes en place; un dédommagement pour le tort irréparable que lui cause le bouleversement total de ses manuscrits; enfin une indemnité de l'état qu'on lui fait perdre & qu'il étoit à même de se procurer avec les secours pécuniaires dont il se voit frustré.

Ce procès mûri depuis ce tems, est au moment d'être jugé en premiere instance. Un Avocat nommé *Bertolio* a déjà écrit un Mémoire très volumineux pour l'Abbé *Brun*, & c'est Me. *de Seize* qui est chargé de le défendre à l'audience & l'a déjà fait avec beaucoup de succès. La foule pour l'entendre étoit si nombreuse le mardi 2, que les Juges craignant d'être étouffés dans la chambre criminelle ordinaire, trop petite, transporterent leur siége dans la chambre du Présidial, plus vaste & ne pouvant encore suffire.

C'est Me. *Courtin*, Ex-oratorien, qui doit plaider pour le Général.

28 *Mars*. Le complot des garçons maréchaux, qui pouvoit donner l'exemple à ceux des autres corporations d'en faire autant, a paru de si dangereuse conséquence, que le Roi lui-même a fait proclamer une Ordonnance en date du 19 Mars, & notifiée par le Lieutenant général de police le 22 ; qui sur le compte rendu à Sa Majesté de ce desordre, défend à tous les garçons maréchaux & à tous autres de quitter leurs maîtres de concert, de s'assembler & refuser de travailler, à peine d'être mis en prison sur le champ, d'être poursuivis extraordinairement & punis corporellement suivant l'exigence des cas.

28 *Mars*. On annonce avec emphase le

Mémoire du Cardinal de Rohan, rédigé par Me. *Target*. On assure que cet Avocat en a lu deux morceaux jeudi dernier dans une des assemblées particulieres de l'Académie françoise, & que tous ses confreres ont été sous le charme. Cette publicité anticipée faisoit présumer que le *Factum* ne tarderoit pas à paroître en entier; mais la détention du Sieur Villette devant y former un épisode considérable, le retardera sans doute. En attendant la famille a envoyé à la gazette de Leyde la Requête d'atténuation de l'illustre accusé; on y en trouve déjà le commencement, & l'on en parle comme d'un chef-d'œuvre.

29 *Mars*. On peut se rappeller les écrits violens de M. le Comte *de Mirabeau* contre la Banque de Saint Charles; les actionnaires assemblés au nombre de trois cens soixante-six, sous la présidence du Marquis *d'Assorga*, Comte *d'Altamira*, le Secrétaire a lu une relation des opérations de la Banque, parvenue ici en original. On y trouve un paragraphe non moins vigoureux contre son éloquent détracteur; en voici la traduction..... ,, Il ,, est certain qu'on a soudoyé pour attaquer ,, la Banque un de ces gens dont la vie n'of- ,, fre qu'une alternative de délits & de châ- ,, timens, & qui employent à dire du mal ,, les instans où ils jouissent de leur liberté."

Après ce portrait de l'auteur, on parle ainsi de sa production: ,, Le libelle imprimé

„ à Paris contre la Banque, non-seulement
„ renouvelloit toutes les calomnies & les so-
„ phismes répandus dans les manuscrits de
„ Madrid; mais il l'emportoit encore sur
„ eux par l'audace particuliere, avec la-
„ quelle son auteur parloit d'un gouverne-
„ ment qu'il ne connoissoit pas, & tradui-
„ soit une langue qu'il n'entendoit pas.

„ La Banque méprisa cet écrit, & celui
„ que publia le même écrivain polémique
„ contre une maison, (des *le Couteux la No-*
„ *raye*) qui est en correspondance avec la
„ Banque, qui se rend utile aux deux Ro-
„ yaumes, & dont le nom honorera toujours
„ les fastes du commerce.".....

29 *Mars*. On a mis en vente depuis lundi, *Mémoire pour M. le Baron de Fages-Chaulnes, garde du corps de* Monsieur; *accusé: contre les Sieurs Vaucher & Loque, marchands bijoutiers, accusateurs, & encore contre Monsieur le Procureur général.*

Ce Mémoire de 30 pages, signé de Me. *Etienne de la Riviere*, Avocat, n'a & ne pouvoit avoir rien d'intéressant. Le Baron *de Fages* ne fait que répéter ce que lui a dit & écrit le Sieur Bette d'Etienville. On y observe seulement qu'il étoit pleinement convaincu de son futur mariage, qu'en conséquence il avoit fait beaucoup de dettes & entr'autres celles qui ont motivé un décret de prise de corps décerné contre lui par le Lieutenant criminel. Il voudroit aujourd'hui persuader que ce Bette est un imposteur, qu'il s'entendoit avec Madame de la Motte & que la Dame de Courville n'est autre que celle-ci: en un mot, on voit dans l'auteur de ce Mémoire & dans les autres, un plan formé de travailler de concert à décharger le Cardinal & jetter toute l'escroquerie du collier sur le compte de cette intriguante.

29 *Mars* 1786. Depuis les autres représentations du *Mariage secret*, le public persistant à demander au moins le nom du poëte; d'après l'instruction de M. *des Faucherais*, un acteur est venu annoncer que la piece étoit de l'auteur de *l'Avare cru bienfaisant*. Ce que bien des gens ont regardé comme une épigramme, & conséquemment comme une insolence.

29 *Mars.* A *Benjamin Franklin vivant, Prix proposé par la Loge des neuf sœurs.* Depuis longtems on n'en parloit plus; elle réveille aujourd'hui l'attention par un programme académique, dont voici l'énoncé :

,, La Société, connue sous le nom des
,, *Neuf Sœurs*, composée de Savans, d'Ar-
,, tistes & de Littérateurs, & présidée par
,, *Benjamin Franklin*, l'année qui suivit celle
,, où elle eût le malheur de perdre *Voltaire*;
,, voulant aujourd'hui décerner un homma-
,, ge public d'admiration au célebre Améri-
,, cain, dont elle n'ose plus espérer la pré-
,, séance, propose aux Arts & à l'Eloquence
,, deux Prix, qui seront deux médailles

,, d'or, chacune de la valeur de 600 li-
,, vres.

,, Le Prix d'Eloquence fera donné à un
,, Eloge en profe de *Benjamin Franklin vi-*
,, *vant*, d'une demi-heure de lecture au
,, moins.

,, Le Prix des Arts fera donné à un Des-
,, fin allégorique, hauteur de deux pieds &
,, largeur d'un pied & demi, repréfentant les
,, fervices rendus par *Benjamin Franklin*
,, aux Sciences & à la Liberté de l'Améri-
,, que.

,, Toutes perfonnes, excepté les mem-
,, bres de la Société des Neuf Sœurs, peu-
,, vent concourir.

,, Le Concours n'eft ouvert que jufques
,, au dernier jour de Février 1787, & les
,, Prix feront diftribués dans une affemblée
,, folemnelle le premier lundi du mois de
,, Mai 1787."

29 *Mars* 1786. M. le Préfident *d'Ormef-*
fon n'a jamais ofé voir le Roi au fujet de la
Comteffe de Cagliostro. Comme il ne préfi-
doit que par *interim*, il a attendu le retour
du Premier Préfident pour en faire charger ce
Chef dans une nouvelle affemblée de chambres. Depuis on a fu que la prifonniere devoit fortir inceffamment; cependant fa captivité a duré jufques à dimanche matin 26,
qu'elle eft rentrée chez elle.

29 *Mars*. M. *Dupaty* fentant le mauvais
cas où il avoit mis M. *le Grand de Laleu*,

lui a envoyé un contrat tout musqué de 2400 livres de rentes viageres. Cet Avocat, ayant ouvert le paquet, a écrit au bas du contrat: *votre vertu m'indigne*, & a signé; puis a renvoyé le paquet: en sorte qu'il s'est établi un combat de générosité entre ces deux personnages, & M. Dupaty a fini par faire des excuses à Me. *le Grand* de son offre injurieuse.

30 *Mars.* Le Mandement de l'Abbé *Georgel* devenant une piece intéressante, plus à raison du bruit qu'il cause, que de son mérite intrinseque, on va le rapporter ici en entier; sa briéveté le permet.

Mandement du Vicaire général de la Grande-aumônerie de France, qui permet l'usage des Oeufs pendant le Carême, jusques au dimanche des Rameaux.

Je, *François Georgel,* Docteur en Théologie, Prieur de Segar, Gouverneur de l'hôpital royal des Quinze-vingts, Vicaire général de Strasbourg & de la Grande-aumônerie de France, *Salut.*

Envoyé vers vous, mes très chers freres, comme le disciple *Timothée* le fut au peuple, que Paul dans les liens ne pouvoit enseigner, il nous a dit........

Je dépose entre vos mains le pain de la
di-

vine parole pour le rompre aujourd'hui dans l'assemblée des Fidèles confiés à notre sollicitude pastorale & voici ce que vous leur direz:
„ Plût à Dieu, mes chers freres, qu'embrasés
„ du feu qui dévoroit les Prophetes & les Apô-
„ tres, nous pussions, comme eux, jetter dans
„ vos cœurs brisés par le répentir ces étin-
„ celles de frayeur & d'amour, de foi &
„ de pénitence, qui, poussées par le souffle
„ de Dieu, ressusciterent les cœurs en Israël
„ & renouvellerent la face de la terre qui
„ avoit corrompu sa voie."

Puisse notre voix aussi éclatante que la fatale trompette, qui appellera les morts au dernier jugement, imiter les accens des Envoyés de Dieu, quand ils disoient: „ Peu-
„ ples, écoutez! c'est Dieu lui-même qui
„ vous parle par notre bouche; l'impiété a
„ rompu ses digues, elle a inondé la terre,
„ & dans les élans de sa fureur, elle a dit,
„ je monterai au Ciel, j'insulterai au Tout-
„ Puissant; mais, du sein de la nue sillon-
„ née par les éclairs, au bruit de la foudre
„ qui éclatera sur le monde entier, la Ma-
„ jesté de Dieu apparoîtra; du trône de la
„ justice partira la Vengeance pour entraîner
„ l'impie dans l'abîme éternel: du sein de
„ la Miséricorde jailliront des sources de
„ grace, qui des cœurs contrits & humiliés
„ feront des vases d'élection pour devenir
„ semblables à Jesus-Christ & être comme
„ lui couronnés de gloire."

Tome XXXI.   K

Ces grandes images tracées dans nos Ecritures par la main du Très-haut, nous ne vous les préfentons, mes chers freres, que pour pénétrer vos ames de cette falutaire componction, qui doit vous préparer à la vifite du Seigneur & à la mandacation de la Pâque.

Voulez-vous donc participer aux mérites de la Croix de Jefus-Chrift & vous revêtir de l'armure impénétrable aux traits de l'ennemi du Salut, que le calice de fes amertumes & de fa mortification fe répande pendant ce faint tems dans toutes vos actions; que furtout la charité vivifiante de l'homme-Dieu vous conduife dans ces réduits qui ne font éclairés que par les fombres lueurs de la pauvreté & de l'humanité fouffrante. Quel fpectacle! des hommes, nos femblables, nos freres dans l'ordre de la nature & de la religion, les membres de Jefus-Chrift, Jefus-Chrift lui-même, aux prifes avec la douleur & les befoins les plus urgens! & nous pourrions encore confacrer à notre fenfualité, à nos plaifirs & à un luxe coupable, des richeffes dont nous ne fommes les dépofitaires que pour juftifier la Providence qui, dans l'inégalité du partage de fes dons, n'a créé le riche que pour lui procurer le mérite & le bonheur de foulager les pauvres.

A ces caufes & fur les repréfentations des premiers Magiftrats, il eft permis dans le diocefe de Paris, & nous permettons à tous ceux & celles qui sont soumis à la jurisdiction du Grand-aumônier de France, l'usage des œufs pendant le Carême, jusques au dimanche des Rameaux exclusivement.

Et sera le présent Mandement lu & publié dans les chapelles Royales des châteaux de Versailles, du Louvre, du Palais des Tuilleries, dans l'église & enclos de l'hôpital des Quinze-vingts & dans l'église & monastere des Religieuses de l'Assumption de Paris.

Donné à Paris, le 5 Février 1786. (signé) *l'Abbé Georgel.*

Par Monsieur, Vicaire Général, *Lambert.*

De l'imprimerie de *Claude Simon*, imprimeur de la grande Aumônerie de France, rue Saint Jacques près St. Yves, No. 27. 1786.

30 Mars 1786. Ceux qui ont vu la Comtesse de Cagliostro depuis sa sortie de la Bastille, assurent qu'elle a les yeux presque usés à force d'avoir pleuré; elle n'a pu voir son mari, qui ne sait point qu'elle est libre, ni même obtenir la permission de lui apprendre cette bonne nouvelle.

30 Mars. M. *Foulon*, qui avoit de grandes prétentions au Ministère & s'est vraisemblablement trop pressé, vient d'être exilé à sa terre près de Saumur, comme la plus éloignée. On dit que son grief est d'avoir présenté au Comte *de Vergennes*, comme Président du Conseil des finances, un Mémoire contre l'opération de la monnoye

M. *de Calonne*. Cette rigueur feroit d'autant plus extraordinaire, que ce Mémoire ne peut que rentrer dans les Remontrances du Parlement fur le même objet, Remontrances qui paroiffent déjà imprimées.

Au refte, les Conseillers d'Etat sont furieux que ce foit un Exempt de police qui ait fignifié la lettre de cachet à leur confrere.

30 *Mars* 1786. Un fecond Mémoire de Madame la Comteffe *de la Motte* est annoncé : la diftribution même des exemplaires deftinés aux Juges, aux Avocats & autres gens privilégiés eft déjà faite : demain il fera mis en vente. Il eft toujours de M^e. *Doillot* &, dit-on, principalement dirigé contre le Comte *de Cagliostro*, qui dans le fien maltraite fort la Comteffe. Les détracteurs affurent que ce nouveau *Factum* n'eft pas mieux compofé que le premier.

31 *Mars*. Les amis de M. *de la Reyniere* & furtout M. *Mercier* l'ont fort chapitré fur fon Mémoire, dont il auroit pu faire une brochure polémique feulement; ce qui lui auroit évité l'humiliation d'être rayé. Il a fenti fon tort; il en a gémi & fait aujourd'hui des avances pour tâcher de fortir du mauvais pas où il s'eft jetté. On a déjà offert 12000 livres d'indemnité à M. *de Saint Ange*, qui les a refufées.

Le cas de M. de la Reyniere eft d'autant plus grave, que le Sr. *Duchofal*, pour lequel il plaide, n'a point signé le Mémoire, ne lui a donné aucun pouvoir *ad hoc*, & qu'il le desavoue même aujourd'hui.

Tout ce que M. de la Reyniere allegue pour son excuse, c'est que M. de Saint Ange l'avoit provoqué par quelques vers satyriques, par des critiques sanglantes de ses œuvres, que personne ne connoît.

Le *mezzo termine* proposé par les Avocats amis de la paix & respectant M. *de Malesherbes*, qui se trouve par sa défunte femme l'oncle de M. de la Reyniere, c'est que celui-ci se désiste de son titre d'Avocat, déclare qu'il quitte la profession & y renonce; mais la Justice n'en sévira pas moins contre le Mémoire & son auteur.

31 *Mars* 1786. Ce sont les Sieurs *Hoffman* qu'on croit Allemands, qui se vantent d'avoir découvert un art, lequel, sans être ni l'imprimerie, ni la gravure, donne les mêmes résultats avec plus de célérité & moins de dépense.

Ils ont nommé cet art nouveau le *Politype*, parce que sa propriété caractéristique est de *multiplier l'original* d'un dessin ou d'une écriture quelconque, & *polityper* l'action de cet art.

Une estampe est la copie d'un dessin, elle est le produit du double travail d'un dessinateur & d'un graveur. Le *Politype* simplifie l'ouvrage; il fait un burin de la plume ou du pinceau: par ses procédés le dessinateur grave & l'estampe n'est plus que le dessin même.

En créant un nouvel art de la gravure, les Sieurs *Hoffmann* prétendent avoir procuré à l'imprimerie un dégré de perfection ; ils ont non-seulement trouvé le moyen de graver avec la plus grande facilité des dessins en relief, qui peuvent s'imprimer en même tems que la lettre ; mais aussi de tirer une planche solide d'une forme composée à la manière ordinaire en caracteres mobiles, & cela, sans altérer les caracteres & avec une identité si parfaite, qu'il est impossible de distinguer les épreuves de leurs planches d'avec celles des formes d'imprimerie.

Les Sieurs *Hoffman* se proposent de développer plus au long les avantages de leur découverte dans un avis aux auteurs & gens de lettres.

Pour récompense d'une découverte si précieuse, leurs inventeurs ont obtenu du gouvernement le privilege exclusif du nouvel art & en outre celui du *Journal politique des Sciences & des Arts*.

Ce Journal, qui commence à se publier depuis le 20 Février, embrasse trois parties: l'une, pour les Sciences ; la seconde, pour les Arts utiles ; la troisieme pour les Arts agréables.

La rédaction de ce Journal est confiée à une Société de Savans & de gens de Lettres choisis dans tous les genres, qu'on ne connoît pas encore.

31 *Mars*. Quoique l'ordinaire des dénonciations de livres proscrits après la lacération & brûlure, soit de laisser-là l'information ordonnée, sans y donner aucune suite; on juge que celle faite contre le voyage en Espagne n'est pas de la même espece: M. *d'Aranda*, au nom de sa cour, presse la justice, & tout récemment M. *Mercier* a été obligé de comparoître devant l'Abbé *Tandeau de Marsac*, Conseiller rapporteur, pour déposer de ce qu'il savoit.

31 *Mars*. Extrait d'une Lettre de Philadelphie du 21 Janvier 1786.... ,, Le 17 de
,, ce mois, notre digne Gouverneur, *Benjamin*
,, *Franklin*, entrant dans la 81ème année de son
,, âge, les imprimeurs de cette ville ont
,, voulu célébrer le jour de la naissance de
,, ce grand homme, le disciple, l'ami & le
,, patron de l'Imprimerie. Dans ce dessin
,, ils l'ont invité à un dîner solemnel, non
,, comme Président du Conseil exécutif de
,, la République de Pensylvanie, mais com-
,, me simple imprimeur."

On y a bu les *Toasts* suivans.

Au respectable Docteur *Franklin*, Imprimeur, philosophe & homme d'état.

A l'inventeur de l'Imprimerie, cet art par excellence.

A tous les Imprimeurs répandus sur la surface de la terre.

A tous ceux qui ont fait de l'Imprimerie un usage utile.

31 *Mars* 1786. On commence à voir dans le public les Remontrances du Parlement concernant les nouvelles opérations de la monnoye; elles sont déjà imprimées: la réponse du Roi est donnée & court aussi manuscrite: on la dit fort longue & dure.

Cette réponse est du dimanche 26 Mars, & il en a été rendu compte aux chambres assemblées le mardi 28.

1ᵉʳ. *Avril* 1786. *Réponse pour la Comtesse de Valois la Motte, au Mémoire du Comte de Cagliostro.* Tel est le titre exact de la nouvelle production de Mᵉ. *Doillot.* Beaucoup de gens ont regardé la défense du Comte de Cagliostro comme un roman pur, où il s'étoit peint en beau; on peut envisager la réponse en question comme un autre roman, où il est peint en laid. Il est à parier que dans tous deux la vérité est étrangement défigurée.

Suivant le Comte *de Cagliostro*, dans la premiere partie de son Mémoire qu'il appelle sa *Confession*; il ignore sa naissance, mais il donne à entendre qu'elle est grande, illustre: qu'il pourroit bien être le fils du Grand Maître de Malte, *Pinto*, & petit-fils du Muphti de Medine. Suivant Madame *de la Motte*, il n'est point *Alexandre Cagliostro*; mais il se nomme *Thiscio*: il est né à Naples & fils d'un cocher; bien loin d'avoir eu un homme

de

de qualité pour gouverneur, & trois domestiques dans son enfance autour de sa personne; bien loin d'avoir reçu une éducation soignée & brillante, on lui a fait apprendre le métier de perruquier; il a été valet-de-chambre du Duc *de Castropignany*; & toutes ses connoissances consistent dans les secrets d'un fameux aventurier, connu sous le nom de *Cosmopolite*, dont il avoit été le compagnon & le disciple.

A l'égard de son mariage, la Comtesse de Cagliostro n'est point fille de qualité, comme l'affirme le Comte; il n'en est pas à Rome du nom de *Felichiani*. Elle est fille du Secrétaire d'un Commis de la Daterie, emploi qui seroit dédaigné par les Nobles: bien plus on insinue qu'il n'est pas certain qu'elle soit sa légitime épouse.

Le Comte de Cagliostro apostrophe ainsi ses détracteurs sur sa conduite, sur sa vie & ses mœurs: ,, qu'on dise si j'ai commis une ,, seule action indigne d'un homme d'hon- ,, neur; si j'ai jamais sollicité une seule gra- ,, ce; si j'ai jamais mendié la protection des ,, Souverains curieux de me connoître; si ,, en tous tems, en tout lieu j'ai fait autre ,, chose que guérir gratuitement les mala- ,, des & soulager les pauvres?" La Comtesse de la Motte dément ces assertions impudentes & veut que dans les différens pays, où il a passé, on ait des preuves de sa charlatanerie, de sa fourberie, de ses escroqueries.

Après avoir suivi de la sorte pied à pied son adversaire dans les détails de sa confession, & l'avoir contredit sans relâche, Me. *Doillot* passe à la seconde partie du Mémoire du Comte, à son *Interrogatoire*, qu'il n'arguë pas moins de suppression, d'infidélité, de fausseté, & qu'il discute encore article par article.

Enfin il attaque la troisieme & derniere partie, intitulée *Réfutation du Mémoire de la Comtesse de la Motte, en ce qui concerne le Comte de Cagliostro*. Ce que contient de plus curieux ce paragraphe, c'est l'assertion de la Dame *Bohmer*, qui raconte à Madame de la Motte un tour de jonglerie du charlatan : anecdote que celle-ci dans son Mémoire ne faisoit que pressentir & sur laquelle le Comte lui portoit un défi.

Toute cette diatribe, excellente pour amuser le public & entretenir les conversations, ne fait rien à la justification de la Dame de la Motte : son défenseur en convient ; aussi annonce-t-il qu'il se distrait un moment, pendant que ses communications avec sa cliente sont suspendues ; qu'il reprendra bientôt la discussion des délits graves qui l'occupe sérieusement ; il en trace le plan d'avance, &, s'il le remplit victorieusement, il trompera bien l'attente générale.

En effet, cette tâche eſt d'autant plus difficile, qu'il convient que le public eſt très prévenu contre elle: il annonce même dans un *Poſtſcriptum* que les premiers Mémoires du Comte *de Caglioſtro*, de la Demoiſelle *d'Oliva*, du Sieur *Bette d'Etienville*, du Baron *de Fages* & peut-être d'autres adverſaires encore, ne ſont que le prélude d'ouvrages conſidérables, d'un complot formé, ce ſemble, entre tous les accuſés & tous leurs Avocats, d'entretenir le foyer de la calomnie contre la Comteſſe de la Motte, de faire conclure qu'elle eſt *la ſeule perſonne coupable*; mais il ne s'effraye point & il s'écrie: *une ſeule eſt innocente & c'eſt la Comteſſe de la Motte!*

1er. *Avril* 1786. Extrait d'une Lettre de Rennes du 25 Mars...... Voici les détails plus étendus que vous déſirez ſur la maniere dont l'affaire du tabac eſt finie. Les *Lettres Patentes* ſuppoſées *interprétatives* de celles du 19 *Mars* 1785, ſont datées de Verſailles le 6 Février; elles ſont une extenſion & un commentaire de la derniere réponſe du Roi. Elles ſont motivées ſur la confuſion qui regnoit en cette matiere entre les points d'adminiſtration & ceux de la juriſdiction ordinaire. Elles prétendent fixer par la nature même des objets, les limites de chacune, de façon qu'elles ne ſe gênent & ne s'arrêtent en rien.

C'eſt le 16 Février, que ces Lettres patentes ont été lues, publiées à l'audience &

enrégiftrées au greffe de la Cour, pour avoir effet *conformément à la volonté de Sa Majefté*; & comme dans ces Lettres patentes les promeffes ultérieures que les Miniftres avoient faites verbalement, ou par écrit, ne font pas comprifes, le Parlement, les chambres affemblées, a ajouté: ,, & fera ledit Seigneur
,, Roi très humblement fupplié de rétablir
,, la diftribution du tabac en carottes & de
,, faire ceffer le plutôt poffible le tranfport
,, du tabac en poudre & en barils, que l'ex-
,, périence a prouvé être fujet à de grands
,, inconvéniens''......

1er. *Avril* 1786. Depuis le fameux Arrêt du Parlement du 20 Février 1781, & la Déclaration du 1er. Mars, qui l'a fuivi, contre les Jeux de hazard; fuivant ce qui arrive trop ordinairement, on s'étoit relâché, & les tripots renaiffoient de toutes parts; on avoit même imaginé un jeu de dez à pair ou non, qui avoit lieu furtout chez un certain Préfident *de Champeron*: les cataftrophes & les murmures ayant recommencé, il eft venu depuis quelque tems des défenfes dans toutes les maifons de jeu tolérées par la police, & elles font fermées de nouveau.

2 *Avril*. Hier s'eft faite la clôture de la comédie françoife. Quoique cette repréfentation foit ordinairement très fuivie, elle l'a été plus que de coutume à raifon d'une circonftance particuliere; c'eft que c'étoit auffi celle de la carriere de quatre des premiers

sujets de ce spectacle: les Sieurs *Preville &*
Brizard, Madame *Preville* & M^(lle). *Fanier*.
Pour rendre leurs adieux plus touchans, ils
avoient imaginé de jouer *la partie de chasse de*
Henri IV, où l'on les voit tous quatre assis
à la même table. On se doute des applaudissemens qu'ils ont reçus, & la toile tombée, on les a demandés encore pour les applaudir de nouveau.

2 *Avril* 1786. On a reçu des nouvelles
d'un événement affreux arrivé à la comédie
de Beauvais. Il s'y est élevée une rixe entre quelques gardes du corps, dont la compagnie de Noailles est en quartier dans cette
ville, & les bourgeois qui étoient au parterre: les camarades des premiers, qui étoient
aux loges ou ailleurs, ont voulu prendre fait
& cause pour eux, & l'on assure qu'il y a
eu un ou deux morts & plusieurs blessés: le
fait n'est pas encore assez éclairci pour en
pouvoir rendre un compte plus détaillé.

2 *Avril*. Discours de M^(e). *le Grand de*
Laleu, à l'assemblée de la Députation des
Avocats:

,, Suis-je avec mes confreres? Suis-je de-
,, vant mes juges? Je m'honorois de votre
,, adoption: dites, Messieurs, me serois-je
,, trompé? Chercherai-je ici envain ces ver-
,, tus inséparables de la noblesse de notre
,, ministere, cette force, cette énergie,
,, cette indépendance, ce zele pour le salut
,, public, ce dévouement aux malheureux,

„ qui doivent caractériser l'Avocat? Le dé-
„ fenseur des *Calas* (*), qui fut assis parmi
„ nous, les auroit-il emportées avec lui
„ dans le tombeau? Quels reproches vous
„ adresseroit son ombre, si vous dégénériez
„ de ce que vous fûtes toujours?

„ On m'accuse d'avoir rendue publique la
„ justification de trois Innocens condamnés
„ à la roue par des Magistrats qui sont des
„ hommes; & avant que j'aye pu vous faire
„ entendre ma défense, je suis déjà puni par
„ provision; mon état m'est enlevé. Pou-
„ vois-je présumer que je serois l'objet d'une
„ telle sévérité ! pouvois-je l'attendre de
„ vous, Messieurs!

„ Monsieur le Bâtonnier sembloit vouloir
„ me préparer à cet événement par la Let-
„ tre que je reçus le mercredi 8 de ce mois
„ à sept heures du soir, pour comparoître
„ la lendemain à votre assemblée: il me re-
„ fusoit d'avance le titre de confrere, titre
„ cher, précieux, qui nous lie & qui nous
„ annonce combien nous nous devons d'é-
„ gards. Je ne pus retenir mes plaintes, c'est
„ donc ainsi que m'écrit le Chef de mon Or-
„ dre! Mes confreres ne me reconnoissent
„ donc plus au moment où je devrois leur
„ être plus cher. Alors mes yeux se rem-
„ plirent de larmes, & vous pensez bien,
„ Messieurs, après ce que j'ai fait, que je
„ suis incapable d'en verser pour moi-même.

(*) Me. *Elie de Beaumont*, mort depuis peu.

„ C'étoit sur vous, Messieurs, que je
„ pleurois : oui, c'étoit sur vous : c'étoit sur
„ ce que l'Ordre alloit perdre dans l'opinion
„ publique, en me sacrifiant à des ressenti-
„ mens qui lui sont étrangers. En effet, de
„ quoi suis-je coupable ?

„ J'ai empêché le sang innocent de couler,
„ au moment où le sursis obtenu pouvoit
„ expirer ; qui de vous dans cette circon-
„ stance n'eût été mon complice ?

„ J'ai autorisé par une Consultation revê-
„ tue de ma signature la publicité d'un Mé-
„ moire, dont je n'ai pas la gloire d'être
„ l'auteur ; mais qui vous a tous intéressés au
„ point de ne pouvoir vous empêcher d'ai-
„ mer & d'estimer le vertueux citoyen dont
„ il est l'ouvrage.

„ Quel est donc le crime de ce Mé-
„ moire ? L'effet qu'il a produit ? .... Mais,
„ Messieurs, c'est le crime de l'éloquence,
„ & ce n'est pas à vous à le punir.

„ Ce Mémoire que tout le monde loue,
„ fût-il même répréhensible, la peine que
„ vous voudriez m'infliger pour l'avoir ap-
„ prouvé, seroit prématurée. Il est produit
„ devant le Conseil du Roi, qui n'a rien pro-
„ noncé encore.

„ Enfin j'ai fait mon devoir, il ne m'ap-
„ partient pas maintenant de vous dicter le
„ vôtre."

Tel est ce discours, qui fait grand bruit &
est différemment envisagé, suivant l'affec-

tion du lecteur. En général, il est très digne de son auteur, plus homme de Lettres que Jurisconsulte, & mérite d'être recueilli surtout à cause de l'importance de son objet.

3 *Avril.* On veut aujourd'hui que ce soit à Madame *Adelaïde*, sa protectrice, que M. *Foulon* ait confié le Mémoire en question. Cette Princesse l'a cru digne d'être mis sous les yeux du Roi & ne lui en a pas dissimulé l'auteur. Sa Majesté l'a donné au Contrôleur-général, pour qu'il y répondît: M. *de Calonne* a surtout été piqué de la fin, où, en concluant qu'on avoit trompé le Monarque „ par un faux exposé de l'opération de la „ monnoye, on ajoutoit que c'étoit ainsi qu'on „ le trompoit également sur tout le reste." En relisant cet écrit, il a remarqué beaucoup de phrases absolument semblables à celles des Remontrances du Parlement: instruit des liaisons de M. *Foulon* avec le Premier Président *d'Aligre*, il n'a pas douté qu'il n'y eût une intrigue ourdie contre lui entre certains Magistrats & ce membre du Conseil. Fier de cette découverte, il en a fait part au Roi, qui a jugé à propos d'écarter un ambitieux aspirant depuis longtems à la place de Contrôleur général.

Avant de prendre ce parti contre M. *Foulon*, on est allé fouiller dans les papiers d'un M. *le Maire*, son ancien premier Commis, qui a sa confiance. On y a trouvé des notes sur les opérations de confiance actuelles, dont on lui a fait des reproches : il a répondu qu'il étoit maître de jetter fur le papier toutes les réflexions qui lui paſſoient par la tête, pourvu qu'il ne les rendît pas publiques : on ajoute qu'on a trouvé auſſi deux Lettres de M. Foulon à ce confident ſur les monnoyes, qu'on s'en eſt emparé & qu'on en a fait vraiſemblablement un titre d'accuſation contre celui qui les avoit écrites. Du reſte, on a laiſſé tranquille M. le Maire.

3 Avril. Le bruit général eſt que dimanche 27 Mars il a été arrêté décidemment à Verſailles de conſtruire la Salle de l'opéra dans l'emplacement de l'hôtel de Brionne & autres bâtimens adjacens en cette partie, qui fait face au château des Tuilleries & au Carrouſel.

3 Avril. Extrait d'une Lettre de Douay du 28 Mars.... M. *Blanchard* a voulu faire le 25 de ce mois ſa dix-ſeptieme expérience, qui n'a pu avoir lieu ce jour-là, à cauſe de la pluie, du vent & du froid : il a eſſayé de s'élever & il l'a tenté trois fois, heureuſement ſans aucun ſuccès, car il auroit péri. Il vouloit y revenir une quatrieme fois ; mais le Premier Préſident & Meſſieurs du Magiſtrat s'y ſont oppoſés : la partie a été remiſe au jour où le tems ſera moins fâcheux. M. *Blanchard* aſſure que depuis cet inſtant, l'aëroſtat placé ſous un couvert n'a rien perdu du gaz qu'il contenoit : il n'eſt nullement endommagé & pourra servir sans retard au besoin & à la minute.

4 *Avril* 1786. On peut se rappeller qu'on a parlé, il y a deux ans environ, d'un M. *de Fer de la Nouerre*, qu'on regardoit alors comme un fol & qu'on qualifie aujourd'hui d'Ingénieur très habile. On rioit du projet qu'il renouvelloit d'amener l'eau de l'Yvette à Paris, réchauffé de celui de M. *de Parcieux*; mais ce qui le distinguoit, c'est qu'il ne demandoit qu'un million pour conduire cette riviere jusques à l'Estrapade. On assure qu'on songe sérieusement aujourd'hui à réaliser cette chimere prétendue, & que ses plans approuvés du Ministre, n'attendent plus que la sanction de Sa Majesté.

Ce qui produit une différence énorme entre les deux devis, c'est que M. *de Fer* ne revêtira pas de pierres son canal, & croit pouvoir se passer de cette dépense.

C'est le même homme, qui dernierement a eu l'honneur de présenter au Roi & à la famille Royale un ouvrage intitulé: *la Science des canaux navigables, ou Théorie générale de leur construction*.

4 *Avril*. M. *d'Arnaud* qui, malgré ses ouvrages tant prônés dans les journaux, est dans une détresse continuelle, a eu recours au Prince *Henri* & lui a exposé ses besoins. Ce Prince lui a envoyé 2400 livres, en lui marquant sa douleur de ne pouvoir lui être

plus utile, & en le traitant avec une cordialité bien préférable au don.

5 *Avril* 1786. Extrait d'une Lettre de Troyes du 31 Mars..... La clause du testament de M. *de Grosley* concernant le célèbre *Arnault*, n'est pas le seul article singulier qu'il contienne : tous, même les plus simples, sont marqués au coin d'originalité qui caractérise ses ouvrages & sa conduite. En voici un qui le vaut bien :

„ Edifié de la maniere dont M. *de Guines*,
„ mon confrere à l'Académie des Inscrip-
„ tions, cultive les lettres, sans forfante-
„ rie, sans intrigue, sans prétention à la for-
„ tune ; je legue à lui, & à ses enfans, s'il
„ me précédoit, la somme de 3000 livres."

Il en est de très caustiques, il en est de très gais ; en un mot, cette piece est curieuse à lire, surtout pour ceux au fait des personnages : on y reconnoît parfaitement un des principaux coopérateurs des Mémoires de l'Académie de Troyes ; facétie, où la plaisanterie n'est pas toujours de bon goût, mais est souvent spirituelle & toujours amusante.... Au reste, le testament de M. *Grosley* a été fait peu de tems avant sa mort, puisqu'il n'est daté que du 3 Octobre dernier.

5 *Avril* 1786. Depuis la Lettre de cachet décernée contre les Sieurs *Desaulges* pere & fils, on avoit encore arrêté deux hommes qui venoient tous les soirs aider la servante gardienne à fermer la boutique. Cependant

le pere eſt déjà rentré chez lui, il y a quelques jours.

5 *Avril* 1786. Mr. l'Intendant de Paris, curieux de ſe ſignaler dans ſon genre, a obtenu du gouvernement la permiſſion pour la Société Royale d'agriculture d'avoir des aſſemblées publiques & de décerner des Prix.

Cette Société, autoriſée déjà par Arrêt du Conſeil d'Etat du Roi du 1 Mars 1781, eſt compoſée de quatre *Bureaux*, établis à *Meaux*, *Beauvais*, *Sens* & *Paris*. Celui de Paris eſt diviſé en *Membres* & en *Aſſociés*. On y trouve des noms illuſtres, des noms très bourgeois, en un mot des gens de tout état.

C'eſt dans l'hôtel de l'Intendance, le 30 Mars dernier, que la ſéance publique a été tenue avec beaucoup d'appareil & d'affluence de monde des deux ſexes. M. le Contrôleur général a voulu y aſſiſter & y diſtribuer les Prix.

Il en a été cinq; c'eſt-à-dire cinq médailles d'or, de la même forme que le jetton ordinaire de la Société & du prix de cent livres.

Le Secrétaire a publié & diſtribué les Programmes des Prix que la Société propoſe pour 1787.

Enſuite on a lu différens Mémoires. M. le Marquis *de Turgot*, M. le Duc *de Charoſt* s'en ſont mêlés, & M. *Thouis* a eſſayé ſes talens en ce genre par des obſervations ſur les plantations des arbres.

Tous ces Mémoires, quoique fort ennuyeux & hors de la portée de la plupart des spectateurs, surtout des femmes, ont été applaudis comme des beaux morceaux d'éloquence ou de poésie & à tout rompre; tant la nouveauté a d'attraits!

5 Avril 1786. C'est le Sieur *Quidor*, Inspecteur de police, qui a amené de Geneve le Sieur *Villette*, arrivé jeudi dernier & conduit à la Bastille. Il étoit dans cette République sous un nom emprunté; il avoit eu une rixe avec deux habitans à la campagne; on les avoit arrêtés: les deux premiers relâchés comme connus & domiciliés; le Sieur *Villette* perdit la tête, se trahit lui-même, avoua son vrai nom & se réclama du Résident de France, qui prévenu des recherches qu'on faisoit du personnage, pria de le constituer prisonnier jusques à ce qu'il en eût donné avis à sa cour & qu'on eût décidé ce qu'on en feroit.

Le Sieur *Quidor* assure qu'il est fort honnête, mais foible & qu'on en tirera facilement tout ce qu'il sait.

Le Sieur *Quidor* assure également que le Comte *de la Motte* a été manqué de quelques heures à Dusseldorf; qu'il étoit réellement sorti de Londres, mais il craint qu'il n'y soit retourné.

5 Avril 1786. Il y a eu hier 4 aux Menus une représentation de *Roland*, pour les nouveaux éleves de l'opéra, & l'on assure que les gens les plus difficiles ont été émerveillés des progrès qu'ont fait depuis environ dix-huit mois les enfans des deux sexes. Il n'y a pas eu un seul son faux de leur part durant tout le cours de la représentation.

6 *Avril* 1786. Les Lettres-Patentes concernant la distribution du tabac, envoyées en Bretagne, se lisent ici imprimées; elles sont remarquables par l'astuce du préambule, où le Ministere qui ne veut jamais avoir eu tort, déguise les siens envers le Parlement, auquel il accorde tout ce qu'il demande, mais comme de son propre mouvement, quoi qu'il ait molesté cette Cour depuis dix mois à ce sujet.

On y convient que les Lettres-Patentes premieres du 19 Mars 1785, autorisoient bien les Juges du ressort du Parlement de Rennes à recevoir & vérifier les plaintes qui pourroient leur être portées sur la qualité des tabacs, même saisir & sequestrer provisoirement ceux reconnus nuisibles à la santé; mais la Cour exigeoit avant aucunes poursuites ultérieures, l'apport des procès verbaux & des piéces pour décider par elle-même de leur mérite. On prétend que l'objet de cette restriction étoit de réserver au Roi le droit de régler ce qui concerne le régime intérieur de la Ferme, l'exercice de son privilege, la forme des distributions, & généralement tout ce qui doit dépendre de l'administration; ce que n'ont nullement contesté les Magistrats, ce dont ils ne se sont jamais immiscés.

On suppose ensuite que cette disposition a semblé faire naître des doutes sur la compétence des Tribunaux en matiere de grande police, & qu'en suspendant leur activité, elle pourroit nuire quelquefois à l'efficacité des mesures urgentes pour réprimer les abus.

En conséquence on a préféré de fixer par la nature même des objets, les limites de la Jurisdiction ordinaire, de maniere que rien n'en retarde l'exercice, en ce qui la concerne, & qu'elle ne puisse rien entreprendre sur ce qui lui est étranger.

Ainsi les Juges inférieurs sont plus fortement que jamais autorisés aux poursuites, & même à statuer sur les procès verbaux de saisie & à juger, sauf l'appel au Parlement.

C'est alors seulement que le Procureur général sera tenu de faire parvenir sans délai, mais *sans retardement de l'instruction*, des échantillons des tabacs saisis, avec copie des procès verbaux &c. pour mettre le Ministere en état de connoître lui-même la cause de leur mauvaise qualité & prescrire les moyens les plus convenables d'y remédier.

Enfin on défend aux Juges & aux Cours de connoître en rien du surplus; on leur enjoint de se renfermer dans les fonctions de grande police qui leur sont confiées, sans pouvoir les étendre, quant à la vente des tabacs, au-delà de ce qui est relatif à leur qualité, en tant qu'elle pourroit intéresser la santé des sujets.

6 Avril. On ne dit point encore quelle nature de démarches le Cardinal *de Rohan* a faites ou fait faire pour se purger; car il paroît constant que le décret prononcé à Rome contre lui a été adressé à M. le Cardinal *de la Rochefaucault*, Archevêque de Rouen, par le Saint Pere, qui a chargé cette Eminence de le faire signifier au Cardinal *de Rohan*. Quoiqu'il en soit, voici la formule plus littérale & plus juridique dans laquelle il a été rendu.

Décret prononcé par notre Saint Pere le Pape, Souverain Pontife sixieme du nom, dans le Consistoire Secret, le treizieme jour de Février 1786.

,, Par l'autorité du Dieu Tout-Puissant,
,, des Saints Apôtres, Pierre & Paul, & par la
,, nôtre, nous suspendons Louis de Rohan
,, des honneurs, marques & de tous les
,, droits attachés à sa dignité de Cardinal, &
,, principalement de sa voix active & passive
,, dans l'élection du Souverain Pontife, jus-
,, ques à ce qu'il ait comparu devant nous
,, & devant ce Siége Apostolique, par lui-
,, même ou par Procureur, & qu'il se soit
,, purgé du choix fait par lui d'un tribunal
,, incompétent; & en tant que dans le ter-
,, me de six mois, il auroit négligé de se
,, pré-

„ présenter, nous procéderons contre lui se-
„ lon le droit, nonobstant que dans la suf-
„ pension portée, l'ordre des jugemens n'ait
„ pas été observé, nonobstant encore notre
„ regle & celle de la Chancellerie Apostoli-
„ que, (*de jure quæsito non tollendo*) nonobstant
„ les autres Conciles Apostoliques, généraux
„ & provinciaux, même les Constitutions
„ rendues en faveur des Cardinaux & autres
„ quelconques à ce contraires, à toutes les-
„ quelles nous dérogeons pour cette fois, à
„ l'effet ci-dessus, au nom du Pere, du Fils
„ & du Saint Esprit."

Les partisans du Cardinal assurent qu'il peut très bien se justifier & qu'il lui suffira d'envoyer les deux Requêtes mises au néant par le Parlement qu'il a présentées à cette Cour; mais ce n'étoit pas simplement alors qu'il devoit réclamer; c'est lorsque le Roi lui a offert le choix de ses juges. En outre, ces deux Requêtes sont bien appuyées d'une foule d'autorités, tirées de la Jurisprudence du Royaume & des Privileges authentiques de l'Eglise Gallicane; mais foibles, molles, & dans un style qui n'approche en rien de l'orgueil de la pourpre Romaine & qui ne peut être agréable au sacré College.

On assure que l'Abbé *Georgel*, lorsqu'il a été exilé, étoit sur le point de partir pour Rome, où il devoit aller prendre la défense du Cardinal. Cet accusé est très embarrassé sur le choix d'un autre défenseur.

6 Avril 1786. On annonce avec beaucoup d'emphase dans une Lettre écrite de Madrid le 4 Mars à l'Abbé de Saint Léger, un livre Espagnol nouveau qui s'imprimoit alors & doit faire autant & plus de bruit que le *Don Quichote de Cervantes*: c'est un Poëme intitulé *la femme heureuse, dépendante du monde & de la fortune, par un Philosophe inconnu.* L'auteur est un Pere André *Merino*, des Ecoles Pies. On est déjà occupé à le traduire en françois. Toute cette annonce tient beaucoup de la charlatanerie.

7 Avril 1786. Extrait de la premiere Requête du Cardinal au Parlement.

,, Supplie, &c. disant qu'il se fera toujours
,, un devoir & une gloire de reconnoître l'au-
,, torité souveraine du Roi ; & qu'à ce titre
,, tous ses sujets, de quelque dignité qu'ils
,, soient revêtus, sont soumis à sa puissan-
,, ce ; mais qu'en rendant le plus sincere hom-
,, mage à cette dépendance, il ne sauroit
,, oublier les droits & les privileges des corps
,, dont il est membre.

,, Que par une discipline qui remonte jus-
,, ques aux premiers siecles de l'église, les
,, Evêques doivent être jugés par les Supé-
,, rieurs Ecclésiastiques ; que les Empereurs
,, Romains, en embrassant la religion Chré-
,, tienne, ont trouvé cette discipline établie
,, dans l'église & que leur piété leur a fait
,, une loi de confirmer une discipline inspi-
,, rée par la déférence dûe aux premiers Mi-

„ nistres de la Religion, revêtus de l'auto-
„ rité de Jésus-Christ & qui ont l'honneur
„ d'être associés à son Sacerdoce.
„ Qu'à l'exemple des premiers Empereurs
„ Chrétiens, tous les Souverains des Monar-
„ chies Catholiques, formées des débris de
„ l'Empire Romain, ont eu les mêmes sen-
„ timens & la même piété: que, dans la
„ France en particulier, nos Rois qui se
„ sont toujours signalés par la protection
„ qu'ils ont accordée à l'Eglise, ont dans tous
„ les tems reconnu & confirmé ce privilege
„ des Evêques d'être jugés par leurs Pairs,
„ ou par leurs confreres dans l'Episcopat:
„ que même depuis la distinction introduite
„ dans le Royaume entre le délit commun
„ & le cas privilégié, on n'a pas cessé de re-
„ specter cet ancien privilege; & que si l'on
„ a réservé aux Tribunaux la connoissance
„ de ce qu'on appelle le *cas privilégié*, on a
„ constamment laissé au Tribunal Ecclésiasti-
„ que le jugement du *délit commun*.

Que tous nos auteurs rendent témoignage
avec d'*Héricourt*: „ que jamais dans le Ro-
„ yaume, les Evêques inculpés de délit pri-
„ vilégié qui ont réclamé leur privilege,
„ n'ont subi de jugemens dans les Cours se-
„ culieres, avant d'avoir été traduits au Tri-
„ bunal Ecclésiastique, & jugés par leurs
„ supérieurs dans l'ordre hiérarchique."

Que M. *d'Aguesseau* dans un Mémoire uniquement destiné à établir & défendre la juris-

diction royale, avoue à plusieurs reprises l'existence de cette regle, & qu'il rapporte lui-même une décision formelle du Roi *Philippe le Bel*, qui, dans une pareille circonstance a déclaré: ,, que le droit & la loi vou-,, loient que le jugement Ecclésiastique pré-,, cédât celui de la Puissance civile."

Que le Suppliant étant Ecclésiastique, Evêque & Cardinal, peut & doit révendiquer le Privilege qui lui appartient à tous ces titres. Que s'il étoit un simple Ecclésiastique du second Ordre, il auroit l'avantage de la procédure conjointe, ordonnée par les Edits & Déclarations; procédure qui se fait par le juge Ecclésiastique en présence & de concert avec le juge Royal, & dans laquelle ce dernier Juge ne sauroit porter son jugement, que lorsqu'il lui est apparu de la sentence de l'Official.

Que le suppliant ne pouvant être assujetti à cette forme de procéder, parce qu'il est inouï dans l'Eglise qu'un Evêque ait pu avoir un simple Prêtre pour juge, les dignités supérieures dont il est revêtu ne sauroient lui porter préjudice, rendre son sort plus fâcheux que celui des simples Ecclésiastiques, ni rendre son privilege inutile; qu'il est par conséquent indispensable qu'il ait un Tribunal Ecclésiastique, qui le juge avant le Tribunal séculier; que, comme Cardinal, il a le Pape pour Supérieur immédiat; que, comme Evêque, c'est le Concile de la Province qui, suivant les maximes de l'Eglise Gallicane, est son premier Supérieur dans l'ordre hiérarchique, & que le Privilege dont il jouit à ces titres, & qu'il doit être aussi jaloux de conserver, que ce Privilege est précieux au corps dont il a l'honneur d'être membre, seroit pleinement infructueux & absolument anéanti, s'il ne lui étoit pas permis de le révendiquer avec effet. Enfin que sa démarche n'a nullement pour objet de méconnoître l'autorité de la Cour qu'il a lui-même réclamée; mais seulement de satisfaire au devoir indispensable que lui imposent les dignités ecclésiastiques dont il est revêtu.

Pourquoi il supplie la Cour, faisant droit sur la présente Requête, ordonner que, conformément à son Privilege, & ayant égard à sa révendication, il lui plaise de le renvoyer par devant le Tribunal Ecclésiastique compétent, pour connoître & statuer sur l'accusation intentée contre lui, pour y être préalablement jugé sur le délit commun.

7 *Avril.* Le Pere André *Merino*, auteur de *la femme heureuse*, est Professeur de Belles-Lettres au college d'Ortalezza: on assure qu'il réunit à une vaste érudition l'esprit le plus facile & le plus gai: que son ouvrage roule principalement sur les moyens d'acquérir des connoissances & qu'il y apprécie finement l'étendue de celles des modernes: qu'il est infiniment supérieur à *l'homme heureux* du Portugais *Almeida*.

Toutefois jusques à présent les autres productions du Pere *Merino* ne sont pas dans un genre qui puisse donner une haute idée de son goût pour la plaisanterie; il est auteur d'une *Paléographie* Castillanne, propre à le faire figurer seulement à côté des *Mabillons* & des *Montfaucons*; il a donné encore une traduction Espagnole des Oraisons de *Cicéron*, un Dictionnaire Arabe &c. On peut donc rester en défiance contre les éloges outrés, prodigués à son poëme, même par le censeur *Capmani*.

7 *Avril.* Les Sieurs *Cheron*, *Laïs* & *Rousseau* ont été très mal accueillis du Baron de Breteuil qui, bien loin d'acquiescer à leur demande, leur a déclaré qu'il falloit d'abord qu'ils restassent encore un an avant d'obtenir leur retraite; que dans ce cas-là même ils ne l'auroient qu'à condition de n'entrer dans aucune troupe, de ne jouer nulle part dans le Royaume & que, s'ils en sortoient pour passer chez l'étranger, toutes leurs pensions seroient supprimées dès cet instant.

L'exemple de Mlle. *de Ste. Huberty* qui, malgré son sexe & son talent supérieur, n'a pas été mieux reçue, il y a six mois, auroit dû mettre en garde ces Messieurs: on croit qu'ils prendront le parti de se radoucir & de rester.

7 *Avril.* Par les éclaircissemens pris, il n'est que trop vrai qu'il y a eu un bourgeois de Beauvais tué dans le parterre. C'est à

l'occasion d'une porte ouverte sur le théâtre, qu'un garde du corps qui en jouissoit pour voir le spectacle, avoit fermée sur les cris unanimes du public *fermez la porte*; ses camarades lui en ayant fait des reproches, on est convenu de réparer cette espece de foiblesse. On a tiré au sort à qui seroit le premier mutin : on est également convenu de ceux qui le seconderoient ; enfin il paroît que c'étoit un complot formé, qui ne s'est que trop littéralement exécuté le dimanche 26 Mars. Le garde du corps qui devoit être le chef de meute, ayant gardé son chapeau, comme on lui crioit de l'ôter, a affecté de l'enfoncer davantage. Le parterre s'est soulevé: plusieurs désignés pour cet office y sont entrés l'épée à la main; d'autres se sont emparés de la porte pour empêcher personne de sortir: enfin ceux qui étoient dans les loges s'en sont mêlés aussi & dardoient leur épée sur les bourgeois qui sembloient résister à la dragonnade des premiers. Il y a eu réellement un homme tué, quatorze ou quinze de blessés, dont plusieurs grièvement & menacés d'en périr. La comédie a cessé: la ville a députe à Versailles. M. le Duc *d'Ayen* est parti pour Beauvais avec l'état-major, & l'on dit qu'il y a eu sur le champ un Conseil de guerre pour juger les coupables: cependant on ne parle ni de roue, ni de potence, ainsi que le cas le requéreroit; mais simplement de cassation, de dégradation, de prison. Ce sont encore de nouveaux détails qu'il faut attendre. Il est fort à craindre que cette horreur ne soit pas plus punie que celle de Troyes, à l'égard d'un garde du corps qui, après avoir insulté la sœur, tua dans ses bras le frere qui la défendoit, le coupable est resté sans châtiment.

8 *Avril* 1786. Me. *Tilorier*, l'Avocat du Comte *de Cagliostro*, n'ayant point de communication avec son client lors de l'élargissement de la Comtesse, & ne pouvant conséquemment lui apprendre de bouche ou par écrit cette bonne nouvelle, est allé peu de jours après sur le boulevard vers l'heure où il savoit que le prisonnier se promenoit & lui a fait des signes propres à l'instruire; il a jugé par ceux que lui a rendus le Comte de Cagliostro, qu'il en avoit été compris. Il paroît que le gardien du prisonnier n'a pas vu, ou a affecté de ne pas observer cette intelligence & ce langage muet.

8 *Avril.* Quoiqu'il n'y ait que peu d'années que le cimetiere des Innocens soit fermé, on compte déjà s'en servir aux usages profanes. En conséquence, après avoir rempli les cérémonies religieuses nécessaires en pareil cas, durant la nuit on a fait travailler à l'exhumation des cadavres trop à fleur de terre, on les a transférés dans un trou profond, où l'on les a jettés avec de la chaux; on a de la sorte égalisé le terrein partout, en laissant une profondeur suffisante
de

de terre pour recevoir les pavés. Cet arrangement qui exigeoit de grandes précautions, n'a eu lieu qu'en préfence de médecins de la Société Royale, préfidans fans relâche aux opérations.

8 *Avril.* Avant-hier la Grand' Chambre affemblée, le Sr. *Rotou de Villette*, fur la dénonciation & plainte du Procureur général, a été décrété de prife de corps.

8 *Avril.* La requête des trois hommes condamnés à la roue ayant été admife au bureau des caffations, elle a été rapportée lundi dernier par M. *Blondel* au Confeil affemblé: très peu de voix, neuf ou dix au plus, ont été pour la rejetter & 51 pour ordonner l'apport des charges & informations.

9 *Avril* 1786. La feconde requête du Cardinal eft proprement un long Mémoire qui accompagnoit la premiere. Il eft intitulé *Principes*: ce n'eft qu'une ample déduction des autorités y annoncées venant à l'appui des Privilèges qu'il réclame. Il eft inutile de s'étendre davantage fur cette piece, où l'on traite une matiere purement canonique & fort ennuyeufe.

Il ne faut pas confondre ces deux requêtes avec une autre, appellée en termes de l'art *Requête d'atténuation*; celle-ci n'a pas été plus imprimée que les précédentes & l'on ne la connoît que par des copies manufcrites; elle eft auffi très longue & fon objet eft de prouver que dans fa malheureufe affaire, le Cardinal a été groffierement trompé

& non trompeur. Un fait essentiel qu'il avance, c'est qu'il a gardé par devers lui l'écrit montré aux jouailliers, lequel contenoit des approbations, prétendues écrites par la Reine; qu'il en a fait lui-même la déclaration au Roi dans le moment de sa détention & l'a remis pour Sa Majesté au Ministre, comme une preuve de l'erreur dans laquelle il avoit été plongé par l'artifice.

9 *Avril* 1786. On peut se rappeller une Madame *de Warens*, qui joue un grand rôle dans les Confessions de Rousseau: elle est morte; mais un de ses parens ou amis, ou quelque ennemi de l'historien, a publié depuis peu des Mémoires concernant cette Dame, où il la venge de la maniere indécente dont Rousseau la traite & refute surtout plusieurs calomnies avancées sur son compte. Ces Mémoires sont fort rares: l'on n'en parle que sur parole.

9 *Avril*. Les vers contre le Parlement à l'occasion des trois hommes condamnés à la roue, sont appellés la *décade*, parce qu'ils composent une espece de dixain historique; ils sont en effet adressés à M. *Dupaty*; on lui parle de la sorte:

Ce premier Sénat de la France
Si fier & si vil à la fois,
Bien plus barbare encore que *nos* barbares loix
Combattant aujourd'hui pour sa vieille ignorance,
Arme, dit-on, contre ta voix
Sa fanatique intolérance.

Il manquoit à sa honte un dernier deshonneur,
Il manquoit ce triomphe à ta juste éloquence;
Mais s'il a, sans remords, égorgé l'innocence,
Il pourroit sans rougir, flétrir son défenseur.

9 *Avril.* Extrait d'une lettre de Beauvais du 29 Mars..... Je ne vous ai parlé qu'en gros de la catastrophe arrivée à notre spectacle, où je n'étois pas heureusement & voici les détails plus circonstanciés.

C'est effectivement à l'occasion d'une porte qu'un garde du corps tenoit ouverte sur le théâtre le dimanche 19 de ce mois, & que sur les cris du Parterre, auquel cette irrégularité ôtoit l'illusion du spectacle, il avoit été forcé de fermer, malgré la défense de plusieurs de ses camarades, que la dragonnade du dimanche suivant 26, a eu lieu. Le lendemain, ce garde du corps trop honnête au gré des autres, en reçoit une réprimande; on lui dit que ce n'est pas pour un public aussi mal composé, qu'un Militaire doit céder & qu'on lui fera voir comment on morigine un parterre de cette espece. D'après le complot formé, au jour indiqué, trente de ces Messieurs environ occupoient des deux côtés les places sur le devant du théâtre: l'un d'eux avoit le chapeau sur la tête, qui, bien loin d'avoir égard à la réclamation du parterre, répond par des grossiéretés & finit par vouloir lancer un tabouret dans cette foule: ses camarades affectant un air de modération, l'en empêchent. Cependant on leve la toile pour commencer & il réfifte toujours aux cris du public & fe précipite par les premières loges dans le parterre, l'épée nue & la pointe baffe; il eft bientôt fuivi de quatre autres, du nombre desquels étoit le premier coupable, le moteur de tout; quelques autres s'y joignent & un carnage horrible commence. Vingt perfonnes au moins ont été bleffées, dont quatre affez grievement: un feul eft mort prefque fur le champ, marié depuis deux ans; il a une femme prête d'accoucher.

On rétablit du mieux qu'il fut poffible la baluftrade qui fépare le parterre de l'orcheftre, brifée dans ce choc affreux; l'on voulut continuer la repréfentation & l'on avoit recommencé, lorfque les affaffins reçurent ordre de l'Etat-major de fe rendre à l'ordre, & le bruit de la mort du jeune homme s'étant bientôt répandu, on fit ceffer le fpectacle. Voilà où les chofes en font.

On dit que le Roi eft furieux; qu'il veut que les coupables foient punis en juftice réglée & que la compagnie dont ils font, ne ferve pas d'un an auprès de fa perfonne.

10 *Avril*. Toutes les feuilles publiques ont parlé dans le plus grand détail du vol fameux fait à Lyon la nuit du 30 Décembre. Il s'agit d'une fomme de 400,000 livres, en argent, enlevée, tranfportée & fouftraite à tous les regards en deux heures. Ne pouvant depuis plufieurs mois en découvrir au-

cun indice, on s'eſt imaginé d'en faire parvenir la rumeur dans les cabanons de Bicêtre. Un des brigands conſommés de ce lieu, étonné de la grande conception de celui qui avoit entrepris un pareil coup, s'écria: ,, voilà ,, un coup de génie; je ne connois qu'*Antoine* capable de l'exécuter." Deux voleurs arrêtés depuis, complices de cet *Antoine*, ont déclaré que c'étoit en effet ſous les ordres de ce chef qu'ils avoient commis le vol en queſtion.

Le nom de famille d'*Antoine* eſt *Thévenet*; il eſt de Lyon & y réſidoit: il y avoit quatre domiciles & une maîtreſſe en titre, nommée *la Comteſſe*, qui eſt arrêtée. Il changeoit à ſon gré de nom, de coſtume & d'état; tantôt officier, tantôt commerçant, tantôt juriſconſulte: il avoit dans l'un de ces domiciles une bibliotheque, dans l'autre divers uniformes, & dans un troiſieme on a trouvé de très belles nippes en femme. Il excelloit dans la ſerrurerie, & à la ſimple inſpection d'une clef, il en faiſoit une pareille pour s'en ſervir au beſoin. Il avoit ainſi contrefait toutes les clefs des magaſins & comptoirs de M. Finguerlin (c'étoit le poſſeſſeur des 400,000 livres) & à l'aide de ces clefs il étoit entré de nuit à pluſieurs repriſes dans la maiſon; mais *Antoine* inſtruit du tréſor qu'attendoit ce correſpondant, avoit remis la partie à cette époque & avoit d'avance pris les mesures nécessaires pour bien cacher la somme & promptement elle avoit été déposée en totalité dans une cave louée depuis longtems à six maisons de distance seulement de celle de M. *Finguerlin.* Ils étoient huit pour l'expédition. On est à la poursuite du fameux *Antoine,* il y a déjà plus de six semaines, sans aucun succès.

10 *Avril.* On appelle *Examen & exercice des eleves de l'école royale du chant,* la représentation donnée par eux sur le théâtre de l'hôtel des Menus le 4 de ce mois. L'assemblée étoit brillante & nombreuse. Les trois sujets qui ont été les plus applaudis, sont Mlle. *Mullot,* jouant le rôle d'*Angélique,* qui a déployé une grande sensibilité, jointe à une voix pure, flexible, étendue, & à une maniere de chanter facile & expressive. On a trouvé aussi de l'ame, de l'intelligence & une bonne qualité de voix au Sieur *Dessaules,* qui a fait *Roland*: enfin le Sieur *le Fevre* a rendu avec intérêt le rôle de *Medor.* On a singulierement été frappé de la justesse avec laquelle ils ont tous exécuté les morceaux d'ensemble, ainsi que les ballets. Enfin il y a de ces éleves qu'on croit pouvoir figurer dès l'année prochaine avantageusement sur le grand théâtre.

11 *Avril.* On dit que les travaux de Cherbourg seront poussés cette année-ci avec la plus grande activité. Il y aura certainement

quatre cônes de lancés aux nouvelles & pleines lunes d'Avril & de Mai; un cinquieme pourra l'être dans le mois de Juin & peut-être deux autres dans le courant de l'année. Les forts seront élevés à mesure que ces masses seront établies; en sorte qu'il passe pour constant qu'à la fin de 1787 une flotte de quarante vaisseaux pourra être en sûreté dans cette rade.

11 *Avril.* On peut se rappeller un legs de 600 livres de M. *Grosley*, pour ériger un monument au célébre *Antoine Arnault*: une autre personne qui ne se nomme point, a consigné aussi cinquante louis, & le projet prend consistance: il s'agit d'une statue de marbre.

11 *Avril.* Depuis l'ouverture des concerts spirituels, il a paru sur cette scene une cantatrice Italienne, qu'on n'avoit pas encore entendue, M.lle *Tomeoni.* Sa voix a semblé belle, pure, agréable; mais un mauvais choix de musique l'a empêchée de briller, d'ailleurs on lui juge peu d'habitude de chanter le récitatif; elle aura le loisir suffisant pour prendre sa revanche, si elle l'ose.

11 *Avril* 1786. On a fait un second vaudeville sur l'air O *filii*, comme celui du mois de Janvier, air plus analogue au tems: le nouveau vaudeville contient des couplets plus plaisans & d'autres plus malins sur l'affaire du Cardinal, dont il est un résumé historique au moment actuel. Il est en huit couplets:

Nous voici dans le tems pafcal,
Que dites-vous du Cardinal?
Apprenez-nous s'il chantera:
   Alleluia.

❋

Le Saint Pere l'avoit rougi,
Le Roi de France l'a noirci,
Le Sénat le favonnera:
   Alleluia.

❋

Que *Cagliostro* ne foit rien,
Qu'il foit Maltois, Juif ou Chrétien;
A l'affaire que fait cela?
   Alleluia.

A Verfailles, comme à Paris,
Tous les grands & tous les petits,
Voudroient élargir *d'Oliva*:
   Alleluia.

Planta du fond de fa prifon,
Demande grace au bon Baron,
Qui lui dit qu'il y reftera:
   Alleluia.

De *Valois* l'hiftoire infenfée
Par un roman fut commencée;
Un Collier la terminera:
  Alleluia.

Le pauvre *Bette d'Etienville*,
Au lieu de la belle *Courville*,
Sur un poteau s'accollera:
  Alleluia.

Voici l'hiftoire du procès.
Qui met tout Paris en accès;
Nous dirons quand il finira:
  Alleluia.

On voit par le cinquieme couplet ci-deffus, & il a été vérifié depuis, que le Baron *de Planta*, pour lequel le Parlement avoit également chargé le Préfident *d'Ormeffon*, & enfuite le Premier Préfident, d'interpofer leurs bons offices auprès du Roi, n'eft pas auffi heureux que Madame de Caglioftro; il refte toujours à la Baftille, quoiqu'il ne foit frappé d'aucun décret, & fuivant l'auteur du vaudeville, ce feroit le Baron *de Breteuil*, qui détermineroit Sa Majefté à cet acte de rigueur continuë.

12 *Avril* 1786. Longchamp a été très brillant aujourd'hui; mais on a furtout été frappé de la magnificence de l'équipage, de

la richesse des harnois, de la beauté des coursiers de la Demoiselle *Adeline* de la comédie Italienne. Ce luxe subit & excessif a excité la curiosité générale sur l'auteur de ce cadeau & l'on a su bientôt que c'étoit le Sieur *de Weimeranges*, l'Intendant actuel des postes & relais de France, qui avoit donné mille louis à cette actrice pour son Longchamp. On a déjà parlé de ce personnage & il faut se rappeller ce qui en a été dit.

12 *Avril*. On annonce un troisieme *Factum* du Sieur Bette d'Etienville, où il se qualifie de bourgeois de Saint Omer, d'ancien chirurgien sous-aide-major des hôpitaux militaires. Celui-ci est particulierement destiré à servir de réponse au Mémoire du Baron de Fages; il est toujours de Me. *de Montigny* & ne passe pas pour être mieux fait.

13 *Avril* 1786. Le nouveau Mémoire du Sieur *d'Etienville* paroît assez motivé par son titre de *Réponse à celui de M. de Fages*. Il est divisé en trois paragraphes.

Dans le premier, le Sieur d'Etienville repousse une inculpation grave de son adversaire, suivant laquelle il a été accusé d'escroquerie & le somme de lui en administrer la preuve, sous peine de passer pour calomniateur.

Dans le second, il se justifie d'avoir été en aucune maniere complice de Madame *de la Motte*, & discute l'une après l'autre les quinze preuves ou moyens qu'allégue le Baron pour le perfuader aux lecteurs. Il rappelle à cet effet fa confrontation du onze Mars avec Madame de la Motte & parle de celle du quinze avec le Cardinal; confrontation importante, qui a commencé à 8 heures du foir & n'a fini que le lendemain à deux heures du matin. Rien de bien curieux toutefois dans cette derniere; mais il eſt aiſé d'en conclure que la Dame de Courville exiſte & que le Cardinal ne le nie pas: il nie feulement d'avoir jamais vu le Sieur d'Etienville, qui perſiſte dans ce qu'il a dit à cet égard.

Dans le troiſieme enfin, il explique certains reproches perſonnels du Baron, comme celui d'en avoir reçu des habits.

En général, il y a peu de logique dans cet écrit; les raiſonnemens n'en ſont rien moins que victorieux, & quant au ſtyle, il n'eſt pas meilleur que celui du précédent. C'eſt encore une rapſodie pour gagner de l'argent; & afin de ne pas voir le cours de la diſtribution interrompue, on affecte de ménager le Cardinal, de le flatter même quelquefois, ainſi que toute la maiſon de Rohan.

13 *Avril* 1786. Par un heureux hazard le Roi ayant vu une Lettre de Beauvais qui racontoit la dragonnade de la comédie dans toute ſon horreur, a fait reproché au Duc *d'Ayen* de l'avoir trompé, en lui déguiſant les faits. Il s'eſt recrié ſur le malheur qu'il avoit d'être gardé par des aſſaſſins & a déclaré qu'il vouloit que l'affaire fût finie en juſ-

tice réglée. Enforte que, malgré le Conseil de guerre tenu à ce sujet, les Juges de la ville continuent leurs informations, ont lancé des décrets, & condamneront au moins les coupables par contumace. Il s'est élevé à ce sujet une contestation entre la Justice Royale & les Officiers de l'Evêque Comte de Beauvais, qui vouloient en connoître en premiere instance; le conflit ayant été porté au Parlement, la question a été décidée en faveur de la premiere.

14 *Avril*. Le Sieur *de Villette* en effet a été décrété le 6; le 8 il a été interrogé par M. *Titon de Villotran*; le 10 le procès a été réglé à l'extraordinaire envers lui: le onze il a dû être confronté aux accusés & paroître soudain devant eux, sans qu'ils aient été prévenus en rien de sa détention. C'est un coup de théâtre, que s'est ménagé Mr. *de Marcé*, dans l'espérance d'en tirer de grandes lumieres.

14 *Avril*. On continue les calembours fur le Cardinal: M. *Robé* dit qu'il lui en restera du moins déformais le nom de Cardinal *Poinsinet* (Point si net.)

15 *Avril* 1786. Depuis plusieurs jours il passe pour constant que dans un Conseil des dépêches, où l'affaire des Quinze-vingts avoit été portée, fur le rapport de M. *de Tolosan*, l'on a jugé que le Grand-aumônier non-seulement n'avoit point mal géré l'administration de cet hôpital, mais encore en

avoit amélioré les revenus. Dès le voyage de Fontainebleau, il y avoit eu des menées à ce sujet ; elles ont été découvertes, enfin elles ont réussi. Le Parlement est furieux d'un soufflet de cette espèce ; cependant il n'ose, à cause de la circonstance, remuer encore & montrer au Monarque combien on l'a trompé. Il attendra que le procès dont il est chargé en ce moment, soit fini.

15 Avril 1786. Le Sieur *Dubreuil* n'est pas sorti aussi heureusement qu'il l'espéroit de son appel du décret de prise de corps lancé par le Châtelet contre lui. Il n'a point inspiré aux Magistrats de la Tournelle la pitié, que, suivant lui, exige son état depuis un an qu'il est dans les fers. Le Décret a été confirmé le lundi 10 Avril & l'accusé a été renvoyé au premier Tribunal pour le jugement du fond. Ce qu'il y a de surprenant, c'est que M. *Heraut de Sechelles*, l'Avocat général portant la parole dans cette cause, avoit conclu en sa faveur.

Quoi qu'il en soit, Me. *de Seize*, chargé de la défense de l'un des créanciers, n'a pas peu contribué par son éloquence à mettre dans le jour le plus odieux la conduite de ce Notaire, dont le luxe insolent révoltoit déjà le public, encore plus indigné, lorsque sa banqueroute frauduleuse a éclaté. L'exorde & la péroraison de son plaidoyer imprimé pour le Sieur *Boucher des Noyers*, Commissaire des Gardes du Corps & Suisses de *Monsieur*, font un double chef-d'œuvre & de vigueur & de pathétique.

16 *Avril* 1786. En ce moment, où l'on travaille à préparer le terrein du cimetiere des Saints Innocens pour en faire un marché, les faiseurs d'inscriptions s'évertuent déjà. En voici une de M. l'Abbé *Jannet*, auteur de nouvelles hymnes, qui paroît dans la vérité & la simplicité du sujet; malheureusement elle est en latin :

Qui locus horrenda squallebat imagine mortis
Suppeditat lautas civibus ecce dapes:
Hinc pete, quo rapidæ sit fas extendere vitæ
Tempora: venturam sed meditare necem.

16 *Avril.* On ne doute pas aujourd'hui que le Mémoire du Cardinal tant attendu ne paroisse enfin. On va se faire inscrire d'avance chez le Suisse de son Eminence, par le seul empressement de le lire, sans doute; car il y en aura pour tout le monde, puisqu'on assure qu'il en sera tiré trente mille exemplaires.

16 *Avril.* On peut se rappeller combien M. le Cardinal de Rohan est peu aimé de son Chapitre de Strasbourg: on a déjà vu ce qu'a fait celui-ci depuis que son Eminence est sous la main du Roi. Lorsque le Décret de prise de corps a été prononcé contre elle, M. *de Ségur*, le Secrétaire d'Etat ayant le Département de l'Alsace, a écrit au Chapitre

pour l'en avertir, afin qu'il prît l'administration du Diocese, en le prévenant de n'exercer aucun acte de jurisdiction sur les parties de territoire appartenantes à l'Empereur ou à l'Empire, sans avoir rempli les formalités & les procédures nécessaires en pareil cas. En conséquence le Chapitre a confirmé les Pouvoirs des Grands Vicaires nommés par l'Evêque pour la régie du Diocese & s'est mis en règle.

Un Sieur *Boyer*, le correspondant de la gazette de Leyde, a prétendu que le Chapitre avoit consulté le Pape à ce sujet, & il y a envoyé un Bref de Sa Sainteté en réponse, où le Cardinal est fort maltraité & préjugé d'avance coupable. Il n'a pas senti que cette piéce étoit factice, le gazetier pas plus que lui; il l'a insérée dans sa feuille. L'Internonce qui réside ici, en est furieux & doit faire se rétracter le gazetier.

16 *Avril.* Une circonstance & anecdote particuliere de la Réponse du Roi au sujet des opérations de la monnoye qu'il ne faut pas omettre; c'est que le Premier Président a rapporté que Sa Majesté étoit si mécontente des tracasseries du Parlement contre son Contrôleur général, qu'elle a fait un geste d'indignation qui a effrayé ce Magistrat.

17 *Avril* 1786. Ce qui faisoit présumer, d'après les bruits publics, que le Roi étoit réellement instruit & indigné de la dragon-

nade de ses gardes du corps à Beauvais, c'est qu'on eût souffert que dans le Mercure du samedi 8 Avril, feuille spécialement soumise à l'influence ministérielle, on eût inséré en entier une Lettre contenant le détail circonstancié du fait présenté dans toute son horreur, même avec les Lettres initiales des noms de ces militaires les plus coupables. Depuis on a prétendu qu'on avoit circonvenu Sa Majesté & que l'affaire se civilisoit; ce que l'on lit dans le Mercure, suivant d'avant-hier 15, porteroit à le croire. Le fait y est absolument déguisé & adouci de beaucoup. Ce n'est pas la suite d'un complot prémédité de huit jours; c'est un parterre d'ouvriers étrangers, employés aux manufactures de Beauvais, qui a crié arrogamment à un garde du corps, *chapeau bas*, qui a troublé le spectacle, qui l'a insulté: alors un des camarades de l'insulté s'est jetté l'épée à la main dans le parterre; il a été suivi de plusieurs autres. Cette affaire n'a duré qu'environ quatre minutes. La comédie continua tranquillement, & l'on n'apprit qu'après la piece la fin tragique du malheureux. Le garde qui a conservé son chapeau, & celui qui a sauté dans le parterre, ont été arrêtés & enfermés. Les coupables qu'on a pu découvrir, ont été renvoyés du corps. On ne connoît point celui qui a tué par mégarde l'ouvrier. En voilà bien assez pour venger la mort d'un vilain.

Tou-

Toutefois l'aventure cause un grand chagrin à tous les gardes du corps, troupe aussi bien composée que disciplinée.....

17 *Avril* 1786. Quoique le Sieur *de la Blancherie*, qui a fait déjà plusieurs fois banqueroute, ne soutînt son établissement toujours chancelant que par les secours pécuniaires reçus des grands Seigneurs & gens riches, qui avoient voulu se prêter à le seconder; son caractere impérieux & insolent n'avoit point changé, il vouloit faire le maître, lorsqu'il n'auroit dû être que le très humble serviteur de tous. Enfin il a comblé la mesure, & non-seulement le Sieur *Duprat*, Secrétaire général pour l'administration, y a renoncé le 5 de ce mois; mais le Conseil, mais le comité de la Correspondance générale & gratuïte pour les sciences & les arts, se sont retirés aussi: ils ont affecté d'en instruire le public par des annonces insérées dans diverses feuilles périodiques.

17 *Avril* 1786. Il paroît que Madame *Tomeoni* a été si mal accueillie, qu'elle n'a pas osé reparoître au concert spirituel. C'est M. *David* qui en a fait les beaux jours: lorsque ce *Tenor* vint l'année derniere, on ne l'avoit pas généralement goûté; on désapprouvoit les nombreux passages dont il surchargeoit son chant, même dans le récitatif; on s'y est fait aujourd'hui; Mr. *Piccini* & les autres Italiens nous ont plus formés à son genre; mais ses anciens détracteurs,

pour soulager leur amour-propre & n'avoir point l'air de se rétracter, disent que sa meilleure santé donne à sa voix plus de facilité, plus de timbre & que c'est seulement son talent qui s'est perfectionné, & non leurs oreilles.

18 *Avril* 1786. M. l'Abbé *Thabouet*, le correspondant de Me. *Linguet*, déclare aux souscripteurs qui vont le trouver, comme l'agent de ce journaliste & lui en reprocher le silence, qu'il n'a plus absolument aucune relation avec lui, depuis leur entrevue à Bruxelles, qui est, ce semble, l'époque de leur séparation. D'un autre côté, Me. *Linguet* écrit de Vienne qu'il a renoncé à la littérature; qu'il va jouir d'un parfait repos: que ses deux derniers numéro, par des considérations particulieres sont restés sans être distribués, mais qu'ils doivent enfin paroître & qu'on y trouvera ses adieux au public.

18 *Avril* 1786. Un particulier riche de Lyon ayant séduit une jeune personne, elle se trouva enceinte; le séducteur lui proposa de la marier & la chargea de choisir un époux. Elle jetta les yeux sur un jeune homme, qui souscrivit à toutes les conditions, & qui, seulement le jour des nôces, promit à son épouse de la respecter parfaitement. Cette femme accoucha une fois, deux fois, trois fois; &, à chaque naissance d'enfant, l'homme riche dotoit par testament le nouveau-né, fils de tel & de telle.

L'homme riche mourut; le mari tomba malade, & dans cette maladie qui fut mortelle, on reconnut en lui une femme déguisée: les héritiers de l'homme riche constaterent le fait, & ils pourfuivirent la nullité des legs faits aux enfans nés d'un mariage qui n'a pu être consommé.

Cette anecdote est la matiere d'un procès fort singulier, il se plaide au Châtelet & excite la curiosité générale.

19 *Avril* 1786. Le bruit court que M. *de la Reyniere* a été enlevé lundi dernier par Lettre de cachet & conduit dans une maison de moines. Double injustice: en ce que d'abord cette punition n'est pas légale; ensuite en ce qu'elle le souftrait aux réparations qu'a droit d'en exiger M. *de Saint Ange*.

19 *Avril*. Il figure dans le procès du Cardinal un religieux nommé le Pere *Loth*, & beaucoup de gens demandent à propos de quoi? Peut-être seroit-il à désirer pour son honneur, pour celui de son Ordre & de la religion, qu'il fît un Mémoire, où il expliqueroit comment il se trouve impliqué dans cette monstrueuse affaire; comment même il a éprouvé dans le commencement une légère détention, suivant du moins le bruit qui en a couru. Voici en attendant ses éclaircissemens, ceux qu'on tient de gens qui en paroissent au fait.

Ce Pere *Loth* est Minime, Prédicateur & bon homme. Madame la Comtesse *de la*

Motte louoit sa maison rue Saint Claude des Minimes; de-là la connoissance établie entre elle & ce religieux, un des matadors de son Ordre. Il avoit envie de se pousser dans la carriere de la chaire & instruit des liaisons de cette Dame avec le Grand-Aumônier, il lui fait sa cour, afin qu'elle le protege auprès de M. le Cardinal, pour lui obtenir la faveur de prêcher devant le Roi. Madame *de la Motte* s'y prête, en parle à son Eminence, qui consent à voir le Pere *Loth*. Celui-ci ne prévenant pas infiniment le Grand-Aumônier par son extérieur & son élocution, M. le Cardinal lui fait envisager la difficulté du rôle qu'il sollicite; rôle qui ne vas pas à toute espece de Prédicateurs. Le Minime insiste: son Eminence lui dit d'aller trouver Mr. *Target*, son ami, Avocat estimé, membre de l'Académie françoise, auquel il a confiance, de lui lire le sermon qu'il voudroit prêcher pour essai à Versailles, & qu'elle se déterminera d'après le compte que lui en rendra ce Censeur, auquel elle l'adresse. Le Pere Loth satisfait avec docilité à l'invitation du Grand-aumônier. Me. *Target* rend un compte favorable du Discours: en conséquence le Pere *Loth* prêche devant le Roi le sermon de la Pentecôte. Encouragé par cet essai, il avoit l'ambition d'aller plus loin & en conséquence continuoit de faire assidument sa cour à Madame *de la Motte*, de se prêter à toutes ses fantaisies: celle-ci, de son côté, n'étoit pas fâchée de voir un religieux mêlé dans ses intrigues, qu'elle espéroit rendre plus inextricables, à mesure qu'elle en multipliéroit les acteurs. Telle est la filiation de la connoissance, dégénérée depuis en liaison & en intimité très grande entre le Minime & cette aventuriere.

20 *Avril* 1786. La persécution qu'éprouve M^e. *de Laleu*, le rend de plus en plus intéressant; on continue à s'en entretenir & l'on ramasse tout ce qui a rapport à son affaire. Voici un fragment de la Lettre que lui écrivoit M. *Dupaty*, en lui adressant le contrat de cent Louis de rente; Lettre qui a été déchirée dans le premier mouvement d'indignation de cet Avocat & dont il n'est resté que ce morceau précieux.

Le Président, après avoir rappellé à M^e. *de Laleu* toutes les instances qu'il avoit faites pour l'engager à signer son Mémoire, concluoit en ces termes: „ Voilà ce que je „ vous disois, Monsieur, pour vous déter„ miner à signer; votre regard s'alluma, „ vos yeux se mouillerent & vous signâtes. „ Cependant, si je me suis trompé, en vous „ rassurant sur les démarches de votre Or„ dre, je dois réparer de mon mieux le tort „ que pourra faire à votre fortune cette „ erreur involontaire. Je vous envoye donc „ l'engagement d'une rente viagere de cent „ Louis, en cas que votre radiation s'effec„ tue. Je voudrois vous faire plus; mais

„ j'ai sept enfans. L'opinion publique &
„ votre conscience acheveront, j'espere,
„ de m'acquitter. D'ailleurs, ce tableau de
„ trois hommes innocens, que vous aurez
„ contribué à arracher de la roue, empreint
„ pour jamais dans votre imagination & dans
„ votre conscience, doit bien se compter
„ pour quelque chose."

On a rapporté les mots qu'écrivit au bas du contrat M^e. *de Laleu*. Le Magistrat pénétré de la plus vive sensibilité lui répliqua: *je vous offre donc une amitié éternelle*, & l'Avocat termina ce beau combat de générosité par la phrase: *je l'accepte, cela répare tout*.

20 *Avril*. Extrait d'une lettre de Merinville, diocese de Sens, le 10 Avril 1786.... M. *de la Borde* fait exécuter ici un jardin Anglois, sans contredit un des plus curieux qu'on puisse imaginer. D'ailleurs il n'y avoit qu'un pareil Crésus capable d'y suffire.

Pour bien concevoir l'étendue du plan & la difficulté de l'entreprise, il faut se représenter un vaste marais, une tourbiere environnée de montagnes, mais traversée par la riviere d'*Etampes*, qui est considérable, dont les eaux claires, abondantes, poissonneuses promettoient les plus grands effets.

Il falloit d'abord dépenser plusieurs millions, pour donner à ce fond mouvant & boueux la solidité nécessaire; c'est ce qu'on fit en employant trois ou quatre cens ouvriers à fouiller une montagne, à l'applanir pour en étendre les déblais dans le marais, après avoir enlevé de celui-ci la premiere couche de vase & de bourbe.

Ensuite on a replacé ce terrein marécageux sur la couche plane de la montagne qui avoit disparu, on a amalgammé ces deux sols si différens, & il en est résulté un terrein également fécond & nécessaire aux plantations futures.

La troisieme opération consistoit à donner à la riviere, non point une marche en ligne droite, mais un cours tortueux, que l'œil aime tant à considérer & qui est d'ailleurs imité de la nature.

La riviere d'Etampes circule donc à droite & à gauche & en tout sens, dans la nouvelle plaine de Merinville.

En formant cette plaine, on a eu soin de pratiquer une cascade; on a fait tomber les eaux de dessus des roches irrégulieres dans un magnifique bassin ; les eaux passent de ce bassin sous un pont immense artificiel, d'une seule arche, toute formée de vieilles roches irrégulieres. Mille blocs tortueux avancent & semblent menacer ruine ; on y voit des vuides, indices de chûtes récentes : il est difficile de concevoir un pont aussi grotesque.

Au dessus & à côté se trouvent des grottes souterraines, avec des sieges & des lits de mousse ; tout y invite au repos : on y entre, on se couche, on s'étend sur le duvet champêtre. D'un côté, la présence de la cascade occupe la vue, tandis que le bruit de la chûte des eaux s'empare du fens de l'ouïe.

Paſſe-t-on dans la grotte voiſine, on n'entend plus qu'un murmure ſourd & confus de la belle caſcade, & dans une autre on n'entend plus rien, afin de varier par degrés les ſenſations du voyageur.

Par un autre endroit on remue de nouveau le ſpectateur, on fait paſſer dans ſon ame la crainte & l'effroi. A travers une ouverture il peut appercevoir les roches ſaillantes & menaçantes de l'arche du pont: tout paroît prêt à s'écrouler, ou peu ſolide, tandis que d'un autre côté il voit l'effet entier de la caſcade, il entend le fracas des eaux vraiment épouvantable.

On voit des amas de cailloux roulés tout le long de la riviere, qu'on a étendus dans les nouveaux lits. M. *de la Borde* ſe propoſe auſſi de ménager d'eſpace en eſpace des iſles mobiles & flottantes, qui varieront encore les ſites & les coups d'œil.

Tout a été exécuté en grand dans ce jardin; une colline ôtoit au château la vue d'un charmant payſage voiſin, le maître du lieu ordonne la diſparition de la colline, & les quatre cens ouvriers tranchent la montagne.

Le jardin Anglois de M. *de la Borde* n'offre point encore tous les ornemens qu'il ſe propoſe d'y établir. J'avois une fort mauvaiſe idée de ce financier; mais je me ſuis réconcilié avec lui, depuis que j'ai vu qu'il faiſoit

cet

cet usage, sinon le meilleur, au moins agréable & utile de ses richesses.

21 *Avril* 1786. M^r. *Dagoty*, pere, l'inventeur du *Journal de Physique*, dont l'Abbé *Rozier*, d'abord en société avec lui, s'étoit ensuite emparé en entier, avoit fait entendre ses réclamations à M. le Garde des Sceaux & après beaucoup de sollicitations avoit obtenu un renouvellement de privilege en sa faveur. Mais comme le *Journal de Physique* alloit toujours son train, il avoit fallu en changer le titre. Le nouveau portoit *Observations périodiques sur l'histoire naturelle, la physique & les arts; avec des planches en couleurs naturelles: Journal commencé en 1752, & continué en 1785 par une Société de Gens de Lettres & d'Académiciens.* Il devoit avoir plusieurs avantages sur son rival; le premier, de suppléer à sa lenteur en se reproduisant toutes les semaines; le second, de publier les Mémoires des Savans dès qu'ils paroîtroient; le troisieme, de les rendre beaucoup plus instructifs & à la portée de tout le monde, en y joignant de charmantes figures colorées par le procédé de M. Dagoty; le quatrieme, en associant aux travaux une multitude de coopérateurs instruits de toutes les langues, de rendre Paris l'entrepôt commun des richesses des différentes nations en ce genre, enfin de faire aussi rapidement circuler les écrits & les découvertes des Savans, que les gazettes font circuler les nouvelles politiques.

Le premier Numéro avoit paru le premier lundi de Janvier 1786; la mort de M. Dagoty pere, propriétaire de l'ouvrage, ne l'avoit point arrêté; mais celle du fils, auquel le Journal étoit paſſé, arrivée dès le quatrieme numéro, l'a fait ſuſpendre, & quoiqu'on ait annoncé que ce ne ſeroit que durant quelques jours, depuis ce fatal événement il n'en a rien été imprimé & il eſt à craindre que l'entrepriſe ne tombe abſolument. Ce qui eſt d'autant plus fâcheux, qu'elle commençoit à s'exécuter d'une maniere très intéreſſante.

21 *Avril*. Malgré la diſette des fourrages & leur rareté durant tout l'hiver, les marchés de Sceaux & de Poiſſy avoient été fournis en quantité ſuffiſante tout l'hiver & l'on n'avoit nullement lieu de s'attendre à l'événement d'hier, jour du marché de Poiſſy; au lieu de 1800 bœufs qu'on y attendoit pour l'approviſionnement de la capitale, il ne s'y en eſt trouvé que quatre cens environ. L'alarme s'eſt incontinent répandue; les boucheries ont été fermées & les bouchers parlent de mettre la viande à quinze ſols la livre. On eſpère que la police s'en mêlera & arrêtera leur cupidité.

22 *Avril* 1786. Par une bizarrerie fort ſinguliere, tandis qu'on attaque au Conſeil l'Arrêt du Parlement de Paris contre trois hommes qu'il a condamnés à la roue & qu'on a tout lieu de croire innocens: cette Cour s'occupe de recommencer le procès d'une jeune fille, condamnée illégalement au feu par le Parlement de Rouen. Voici le fait:

Marie Françoise Victoire Salmon, villageoise, née en Basse-Normandie en 1760, accusée des crimes de poison & de vol domestique, fut condamnée le 17 Mai 1782, par le Parlement de Rouen, à être brûlée vive & à être préalablement appliquée à la question. Trois ecclésiastiques heureusement étoient allés visiter un prisonnier & entendirent les protestations de cette fille sur son innocence. Ils en furent émus; ils la consolerent: l'un d'eux fut rendre compte de ce qu'ils avoient vu & entendu à Me. *le Cauchois*, Avocat: dans le même tems cette fille se déclara enceinte; ce qui retarda nécessairement l'exécution. Son défenseur en profita & par une premiere requête très courte il obtint un sursis qui fut notifié aux Juges, précisément la veille du jour où la fille *Salmon* alloit au supplice.

Les choses en cet état, Me. *le Cauchois* adressa ses renseignemens & son travail à Me. *Turpin*, Avocat aux Conseils; le 22 Février 1783, sur le rapport de M. *le Camus de Neville*, Maître des Requêtes, de l'avis unanime, au Bureau des Cassations, on ordonna l'apport de tout le procès secret au greffe du Conseil, afin d'être, par Mrs. les Maîtres des Requêtes, donné leur *avis sur le tout*.

M. *de Neville* ayant été nommé Intendant,

le rapport fut remis à M. *Alexandre*: le 18 Mai 1784, après l'examen du procès, tous Messieurs les Maîtres des requêtes *furent d'avis* de la revision demandée, & le 24 du même mois intervint Arrêt du Conseil d'Etat conforme à cet avis.

Cet Arrêt revêtu de Lettres patentes le 14 Août suivant, elles ne furent enregistrées au Parlement de Rouen qu'en Octobre; le 12 Mars 1785 intervint Arrêt, qui condamnoit seulement l'accusée à un plus amplement informé indéfini, pendant lequel tems elle seroit tenue de garder prison. Cet écrit supprimoit en même tems la Requête imprimée & son Supplément de Me. *le Cauchois*, comme *calomnieux* & injurieux au Bailliage de Caen & à plusieurs citoyens de la même ville.

Cet Arrêt étoit sorti de six opinions différentes dans les douze juges, dont un encore (M. *de Triquerville*) avoit opiné à la décharge de l'accusation, (C'est ainsi que M. *de Hotot*, lors du premier Arrêt, ne trouvoit pas la jeune Salmon coupable.)

Me. *Turpin* présenta de nouveau une requête contre cet Arrêt, & sur le rapport de M. *Foulon de Doué*, le Conseil étant très-nombreux, intervint le 20 Octobre 1785, un autre Arrêt, qui cassa celui de Rouen & renvoya la connoissance du procès au Parlement de Paris, où il est pendant au rapport de M. *Dionis du Séjour*.

22 *Avril* 1786. En faisant la récapitula-

tion de l'année dramatique remplie par la comédie françoise, on trouve que ses travaux ont été plus nombreux que de coutume: une remarque singuliere, c'est que ce théâtre, ordinairement plus fécond en tragédies qu'en comédies, n'a produit que trois des premieres contre neuf des autres: & des neuf comédies, toutes en vers, quatre étoient en cinq actes. Il est vrai qu'il n'y en a gueres qu'une, dont le succès puisse se regarder comme complet; & sur les trois tragédies, une a joui d'un succès très brillant & très long.

23 *Avril.* D'après l'exposé des incidens nombreux & intéressans qui se sont succédés dans le procès de la fille *Salmon*, depuis le 18 Avril 1782, jour de sa condamnation, des diverses causes de son salut & de la découverte de son innocence, on conçoit combien le public a dû être avide du Mémoire qui en fait le récit. Il est intitulé *Justification*. Les marchands de nouveautés, pour en augmenter l'intérêt, l'ont fait précéder du portrait de la jeune fille, grande, bien taillée, d'une figure pleine de candeur & d'honnêteté. Il est divisé en deux parties.

La premiere contient l'historique de toute l'affaire, à prendre du 7 Août 1781, époque de l'accusation, jusques & compris le 20 Octobre 1785, époque de la cassation du second Arrêt du Parlement de Rouen.

La seconde partie présente, 1o. l'arbitraire

& les vices dont l'inſtruction eſt maculée du commencement juſqu'à la fin de ce procès; 2º. les faits & les moyens de juſtification de l'accuſée.

On ne trouve point dans ce *Factum* ce qu'on appelle du brillant: préſenter les faits avec vérité; les claſſer dans leur ordre & avec cette ſimplicité utile dont il n'a pas voulu s'écarter; leur fournir les moyens relatifs au déſir de la loi & au droit des gens; ne pas faire un menſonge pour ſauver un coupable; travailler enfin au gré des lumieres & de la conſcience, qui caractériſent la prudente fermeté de l'Avocat proprement dit: tels ont été les ſeuls points de vue du défenſeur de la jeune *Salmon*. Tel eſt l'*Avertiſſement* de Me. *le Cauchois*, en tête de ſon Mémoire, & c'eſt ce qu'on obſerve en le liſant.

23 *Avril.* On a fait une chanſon intitulée la *Loterie*. Elle eſt relative à la Loterie Royale de France & aux différentes chances qu'on y éprouve. Elle circule en ce moment & plaît aux gens qui aiment les poliſſonneries. Elle eſt ſur l'air du *Vaudeville de Figaro*.

>Du jeu de la Loterie
>Bien des gens ſe font un art,
>Mais leur frivole induſtrie
>Ne peut fixer le hazard;

En vain la vieille *Clitie*
Paye cher un numéro,
Elle n'aura qu'un *zero*. Bis.

※

J'ai vu la jeune *Thémire*
Dupe d'un songe flatteur,
Partager avec délire
La mise d'un beau parleur;
Mais jugez de son martyre,
Quand le tirage fut fait,
Elle n'eut qu'un pauvre *Extrait*. Bis.

※

Un suppôt de la finance,
Habile calculateur,
Fit croire à la jeune *Hortense*
Qu'il lui porteroit bonheur;
Malgré la belle apparence
Et leur avide désir
L'*Ambe* fut long à venir. Bis.

※

Une gentille Vestale
Comptoit mal avec ses doigts,
Pour supputer la *Cabale*
Elle prit un villageois;
La fortune libérale
A justifié son choix,
Le *Terne* sort chaque fois. Bis.

D'une chance combinée
Par un galant officier,
Son épouse consternée
Ne reçut pas un denier;
Mais elle fut consolée
Par le jeu d'un grenadier,
Qui fût le *quaterne* entier. Bis.

Vous dont le talent s'intrigue
Pour devenir fortuné;
Sans humeur & sans fatigue,
Voilà l'art, soyez borné.
Le *Quine* que chacun brigue,
Peut enfin être amené,
Mais ruine le banquier. Bis.

23 *Avril* 1786. Lorsque le Roi a lu dans les journaux les longues doléances que les comédiens françois y ont fait insérer sur la perte des Sieur & Dame *Préville*, du Sieur *Brizard* & de la Dlle. *Fanier*, Sa Majesté s'est écriée: ,, cette dernière a bien pris son ,, tems pour se retirer & participer aux re- ,, grets du public." En effet, cette actrice n'a jamais été chef d'emploi & est toujours restée dans une sorte de médiocrité de talent.

24 *Avril.* Il y a, comme on a dit, beaucoup d'austérité dans le Mémoire de Me. *le Cauchois*; cependant sa peroraison est vrai-

ment éloquente, & la maniere dont il fait parler sa cliente aux Magistrats du Parlement de Paris, vraiment noble & touchante. Du reste, il est de l'avis qu'il faut refondre nos Loix criminelles & leur substituer un nouveau *Code Pénal*. Il s'éleve, ainsi que M. *Dupaty* & beaucoup d'autres avant ce Magistrat, contre le secret de la procédure, contre le peu de facilité qu'on donne aux accusés pour répondre à tout ce qui est rapporté contre eux, contre le refus d'un défenseur que la loi autorise quelquefois de leur faire.

Quant au fond de l'aventure, il paroît que le crime d'empoisonnement, encore moins que celui du vol, n'ont eu lieu; que le corps du délit, c'est-à-dire, la mort du vieillard jugé empoisonné avec de l'arsenic, par les gens de l'art, a été seulement le résultat d'un accident; mais que la prévention, l'ignorance & l'amour-propre des premiers juges les ont fait tomber dans différentes erreurs, dans des défauts de formes, dans des illégalités qu'ils ont voulu soutenir en se rendant personnelle une affaire qui ne l'étoit nullement. De-là le honteux acharnement avec lequel on a voulu perdre l'Avocat de l'infortunée *Salmon*: de-là une *dénonciation* clandestine des juges du Bailliage de Caen contre le Mémoire de Me. *le Cochois*, & autres manœuvres abominables, dont on voit le détail dans les Piéces justificatives qu'on trouve la fin du Mémoire.

24 *Avril*. On cite de mémoire une boutade du moment par quelque mécontent de cour ou de ville, sous le titre de *Complainte*, si violente contre les Ministres & les personnages en faveur, que peu de gens osent l'écrire: la chûte surtout en est très condamnable.

24 *Avril* 1786. Suivant une lettre de Douai, M. Blanchard a fait le 18 de ce mois sa dix-septieme expérience; ce jour même il est parti seul à deux heures après-midi & son ascension a été superbe.

24 *Avril* 1786. En 1785, l'Académie royale de musique avoit fait exécuter quinze opéra & trois ballets pantomimes; effort prodigieux pour ce spectacle. Cette année, il s'est encore accru. On y a représenté dix-sept opéra & trois ballets pantomimes, sans compter quatre ouvrages nouveaux, joués seulement à la cour.

25 *Avril* 1786. On vient de publier de prétendus Mémoires d'*Anne de Gonzague*, *Princesse Palatine*, & c'est la lecture à la mode en ce moment. On commence par s'efforcer dans un avertissement à prouver l'authenticité du manuscrit, par le récit de la maniere dont il a été découvert; on rapporte ensuite ce que *Bossuet* a dit de l'auteur dans l'oraison funebre qu'il en a prononcée; ce qu'en pen-

foit le Cardinal *de Retz* dans ſes Mémoires, pour la faire juger très capable de les avoir compoſés; enfin de fréquentes lacunes de pages entieres, de phraſes & quelquefois de mots, ſemblent indiquer un ouvrage ancien, abandonné, ſouſtrait & reſté dans cet état de délabrement par la mort de l'écrivain, ou par ſa négligence, ou par la perte qu'il en a faite. Mais cette petite ſupercherie même, mais le vuide de ces Mémoires n'apprenant rien de nouveau, ne répétant que ce qui a été dit & redit, quoique la Princeſſe Palatine dût être inſtruite d'anecdotes & de détails que ne ſavoit pas tout le monde; mais l'affectation d'avoir choiſi dans les divers Mémoires du tems & ſurtout dans ceux du Cardinal *de Retz* tout ce qui pouvoit avoir rapport au procès & aux aventures du Cardinal *de Rohan*, qui occupent en ce moment le public : ces obſervations réunies donnent déja une grande défiance. En ſecond lieu, ſi l'on paſſe à la forme de l'ouvrage, on trouve qu'il y regne un ton philoſophique, bien éloigné du ton de cette époque, un ſtyle ferme qui n'eſt point celui d'une femme. On compte ſurtout nombre d'anachroniſmes que n'auroit pu faire la Princeſſe Palatine. Les connoiſſeurs concluent donc que ces Mémoires ſont totalement factices & les attribuent à l'éditeur, M. *de Rulhieres*. On ſait qu'il s'exerce dans ce genre avec ſuccès. De quelque part d'où vienne cette production, on ne peut disconvenir qu'il n'y ait de l'esprit & du mérite, surtout dans les portraits, qui font la partie la plus brillante. On reconnoît un écrivain qui a su se pénétrer de l'esprit du tems de la Minorité de *Louis XIV* & qui est adroit à saisir la maniere du Cardinal de Retz.

25 Avril. Relation de la Séance Publique de l'Académie Royale des Inscriptions & Belles-Lettres, tenue aujourd'hui pour sa rentrée d'après Pâques.

Depuis longtems on n'avoit vu à cette Académie une séance aussi nombreuse; beaucoup de femmes, des chapeaux, des levites, tout ce qui peut amorcer les hommes: aussi ont-ils fait foule & il faudra incessamment, pour consommer la charlatanerie, que cette compagnie se mette sur le pied de donner des billets.

Une circonstance heureuse a rendu fort intéressante à cette époque l'adjudication du Prix; il s'est trouvé décerné à M. *de Pastoret*, membre nouvellement élu, mais qui ne l'étant pas lorsqu'il avoit envoyé son Mémoire au Concours, s'est vu dans l'exception favorable pour remporter encore cette palme, en témoignage de la justice qu'on lui rendoit en le faisant asseoir parmi les membres de la compagnie. Le sujet du discours est très piquant & il est fâcheux que l'usage ne soit point de lire ces morceaux couronnés. C'étoit *de comparer ensemble Zo-*

roaftre, *Confucius & Mahomet*, & *les siécles où ils ont vécu*.

On a procédé ensuite à l'annonce & à la distribution de deux Programmes: l'un contient le sujet du Prix à décerner à la Saint Martin 1787. Il consiste à rechercher quels furent *l'origine, les progrès & les effets de la pantomime, chez les anciens*; l'autre le sujet du Prix à décerner à Pâques 1788, d'examiner: *quelles ont été les différentes peuplades des Barbares, transportées par les Empereurs Romains sur les frontieres de l'Empire: en quel tems, pourquoi & comment se sont faites ces émigrations, & quelle a été l'influence de ces peuplades sur les loix, les mœurs, le langage des contrées, où elles se sont établies?*

Les Médailles, du reste, sont d'un poids très modeste; car la premiere n'est que de la valeur de 500 livres & la seconde de 400 livres.

Après ces préliminaires, M. *Dacier* a fait *l'Eloge historique du Pere Pacciaudi*. Ce religieux, né à Turin, étoit entré de bonne heure dans la Congrégation des Théatins: comme il avoit fait d'excellentes études, surtout dans les hautes sciences, il fut envoyé en Italie pour y professer la philosophie. Ce fut lui qui la dégagea le premier dans ces contrées de toute la barbarie scholastique dont elle étoit enveloppée, qui y mit le Newtonianisme à la mode & lui fit parler véritablement le langage de la raison.

Malgré fa façon de penfer libre & hardie, le Pere Pacciaudi n'en étoit pas moins attaché à la religion & à fon état. Il en donna une preuve en quittant cette chaire profane pour monter dans la chaire de vérité; il prêcha pendant quelques années avec fuccès: quand il eût fourni cette carrière, fon Ordre, qui le regardoit comme non moins propre à gérer les affaires de la Congrégation, à lui donner de la confiftance & du luftre dans la capitale du monde Chrétien, l'envoya à Rome. *Benoît XIV*. gouvernoit alors l'Eglife; il aimoit & les Savans & les Gens d'efprit; il accueillit avec diftinction le Théatin, qui profita de fon loifir pour compofer une infinité d'ouvrages. Enfin l'Infant Duc de Parme voulant réparer le vuide que laiffoit dans fon palais la fameufe bibliotheque Farnefe tranfportée à Naples, choifit le Pere Pacciaudi pour fon bibliothécaire. Celui-ci entreprit le voyage de Paris, afin de remplir plus promptement fon objet. Sa réputation l'y avoit devancé; il fut accueilli furtout de l'Académie des Belles Lettres; où l'on lui rendit les mêmes honneurs qu'à un Académicien & où il obtint depuis la place d'Affocié libre étranger. Revenu à Naples, le Pere Pacciaudi travailla avec tant d'ardeur à la formation de la bibliothéque du Souverain, qu'en peu d'années elle fe trouva compofée de foixante mille volumes & qu'il en fit un catalogue raifonné, utile & précieux.

Très lié avec le Ministre Tanucci, il participa à sa disgrace, & se vit exclu de ce sanctuaire des sciences qu'il avoit édifié. Il soutint courageusement sa disgrace & quand son innocence eût été reconnue & qu'on voulût le rétablir dans toutes les fonctions de sa place, il y renonça & s'exila lui-même dans sa patrie: sa retraite causa un si grand vuide dans la bibliothéque, qu'on voulut le ravoir. Depuis les infirmités l'accablant, il s'est vu quelques années avant sa fin dans l'impossibilité de continuer ses ouvrages sérieux, & il a soutenu cette mort anticipée avec la même patience qu'il avoit souffert les persécutions & les calomnies, auxquelles il avoit été en butte.

Dans cet Eloge simple, doux, sage, comme le sujet, M. *Dacier* ne donne pas une moins bonne idée du cœur que de l'esprit du Pere *Pacciaudi*; il le fait aimer des auditeurs. On regrette de n'avoir pas connu un aussi excellent homme.

Le premier Mémoire, qui a suivi cette lecture, a été un Mémoire de M. *Pastoret, sur la Législation des Assyriens.* Le savant Récipiendaire avoit dégagé son sujet de tout ce qui auroit pu ennuyer l'assemblée; il l'a conservé pour les séances particulieres & n'en a pris que la fleur, c'est-à-dire, l'historique. L'auteur examine quel fut le premier gouvernement de ce peuple célèbre, & les principes politiques de ses rois, depuis *Ni-*

nus jusques à *Sardanapale*. Il y réunit en un corps de loix dont il fait l'examen, toutes celles que les auteurs anciens ont conservées dans leurs ouvrages. Tel est son plan : du reste, dans le précis actuel, il a fait envisager *Ninus* comme un très grand Législateur & a combattu l'opinion de *Montesquieu*, adoptant trop facilement des récits défavorables à cette nation sur certaines loix dénaturées & absurdes, que lui ont imputé des auteurs fabuleux.

Le second Mémoire a été lu par M. *Hennin*, nouvellement adopté par l'Académie. Il nous a fait connoître les *Caracteres & les Inscriptions Runiques*, dont les auditeurs & peut-être le plus grand nombre de ses confrères ignoroient jusques au nom. Afin de se rendre plus intelligible, il a fait distribuer dans l'assemblée deux planches : la premiere, contenant les *caracteres runiques* figurés ; la seconde, *l'inscription enchâssée dans le mur du vestibule de l'église de Hoge dans la province d'Hellingland, en Suede*. Il y désigne la valeur de ces caractères, les assemble & les traduit en françois. Il y a joint *l'une des inscriptions de Persepolis*, figurée, qui paroît avoir quelque rapport avec les caractères runiques. Après avoir donné une idée des différentes runes & cherché à fixer le tems où cette écriture a été connue en Suede, il a conclu qu'elle tiroit son origine de l'Orient, & qu'elle méritoit d'autant plus l'attention

des

des savans, qu'elle pourroit être de quelque secours pour parvenir à l'explication des plus anciens caracteres usités en *Asie*, & particuliérement de ceux qui se trouvent sur les ruines de Persepolis. M. *Hennin* termine son Mémoire, en se faisant une objection venue sans doute à l'imagination de quantité de spectateurs. A quoi bon tout cet étalage d'érudition pour déchiffrer une seule phrase ? Et il y répond que l'explication d'une phrase peut quelquefois prévenir beaucoup d'erreurs, de méprises, de balourdises, dont la chaîne entraîne des conséquences à l'infini. La singularité de ce Mémoire, dont l'auteur parloit d'ailleurs aux yeux, le fera distinguer de la foule des autres.

M. *Dacier* a repris la parole & lu le second éloge promis, celui de l'Abbé *Arnaud*. Il étoit né avec un tel attrait envers la musique, que s'y livrant principalement il négligeoit ses autres études. Ce ne fut que par la suite qu'il acquit du goût pour les poëtes latins & qu'ayant par hazard ouvert une mauvaise traduction d'Homère, il se passionna pour celui-ci au point d'apprendre la langue grecque, afin de le lire dans l'original: passion qui ne fit que s'accroître & devint chez lui la dominante. Cependant venu à Paris en 1752, la musique l'occupa de nouveau: dans une lettre adressée à M. le Comte *de Caylus*, il traçoit un *prospectus* de l'histoire de cet art depuis son origine jusques à nos jours; mais il n'en a rien exécuté. Il manquoit de la constance nécessaire pour un travail long & suivi. Dans le fait, l'Abbé *Arnaud* extrêmement dissipé n'a rien produit de considérable. Ce n'est qu'en rassemblant dans le plus grand détail tous ses opuscules, que son panégyriste est venu à bout de lui dresser une espece de trophée littéraire, encore très mince, & après une longue & fastueuse analyse de chacun, M. *Dacier* en se résumant a fini par convenir que l'Abbé *Arnaud*, meilleur à entendre qu'à lire, étoit souvent entraîné par son imagination & manquoit d'ordre & de jugement dans ses productions. On a trouvé plus d'esprit & de brillant dans cet Eloge que dans le premier, & ce n'est pas sans raison : il s'agissoit de l'allonger & de l'agrandir en quelque sorte par l'épisode. Il a été fort applaudi, surtout un morceau de sentiment, où M. *Dacier* a peint de la maniere la plus touchante l'amitié étroite, qui a toujours subsisté entre l'Abbé *Arnaud* & M. *Suard*, malgré la différence de leur caractere: amitié qui fait infiniment d'honneur à tous les deux.

M. *le Roy* a fait part au public dans le troisieme Mémoire, de ses nouvelles *Recherches sur le vaisseau long des anciens*; sur les voiles latines & sur les moyens de diminuer les dangers de la navigation. Quatre planches mises sous les yeux du public, ont rendu ses idées plus sensibles. La plus essentielle, c'est que ce vaisseau long étoit construit de façon qu'une partie pouvoit être brûlée, emportée, submergée, sans que les autres en souffrissent. Après avoir décrit les diverses expériences faites récemment à cette occasion, l'Académicien a prétendu que si le corps de ville de Paris vouloit s'en rapporter à lui, & adopter ses voiles latines, la capitale verroit renaître ces beaux jours, où des flottes entières voguoient sur la Seine & remontoient jusques au milieu de ses murs.

M. Bailly, aussi nouveau membre de l'Académie des Belles-Lettres, & qui jouit parlà de l'honneur de siéger dans les trois principales, a fait preuve de sa capacité par un *Mémoire sur la Chronologie Indienne*, dont il a d'abord fait disparoître les absurdités par des inductions adroites, des rapprochemens ingénieux & dont, après avoir rejetté les trois premières parties, quant aux faits historiques trop mêlés de fables, il a adopté la quatrieme, comme ayant toutes les qualités requises pour mériter la confiance de l'historien, & surtout comme conforme à celle des peuples voisins & confirmée par l'astronomie Indienne.

Ce qui prouve les progrès rapides que fait cette Académie dans son amélioration, c'est qu'aujourd'hui se dégageant des formes scholastiques, non-seulement le Président n'a point interrompu M. *Bailly*, quoique l'heure de clôture fût sonnée, avant qu'il finît;

mais a laissé recommencer la lecture jusques au bout du dernier Mémoire, annoncé comme le *troisiéme sur les problêmes d'Aristote au sujet de la musique*. Le nom de M. *de Chabannon*, auteur agréable au public, n'a pas peu contribué sans doute à cette exception. Il faut avouer cependant que la matière étoit tellement aride, scientifique & technique, que les spectateurs auroient volontiers dispensé la compagnie de cette communication, & par leurs bâillemens, mieux que la pendule encore, en provoquoient la fin.

26 *Avril*. Tout semble concourir à favoriser l'éclat que M. *Dupaty* vient de se permettre pour faire sentir la nécessité de la réforme de notre jurisprudence criminelle, exciter une commotion générale & forcer en quelque sorte le Législateur à cet acte de justice & de bienfaisance désiré, sollicité depuis trop longtems : un procès actuellement pendant au Parlement de Toulouse vient à l'appui de ceux dont on a déjà rendu compte ; voici le fait.

Catherine Estinès, accusée de parricide, est condamnée comme telle le 25 Mai 1785 par les officiers royaux de Riviere, en Cominges, à avoir le poing coupé, à être brûlée vive, ses cendres jettées au vent. L'irébranlable fermeté de l'accusée la fait résister à toutes les facilités qu'on lui fournit de s'enfuir, à toutes les sollicitations qu'on lui en fait; elle se laisse traîner à Toulouse dans les prisons du Parlement.

M. *Gilede de Pressac*, Commissaire des prisons, est frappé de l'air simple & tranquille de *Catherine Estinès*, de la sérénité de son visage, du ton de vérité qui regne dans ses réponses, & ses discours. Des bruits sourds se répandent de la prévarication des premiers Juges. Il est question de les vérifier par l'envoi d'un Commissaire sur les lieux: les Magistrats sont retenus par la crainte d'ouvrir une nouvelle voie aux accusés, d'allonger leur procès en abusant de cette tournure, & par la crainte encore d'exposer les domaines du Roi à des frais de descente onéreux. M. *de Rigaud*, Conseiller à la premiere chambre des Enquêtes, de service en ce moment à la Tournelle, offre de faire le voyage à ses dépens: ce qui leve le second inconvénient, & M. l'Avocat général *de Resseguier* remédie au premier, en requérant de son chef le 20 Juin la descente.

Les éclaircissemens pris, l'examen fait de la procédure originale, les premiers juges se trouvent poursuivis à leur tour par le Procureur général du Roi, pour crime de faux, & à raison des prévarications sans nombre dont ils se sont rendus coupables. Dès le 23 Juin le Commissaire de la cour se détermine à faire arrêter & conduire le Greffier aux prisons de la cour.

Le 7 Juillet, Arrêt de la cour qui décréte

de prise de corps ce Greffier nommé *Pourthé*, les deux *Laquens* qui avoient fait les fonctions de Juge & de Substitut, & d'ajournement personnel Me. *Barre*, Juge en titre de la justice royale de Rivière.

Les deux *Laquens* prennent la fuite, & quelque tems après Me. *Barre* également.

Tel étoit l'état de cette étrange affaire au 20 Octobre, où, sans doute, Me. *la Croix*, Avocat, a commencé son Mémoire pour *Catherine Estinès*, timbré de 1786 & qui ne se publie que depuis peu à Paris.

26 *Avril* 1786. Les journalistes de Paris dans leur feuille du 24 avoient publié une Lettre de M. *Blanchard*, datée en l'air ce 18 Avril, où il leur apprenoit qu'il planoit à trois mille toises du globe terrestre.

Cette Lettre jettée par l'aëronaute sur la premiere ville de son passage, avoit été trouvée à saint Amand en Artois, distant d'Arras de cinq lieues.

Depuis, une Lettre de Lille nous apprend que M. *Blanchard* est descendu au village de l'Etoile en Picardie, distant de trente-deux lieues de Douai & que son trajet n'a duré qu'une heure & demie.

26 *Avril*. La récapitulation des nouveautés du théâtre Italien durant l'année dramatique écoulée, consiste en un drame héroïque en quatre actes, en une comédie en cinq actes & en vers & cinq comédies en trois actes & en prose.

Quant aux piéces à ariettes, on en compte sept, dont cinq en trois actes, deux en un acte & quatre piéces en outre en vaudevilles en un acte.

La retraite de Madame *Trial* est le seul changement intéressant survenu dans la troupe: quoiqu'elle ne fût à ce théâtre que depuis 1767, sa santé ne lui a pas permis d'y rester plus longtems & une inaction de plusieurs mois occasionnée par ses maladies avoit déjà préparé le public à cette perte.

Madame *Trial* est la premiere qui, douée d'un organe très favorable, ait montré sur ce théâtre & dans notre musique un chant si facile, qu'elle sembloit se jouer des difficultés de l'art; talent poussé depuis beaucoup plus loin par les sujets formés au genre Italien.

Avant-hier, jour de l'ouverture, pour varier le compliment d'usage, M. *Desforges* avoit imaginé d'en faire une scène dialoguée en vers sous le titre de *la rencontre imprévue*. Elle se passe entre un jeune acteur & son oncle, qui paroît surpris de l'état que son neveu a embrassé; ce qui fournit l'occasion au débutant de faire l'apologie d'une profession avilie par le préjugé. Cette tournure n'a pas pris, & le parterre accoutumé à recevoir en cette circonstance l'encens des comédiens, a trouvé mauvais qu'au lieu de lui payer leur tribut de respect, d'hommages & surtout d'adulation, ils vinssent l'entretenir d'eux-mêmes. Il y a cependant des vers bien faits dans la bagatelle de M. *Desforges*; une énumération rapide, caractérisée & quelquefois assez heureuse des auteurs différens qui ont illustré la scene; mais trop vague, en ce qu'au lieu de se circonscrire dans son sujet, il embrasse les trois théâtres.

26 *Avril. Relation de la séance publique de l'Académie Royale des Sciences pour sa rentrée d'après Pâques.*

Les annonces de Prix ont encore été longues & nombreuses.

1°. L'Académie avoit proposé pour sujet du Prix de 1786, les questions suivantes:

1°. *Déterminer le plus exactement qu'il sera possible, & d'après les meilleures observations, différemment combinées, les élémens de l'orbite de la Comète qui a paru en 1532, & de celle qui a paru en 1661.*

2°. *Dans le cas où ces Elémens différeroient assez entre eux pour laisser du doute sur l'identité des deux Cometes, examiner si, en supposant que ces deux Cometes soient la même, l'action de Jupiter & celle de Saturne sur la Comete de 1532, depuis cette année jusqu'en 1661 ont pu produire ces différences.*

Cette seconde question étoit l'objet principal du Prix.

Ce Prix auroit dû être donné, suivant l'usage, à Pâques 1784; mais l'Académie, qui connoissoit toute l'importance de la matiere, craignant que l'espace d'environ dix-huit mois,

mois, qu'elle a coutume de donner aux auteurs pour traiter les sujets qu'elle propose, ne suffit pas pour traiter celui-ci, & voulant leur laisser tout le tems nécessaire pour ce travail, avoit annoncé qu'elle n'adjugeroit le Prix proposé qu'à Pâques 1786, & qu'en conséquence ce Prix seroit doublé, c'est-à-dire, de quatre mille livres.

N'ayant reçu aucune piece qui ait rempli ses vues, l'Académie propose de nouveau le même sujet pour l'année 1788. Le Prix sera triple, c'est-à-dire, de six mille livres. L'Académie croit devoir avertir que passé ce terme, elle sera obligée de donner le Prix, ou de proposer une autre question.

C'est dans l'assemblée publique d'après Pâques que l'Académie proclamera la piéce qui aura mérité le Prix.

2°. L'Académie avoit proposé pour sujet de deux Prix d'Anatomie, chacun de quinze cens livres, les deux questions suivantes:

1°. La description du *nerf intercostal dans l'homme.*

2°. La description du *nerf intercostal dans les animaux*; & elle indiquoit les espèces du *Singe*, du *Chien*, & du *Mouton*, parmi les quadrupèdes; du *Dindon*, parmi les oiseaux; de la *Grenouille*, parmi les reptiles; de la *Carpe*, parmi les poissons: elle avoit choisi ces espèces, comme celles dont il seroit en général plus facile aux anatomistes de se procurer des individus, & par la même raison elle avoit déclaré qu'elle n'exigeoit pas à la rigueur la description du *nerf intercostal du singe*.

Aucun des Mémoires envoyés à l'Académie ne lui ayant paru mériter ni le premier ni le second de ces Prix, elle les propose de nouveau pour l'année 1788.

Chaque Prix sera de quinze cens livres.

Ce Prix sera décerné aussi à Pâques.

3°. L'Académie avoit proposé, sur la description des vaisseaux lymphatiques, un Prix qu'elle a retiré après avoir publié trois fois le même Programme, n'ayant été satisfaite d'aucun des Mémoires qu'elle avoit reçus. Depuis cette époque, M. *Mascagni*, Professeur d'anatomie dans l'Université de Sienne, a fait remettre à l'Académie un Mémoire sur les vaisseaux lymphatiques, avec seize planches destinées à représenter ces vaisseaux, tant dans les extrémités que dans les différentes cavités du corps humain. L'Académie a jugé que ce travail méritoit d'être cité honorablement dans une de ses séances publiques, & qu'il méritoit le Prix annuel de six cens livres, destiné par un Citoyen anonyme à encourager les travaux utiles aux sciences.

4°. Enfin il a été question du *Prix Extraordinaire*, proposé par l'Académie d'après un Mémoire de l'un de ses correspondans, M. *de Gaulle*, Ingénieur de la Marine au Havre, daté du 30 Novembre 1784. On en a déjà parlé; il est question de digues artificielles à placer le long des côtes pour rompre l'impétuosité de la mer & abriter en partie les bâtimens. Ce Prix qui n'est que de 240 livres, n'a pas fortement excité le zele des concurrens. Il devoit se décerner aujourd'hui; mais l'Académie n'ayant pas trouvé qu'aucune des piéces présentées eût suffisamment satisfait à la question proposée, elle ouvre un second Concours, & c'est à l'assemblée publique de Pâques 1787, que le vainqueur sera couronné.

On apprend aujourd'hui que c'est M. *de Gaulle* qui fournira de sa poche les 240 livres.

Quoique M. le Marquis *de Courtivron* ne soit mort que le 4 Octobre dernier, le Secrétaire de l'Académie s'est trouvé en état d'en faire l'Eloge dès cette séance.

M. *de Courtivron* né en 1715, étoit entré au service dès l'âge de quinze ans & il étoit au siége de Philipsbourg en 1732. Dans la guerre suivante il reçut une blessure, qui l'obligea de se retirer du service. Il prit alors le parti de se livres tout entier aux sciences, & l'Académie qui avoit reçu avec applaudissement les essais qu'il lui avoit adressés des camps de Boheme, l'adopta en 1744, comme Adjoint mécanicien. Son principal ouvrage fut un *traité sur l'Optique*, qu'on peut regarder comme un commentaire mathématique de l'Optique de Newton. M. *de*

Courtivron a composé aussi plusieurs Mémoires sur une épizootie, qui fit en Bourgogne les plus grands ravages. Enfin il a travaillé beaucoup sur les forges, & l'on a de lui une description sur cet art important qu'il avoit étudié & comme physicien & comme propriétaire.

La modestie, le désir d'être utile caractérisoient les productions de M. *de Courtivron*, dont le panégyriste a fait en outre un éloge complet quant aux qualités sociales. Et pour dernier trait il nous a appris que son confrere qui avoit apprécié sa vie, l'a quittée sans trouble & vraisemblablement sans regret.

L'Eloge de M. le Duc *de Praslin*, absolument vuide comme savant, étoit plus rempli comme homme public, à raison des places qu'il avoit occupées & des grands événemens passés à ces diverses époques. Aussi a-t-il été écouté avec beaucoup plus d'intérêt que le précédent. Sans doute, la plupart des digressions qui l'ont étendu, étoient étrangeres au lieu ; mais à ne le prendre que pour un Eloge vague, qui auroit pu être prononcé partout ailleurs en l'honneur de la mémoire du défunt, c'est un morceau historique précieux.

Le Duc *de Praslin*, entré au service dans l'extrême jeunesse, étoit du nombre des officiers généraux qui donnoient les espérances les plus brillantes & les plus certaines, lorsque fa fanté l'obligea de renoncer aux armes & qu'à l'âge de 33 ans il eût la douleur de fe voir réduit à une nullité abfolue: c'étoit fon expreffion. Le Duc *de Choifeul*, fon coufin, appellé en 1758 au Miniftere des Affaires Etrangeres, effaya vainement de rallumer fon ambition; vainement il le fit Ambaffadeur à Vienne, Miniftre des Affaires Etrangeres, Miniftre de la Marine, il refta toujours fans énergie; une difficulté de s'occuper ou d'agir, qu'il lui étoit impoffible de furmonter, le plongeoit dans une inertie, une apathie qui, en lui ôtant la force de réfifter aux impulfions, aux coups d'aiguillon que lui donnoit le Duc de Choifeul, lui firent regarder comme un bonheur leur difgrace commune en 1770. On conçoit bien que fon panégyrifte ne dit pas tout cela; mais c'eft ce qu'on infere naturellement de la maniere dont il rend compte de ces faits différens & furtout de celle dont le Duc de Praflin apprit fon renvoi & fon exil. Il dormoit après fon dîner, fuivant fon ufage, lorfqu'on lui porta l'ordre du Roi; il le lut, puis il fit refermer fes rideaux & fe rendormit. Cette feule anecdote peint l'homme & dément toutes les hautes idées que voudroit en donner le Marquis *de Condorcet*.

Un des morceaux les plus finguliers de cet Eloge, c'eft celui où le Secrétaire de l'Acamie, pour relever fon héros, voudroit faire regarder le traité de paix de 1763, conclu sous le ministere du Duc de Praslin, le plus désastreux peut-être qu'ait subi la France, comme un chef-d'œuvre de fermeté & de politique, comme le germe de toute la gloire qu'elle a depuis acquise. Il est vrai que l'orateur convient avoir tiré ces réflexions d'un Mémoire que ce Ministre avoit rédigé sur ce sujet, pour servir de réponse à ses détracteurs.

Les détails du Ministere de la Marine sous M. le Duc de Praslin, se rapprochent davantage de l'Académie & du genre d'éloge qu'on y doit entendre. C'est lui qui a multiplié les Professeurs dans les écoles des gardes de la Marine, qui en confia le choix à un membre de l'Académie, qui fit entrer dans ce corps en la personne de M. *de Borda*, en le dispensant de passer par les grades inférieurs, un géometre célébre, capable de donner de l'émulation parmi ses camarades, de leur inspirer le goût des hautes sciences analogues à leur état; c'est lui qui chargea Messieurs *Chabert* & *de la Cardonnie*, l'un de continuer ses observations sur la Méditerranée, l'autre de lever une carte des approches de l'Isle de Saint Domingue; c'est lui qui, apprenant l'existence en Angleterre d'une montre, qui pouvoit être employée avec sûreté à la détermination des Longitudes, s'empressa d'exciter l'émulation des artistes françois & ordonna deux voyages essentiels pour éprouver les montres de Messieurs *le Roy* & *Ber-*

thoud ; c'eſt lui enfin qui chargea M. *de Bougainville* de tenter une ſeconde fois le voyage autour du monde, exécuté par un vaiſſeau françois en 1720. Ces différens ſervices rendus à la Marine & aux Sciences, avoient fait juger le Duc de Praſlin digne d'être nommé Honoraire de l'Académie en 1770, place qu'il déſiroit & la ſeule pour laquelle il eût témoigné quelque ambition ; il ſe propoſoit d'y être fort aſſidu & par une ſingularité unique il n'y a jamais paru : c'eſt l'abnégation totale de cette dignité qui avoit, ſans doute, donné au Marquis de Condorcet de la répugnance à prononcer ſon Eloge & avoit fait courir le bruit qu'il garderoit, à l'égard de cet Honoraire, le même ſilence qu'à l'égard de Mr. le Duc *de la Vrilliere*. La famille l'a fait ſe départir de cette réſolution, & il n'a point à s'en repentir, puiſque cet Eloge eſt un de ceux les plus dignes de paſſer à la poſtérité, à cauſe de ſa liaiſon intime avec l'hiſtoire.

Un point qu'on s'attendoit à voir diſcuter dans cet Eloge & ſur lequel M. de Condorcet garde, au contraire, un ſilence abſolu, c'eſt l'anecdote concernant M. *Thomas*, tombé dans la diſgrace du Duc de Praſlin, pour avoir refuſé de briguer une place à l'Académie françoiſe au préjudice de M. *Marmontel*, qu'on vouloit faire exclure. Le déſir de la famille de refuter cette anecdote, n'a pu décider M. de Condorcet à s'y prêter, sans doute parce qu'elle ne lui a pas fourni des preuves; & par la reticence de son panégyriste, cette tache honteuse reste imprimée sur la mémoire du Duc de Praslin.

Quant aux Mémoires lus dans cette séance, l'Académie elle-même a semblé en faire peu de cas, puisqu'elle n'en a envoyé la notice à aucun journal, & jusques à la gazette de France, qui ne manque jamais d'en parler, tous ont gardé le plus profond silence à cet égard.

Une anecdote qu'il ne faut pas oublier, c'est que le Ballon qui, suspendu depuis deux ans à la voûte de la salle, étoit une espece d'indice que la compagnie s'occupoit de l'aërostation, avoit totalement disparu & l'on en présume qu'elle renonce entierement à cette étude.

27 *Avril* 1786. Me. *le Grand de Laleu*, avide de faire du bruit, indépendamment du Discours qu'il a prononcé devant la Députatation des Avocats, a depuis écrit une Lettre dans le même genre, circulaire, aux dix Colonnes: il y semble avoir en outre pour but de semer la discorde entre elles & la Députation. En effet, plusieurs de ces colonnes, dans leur assemblée menstruelle, ont agité si la Députation n'avoit pas excédé ses pouvoirs en suspendant Me. de Laleu pour un terme illimité? Des membres plus réfléchis ont fait sentir les conséquences d'une telle division, & en général on est convenu

qu'il n'y avoit lieu à délibérer fur cette Lettre.

Quant au Parlement, il attend toujours le Requifitoire de M. *Seguier*, qui a été malade.

27 *Avril.* Mr. *de la Reyniere*, fils, eft décidemment enfermé dans une maifon de moines à Mérinville, auprès de Nancy. C'eft le lundi faint qu'il eft parti. On eft fâché de ce coup d'autorité, qui n'a pu fe frapper fans la participation de M. *de Malesherbes*, oncle par fa femme du jeune homme, & qui dans les principes de juftice & de liberté auroit dû s'y oppofer.

27 *Avril* 1786. *Relation de la féance publique de l'Académie Françoife, tenue pour la réception de M. Sedaine.*

M. *Sedaine* a pris une tournure fort finguliere pour commencer fon difcours de réception & elle lui a réuffi, parce qu'on lui a fu gré d'une modeftie apparente, bien éloignée de fon caractere donné. Il a avoué fon indignité, il a reconnu *peu de pureté dans fon ftyle, peu de correction, encore moins d'élégance*, & il a femble avoir voulu par cette phrafe même, d'un fens équivoque & d'une conftruction louche, fournir tout de fuite le modele. L'excufe qu'il a alléguée, eft un nouveau trait d'humilité: par un autre aveu qui lui a dû coûter davantage encore; c'eft que dans le genre où il a travaillé & où il travaille, le poëte eft fubordonné en tout au muſicien & en reçoit l'intérêt enlevé aux paroles, le coloris dont les vers ſont privés.

Le Récipiendaire n'a pourtant pas oublié ſon autre titre plus capital, ſes ſuccès à la comédie françoiſe, & comme on lui reproche les mêmes défauts à ce théâtre, où il n'étoit plus gêné par un maître impérieux, il s'eſt rejetté ſur ce que l'impétuoſité des caracteres, la force des ſituations, la rapidité de la ſcene néceſſitent quelquefois la tranſgreſſion des regles étroites de la méthode grammaticale, à raiſon des beautés qui en doivent réſulter: le plaiſant c'eſt qu'il n'y a rien de tout cela dans ſes piéces. Du reſte, l'orgueil du poëte a un peu percé ici, où il s'eſt aſſimilé en quelque ſorte à *Racine*, en s'autoriſant de ſon exemple.

L'Eloge de M. *Watelet*, ſon prédéceſſeur, a bientôt occupé M. *Sedaine*, qui s'eſt étendu avec d'autant plus de complaiſance ſur le défunt, que la comparaiſon ne pouvoit être qu'à l'avantage du ſucceſſeur, & que la médiocrité de l'un ou plutôt ſa nullité, tournoit toute entiere à la préférence de l'autre. En effet, s'il a rappellé le *Poëme de la Peinture* de cet Académicien, ç'a été pour le repréſenter comme un ouvrage didactique, conſacré uniquement à former des éleves dans l'art de peindre, ne contenant que des préceptes connus, des détails techniques, & une régularité monotone: ce qui lui interdisoit les *élans de poésie*, que l'on admire dans un autre ouvrage composé depuis sur le même art, par l'un des Messieurs présens; éloge que le Récipiendaire devoit bien à M. *le Mierre*, son patron, qui l'a poussé si constamment à la place qu'il venoit prendre.

Au contraire, M. Sedaine exalte infiniment le *Moulin joli*, petite Isle, où M. Watelet a construit des jardins délicieux, où l'enchafnoit une autre *Armide*, magicienne charmante, dont la gravité de l'assemblée ne permettoit pas de parler; mais dont l'image rappellée à tous ceux qui ont vû ce lieu & la divinité, les ont bien fait rire, en entendant qualifier du nom de *Sage* l'adultere Académicien. L'orateur nous apprend que c'est-là où le défunt inspiré, dans son enthousiasme composoit, & quoi? un poëme, une tragédie, une comédie, une ode; non, un *Dictionnaire de Peinture*: ce qui fait regretter à M. *Sedaine*, que M. *Watelet* n'ait pas aussi composé un Dictionnaire d'Architecture, le premier de tous les arts, si l'on considere son utilité, & c'est encore un grain d'encens que le Récipiendaire devoit à une autre Académie, qui l'a constitué son Secrétaire.

A propos de Dictionnaire, l'orateur fait une digression sur l'Encyclopédie; & à propos d'Encyclopédie il rappelle ses premiers architectes, *d'Alembert* & *Diderot*; & à propos de ces hommes si recommandables, il apprend au public qu'il leur a été associé par les bontés & les bienfaits de la Souveraine du Nord: qualification vague, sous laquelle il désigne l'Impératrice des Russies; mais dont ne seront pas contens le Roi de Suède, le Roi de Dannemarc & d'autres Puissances, qui sont aussi Souverains du Nord.

On ne finiroit pas de relever les inconséquences, les platitudes de ce discours, sans ensemble, où toutes les transitions sont brusquées, les images disparates, & dont le style rocailleux, les expressions impropres, les locutitons vicieuses, les fautes perpétuelles contre la langue, étoient encore plus sensibles au milieu des maîtres de l'art de parler, au sein de l'Académie Françoise.

Une circonstance heureuse pour le Récipiendaire, c'est que son protecteur s'est trouvé être Directeur & chargé de lui répondre. Il ne pouvoit tomber eu de meilleures mains; puisque M. *le Mierre* caressant son propre ouvrage étoit plus intéressé que tout autre à le faire valoir. Il sentoit d'avance le ridicule de ce rôle & il gémissoit d'être obligé de le remplir. Son discours n'a roulé que sur deux points, le développement outré, sans doute, du mérite des œuvres de M. *Sedaine*, & l'éloge très fade du caractere de M. *Watelet*. Tout cela permettoit peu de piquant; aussi n'y a-t-on rien trouvé que d'assorti aux héros, c'est-à-dire, du médiocre.

Ces deux Discours ont été courts & laissoient tout le tems de remplir la séance par d'autres lectures annoncées. En général, comme on comptoit peu sur l'éloquence de leurs auteurs, les Académiciens, pour exciter la curiosité & soutenir l'affluence ordinaire, avoient fait répandre le bruit que l'Abbé *de Lille*, revenu depuis quelque tems de Constantinople, liroit des morceaux de son *Poëme sur l'imagination*: cet espoir avoit attiré quantité de monde, mais envain l'a-t-on cherché des yeux. Point d'Abbé *de Lille*: on a su que s'étant présenté à la porte avec deux de ses amis sans billets, qui comptoient passer sous ses auspices, les Suisses n'avoient point voulu enfreindre leur consigne, & avoient résisté à toutes les sollicitations de l'Académicien qui, piqué au vif de son peu de crédit, s'étoit retiré & en allé. Il a fallu que M. le Secrétaire remplaçât ce vuide. Il avoit un cahier en poche ; mais craignant que son ouvrage de commande, destiné uniquement à faire partie de la nouvelle Encyclopédie, n'eût rien d'attrayant pour le public, ou peut-être par une coquetterie d'auteur, voulant le rendre plus recommandable en montrant de la résistance, il s'est fait prier longtems & a lu enfin des fragmens d'une *Dissertation sur le goût*: sujet à l'égard duquel on n'est point d'accord & dont chacun parle à sa maniere.

M^r. *Marmontel* a établi que la nature est la seule règle invariable & universelle. Suivant lui, le goût est, à peu près, comme la beauté, de convention abfolument; c'eft ce qu'on peut conclure d'après des détails très fins, dans lefquels il eft entré fur les nuances que les progrès de la civilifation & le commerce des femmes ont répandues dans les ouvrages de goût.

Cette differtation eft dans le genre de celles qui, remplies d'apperçus très déliés & s'enchaînant les uns les autres, ne peuvent gueres fe faifir & produire d'effet que par leur enfemble.

ADDITIONS.

Année MDCCLXXV.

A la page 169. Le 15 *Août* 1775. On parle depuis longtems de farines gâtées qu'on apporte à la halle, & qu'on voudroit forcer indirectement les boulangers à débiter, en la mélangeant avec la meilleure. Quelques-uns ont résisté à cette impulsion du gouvernement, entr'autres une femme, qui en a été la victime & a été arrêtée & mise en prison. Son corps allarmé de cette détention, a présenté des Mémoires pour la réclamer, & n'a pu réussir auprès du Lieutenant de police. Il en est parvenu des bruits sourds aux oreilles de quelques Membres du Parlement: on veut même que les boulangers aient adressé un Mémoire au Premier Président, homme foible & mou, qui a craint de déplaire à la cour & a gardé longtems le silence sur cet événement. Enfin forcé de s'expliquer, & voyant qu'on étoit résolu à demander, malgré lui, une assemblée des chambres, il a mieux aimé en convoquer une au vendredi onze, où, sur le compte rendu qu'il y avoit aux Célestins & à Ste. Catherine des magasins de bled gâté, dont on faisoit usage en l'amalgamant avec de bonne farine, la Cour a ordonné au Procureur général d'en faire la visite & d'en rendre compte le lendemain aux chambres assemblées, ceci étant une affaire de grande police.

Le lendemain 12, Mr. le Procureur général a rendu compte de ses soins pour obéir aux ordres de la Cour: sur quoi il a été remis de statuer à huitaine, & cependant ordonné que gens de l'art & experts en cette partie visiteroient ces bleds & en feroient leur rapport audit jour.

A la page 170. Le 17 *Août* 1775. Dom de Vienne, religieux Bénédictin de la Congrégation de St. Maur, connu par ses talens & chargé par la ville de Bordeaux de rédiger ses Mémoires & d'en faire l'histoire, dont un volume a déjà paru, prétend que des vexations inouïes non seulement l'ont fait éloigner de Bordeaux, où il continuoit ses travaux, mais qu'il est devenu l'objet de la persécution de ses supérieurs: &, pour s'y soustraire, ayant pris différentes voies infructueuses, il vient de porter sa demande au Parlement de Paris, où il expose dans une *Instruction & un Précis*, le détail de ses malheurs & s'éleve contre les auteurs de ses tourmens. Il donne dans ce petit Mémoire une triste idée du régime monacal, tant au moral qu'au physique.

Si les faits énoncés par l'auteur sont vrais, il développe une persécution constante & suivie & une déprédation dans les dépenses peu vraisemblable. Il rapporte que le gouvernement ayant voulu prendre, il y a quelques

ques années, connoissance du temporel de la Congrégation, elle présenta un tableau dont *il* résultoit huit millions de dettes.

A la page 171. Le 18 *Août* 1775. On s'occupe toujours des messageries & voitures. Les anciens entrepreneurs ont demandé du répit pour présenter des Mémoires contenant leurs objections, qu'ils regardent comme insolubles: d'un autre côté, le Ministre les presse pour prendre des arbitres & faire estimer leurs chevaux, voitures & autres ustensiles.

A la page 175. Le 19 *Août* 1775. Il paroît que le schisme de Bordeaux a été plutôt suspendu qu'éteint par le Maréchal de Mouchy: ses menaces & les ordres dont il étoit porteur, ont forcé les vrais Magistrats à recevoir avec eux les expulsés; mais les premiers se sont réservé la voye de la représentation, & continuent à user envers les autres de procédés toujours humilians. On assure que le Président ne leur demande leur voix qu'en faisant mention de l'ordre exprès de S. M. à cet effet.

A la page 176. Le 20 *Août* 1775. Vendredi dernier on a entendu aux chambres assemblées, le rapport des Experts nommés par le Parlement pour statuer sur la qualité des farines, trouvées aux magasins dont on a parlé. Ces Experts pris dans les membres de l'Académie des Sciences & parmi les Maîtres boulangers, ont rapporté qu'ils avoient fait des essais de ces farines mélangées à moitié, au tiers, au quart, au sixieme, avec la bonne, pour en faire du pain, & qu'il en étoit résulté du pain de couleur grise, ayant mauvaise odeur, mauvais goût, & ne pouvant être que mal-sain.

Sur quoi il a été arrêté de mander le Lieutenant général de Police & de lui donner communication de l'Arrêt de la Cour, qui défend d'employer ces farines à la fabrication du pain; ordonne en conséquence qu'il sera posé des gardes aux portes desdits magasins pour empêcher qu'elles n'en sortent, & que M. le Premier Président seroit chargé de se retirer par devers le Roi, à l'effet de lui rendre compte de la conduite de son Parlement.

A la page 177. Le 21 *Août* 1775. On peut se rappeller l'aventure de Madame la Marquise de la Roche, mise à la Bastille, il y a environ dix ans, lors du commencement des troubles de Bretagne, comme accusée d'avoir eu part à des caricatures sanglantes contre les lâches du Parlement de cette Province, appellés les *Ifs*. On sait que cette affaire a été étranglée comme les autres, sans aucune satisfaction pour cette Dame: elle étoit même toujours restée depuis sous le joug d'une lettre de cachet, par laquelle il lui étoit défendu d'aller en Bretagne. Depuis le nouveau Ministere de M. de Malesherbes, elle a eu recours à sa justice, & il a obtenu de S. M. la révocation de cet ordre irrégulier & tyrannique.

A la page 177. Le 21 *Août* 1775. Le S^r. Greuze continuant d'être brouillé avec l'Académie, n'exposera rien encore cette année au Sallon prochain, & vraisemblablement ne s'y montrera plus. En conséquence il fait voir chez lui aux amateurs un tableau de sa façon, dont le sujet est *la Dame de charité*.

A la page 177. Le 21 *Août* 1775. L'on parle d'une nouvelle gazette, intitulée *Gazette des tribunaux* : son titre annonce assez son objet. On conçoit que ce doit être un ouvrage plus utile qu'amusant. L'auteur est un M^r. Mars, Avocat; pauvre sujet, mais qu'on dit protégé par M^r. Seguier, sous les auspices duquel il a formé son entreprise.

A la page 177. Le 22 *Août*. 1775. Il n'est pas jusques aux huissiers-qui, après avoir subi les rigueurs de M^r. le Chancelier, participent à la bienveillance de M^r. le Garde des Sceaux actuel. Il paroît un Edit donné à Versailles au mois de Juillet dernier & régistré en Parlement, toutes les chambres assemblées, le 18 de ce mois, qui retablit quatre offices d'huissiers servans à la Grand' chambre.

A la page 177. Le 22 *Août* 1775. On a parlé du compte rendu aux chambres assemblées, les Princes & Pairs y séant, de différens Mémoires qui sembloient exiger la nécessité d'un Réglement pour les Avocats.

L'Avocat général Seguier a voulu en conséquence en dresser un ; mais l'Ordre l'ayant su, s'est assemblé & a signifié à Mr. Seguier qu'il étoit pénétré, autant que Mr. l'Avocat général, des excès auxquels se livroient quelques orateurs ; qu'il sentoit également l'urgence d'y remédier ; mais que ce soin ne devoit, ne pouvoit concerner que l'Ordre même & que c'étoit à lui seul à y travailler.

A la page 177. Le 22 *Août* 1775. *La Dame de charité* du Sr. Greuze, est un tableau très bien composé ; c'est une scene tendre, où tous les acteurs en mouvement ont une expression propre à leur caractere. Il y a six figures, pour rendre l'événement plus touchant. L'auteur a imaginé que l'inconnu visité par la Dame de charité étoit un pauvre honteux, un bon gentilhomme, désigné par son épée suspendue à son chalit, suivant l'usage des provinces, où il y a beaucoup de noblesse indigente, telle qu'en Bretagne. La noblesse de sa physionomie, en confirmant cette premiere idée, n'empêche pas que la maigreur, les rides & la douleur imprimée sur les muscles, m'ajoutent encore à la sensibilité du spectateur, qui suppose avec raison que c'est un malade : les ustensiles autour de lui, les vases, les boissons, les médicamens ne laissent aucun doute à cet égard. A la vue de sa bienfaitrice, il se souléve, étend les bras vers elle, & a toutes les marques de la reconnoissance. Sa femme auprès de lui, recueillie en elle-même, les mains jointes, exprime le même sentiment d'une maniere plus conforme à son sexe dévot, qui commence par rapporter à la Providence une visite aussi généreuse, & par la remercier intérieurement. L'héroïne principale du tableau est une femme d'une jolie figure, nouveau moyen d'ajouter à l'intérêt & de fixer davantage les yeux du spectateur: elle a une douceur dans le visage, qui peint la sérénité de sa belle ame: devant elle est une petite fille, effrayée d'abord, comme on l'est à cet âge du spectacle affligeant qu'elle voit ; sa naïveté ne lui permet pas de la dissimuler: sa mere, qui veut l'habituer aux bonnes actions qu'elle fait, lui donne une bourse, pour qu'elle l'offre à cette infortunée. Derriere ces deux personnages est une sœur grise, qu'on juge avoir été l'introductrice. Sur la physionomie de celle-ci, un air dur, que l'habitude de voir des malheureux fait contracter en quelque sorte malgré soi, forme une opposition pittoresque avec celui de la Dame & de la jeune personne. Enfin un Savoyard que la curiosité attire & qu'on apperçoit au chevet du lit avec les instrumens qui désignent l'office qu'il remplissoit alors & qu'il a suspendu, complette ce petit poëme ingénieux, plein de naturel, de vie & d'art. Le coloris est, sans doute, un peu monotone: en général, il est grisâtre; mais l'action le comporte, & l'exige peut-être. Il n'est point extraordinaire que la Dame de charité, & même sa fille, toute jeune qu'elle soit, n'apportent pas en ce lieu le brillant des étoffes & l'appareil des vanités mondaines.

A la page 180. Le 23 *Août* 1775. La boulangere dont on a parlé & autres boulangers arrêtés, pour le même refus de prendre des mauvaises farines, ont été élargis. Le Parlement a eu recours à trois Commissaires de l'Académie des Sciences pour leur examen, MM. Duhamel, Tillet & Fougeroux. Ils sont en outre chargés d'aviser à l'usage qu'on en pourroit faire, si elle est décidée absolument pernicieuse aux hommes, d'examiner si l'on ne pourroit pas la donner aux volailles, ou lui trouver quelque autre emploi, ou enfin s'il faut la jetter absolument.

Le Premier Président, au surplus, a rendu compte au Parlement, les chambres assemblées, de la réponse du Roi. S. M. y déclare en substance, qu'elle est contente du zèle de son Parlement; qu'elle s'occupe du même objet que lui; qu'elle y va porter une attention plus particuliere, & qu'elle se fera rendre compte du fait.

A la page 180. Le 23 *Août* 1775. La musique du S^r. Sacchini a du succès de plus en plus. L'on assure que l'on a supprimé de *la Colonie*, appellée en Italien *l'Isola d'Amore*, une ariette entiére, pillée mot à mot par le

Sr. Gretri & qu'il a transportée dans *Zemire & Azor*, on a cru devoir lui montrer cet égard.

A la page 180. Le 23 *Août* 1775. Le changement projetté dans les coches & messageries, faute d'en avoir assez prévu les difficultés, donne au Ministre plus d'embarras qu'il ne comptoit: il a d'abord été obligé de changer plusieurs Régisseurs qui, ne paroissant point agréables au public, & étant tarés comme banqueroutiers ou autrement, ont été jugés indignes de la confiance de S. M. Du reste, ils s'assemblent à la Compagnie des Indes & chaque jour enfante de nouveaux obstacles. Il faut pour les lever recourir au Ministre, qui perd beaucoup de tems à tous ces détails, au fond minutieux & auxquels il met une importance qu'ils ne méritent pas.

M. Turgot a mandé les maquignons les plus expérimentés & leur a demandé s'ils pourroient entreprendre une fourniture de 5800 chevaux de la plus forte espece, à raison de 15 Louis piece? Sur quoi ils lui ont répondu, que non-seulement ils ne pourroient s'en charger, mais qu'ils ne croyoient pas qu'une pareille quantité en existât dans le royaume. D'autre part, les Entrepreneurs actuels veulent vendre les leurs très-cher, & demandent de grosses indemnités. Les maîtres de poste réclament aussi contre le privilege dont on veut les frustrer.

A la page 182. Le 25 *Août* 1775. Les

Tribunaux retentiffent perpétuellement de demandes en féparation de corps. Une a excité furtout la curiofité ces jours-ci. Il s'agiffoit d'une Madame de la Balme, la femme d'un Avocat aux Confeils & niece de Mlle. Romans, aujourd'hui Madame de Cavcinac, fameufe par fes galanteries. Beaucoup de gens s'intéreffoient à fon fort. Elle a gagné; elle a été féparée mardi par fentence du Châtelet. Par une faveur fpéciale, il lui eft permis de fe retirer où bon lui femblera, quoique le mari eût demandé qu'elle fût en couvent.

A la page 183. Le 25 *Août* 1775. On a été furpris qu'un Miniftre auffi fage que Mr. de Vergennes, auffi expérimenté & auffi porté à l'économie, eût créé pour le S^r. Meinard de Souzy une nouvelle place dans le Corps Diplomatique, fous prétexte de l'envoyer à Nuremberg, où il n'y a jamais eu befoin de Négociateur. Mais on fait aujourd'hui qu'il a eu la main forcée à cet égard. Bien loin de goûter ces modernes inftitutions de faveur, il travaille, au contraire, à réformer toutes ces petites réfidences qui fe font à Paris & ne font que difpendieufes fans être utiles. Telle eft celle du S. Radix de S^{te}. Foix aux Deux-Ponts, qui ne quitte point cette capitale.

A la page 184. Le 26 *Août* 1775. Les différentes obfervations faites à M^r. Turgot au fujet de fon projet concernant les poftes

&

& messageries, l'ont obligé de changer les Arrêts du Conseil déjà imprimés sur cette matiere. On est actuellement occupé à en presser de nouveaux & l'on espere qu'ils ne tarderont pas à paroître. On voit d'avance s'effectuer sur les grands chemins l'heureuse liberté que favorise ce Contrôleur général. On rencontre les voitures des rouliers chargées de peuple; ce qu'autrefois ils n'auroient osé faire, de crainte d'une amende qu'ils auroient encourue.

A la page 184. Le 26 *Août* 1775. On a réalisé depuis peu les projets formés pour des changemens à faire dans le Conseil; d'abord on a créé six nouvelles places de Conseiller d'Etat, que M. le Garde des Sceaux a jugé nécessaires pour le seconder dans les travaux de ce tribunal, plus en activité que sous le feu Roi. Ces places ont été données à M. Boutin, Intendant des finances; à M. Taboureau, Intendant de Valenciennes; à Mr. le Noir, ci-devant Lieutenant général de Police; à Mr. Bellanger, Avocat général de la Cour des Aides; à Mr. de Vaudeuil, ancien Premier Président du Parlement de Toulouse; & enfin à Mr. Vidault de la Tour, Premier Président du Parlement intermédiaire de Grenoble, & déplacé lors de la réintégration de Mr. de Berulle, le vrai Premier Président. On voit par ce mélange de faveurs accordées indistinctement & aux Magistrats patriotes & aux Magistrats Royalistes, que Mr. de Miromenil affecte de ne faire acception de perſonne ; ce qui eſt la vraie politique du gouvernement actuel.

Mr. de Fontette, Intendant de Caen, qu'on chicanoit ſur l'incompatibilité de cette commiſſion avec ſa charge de Chancelier Garde des Sceaux, Chef du Conſeil de *Monſieur*, s'eſt tiré d'embarras en ſe faiſant faire Conſeiller d'Etat, préalablement aux nouveaux: c'eſt Mr. Eſmangart, qui devenu deſagréable au Parlement de Bordeaux depuis la réintégration de cette compagnie, remplace Mr. de Fontette à Caen.

A la page 184. Le 26 *Août* 1775. On avoit prévu dès l'an paſſé que M. de la Harpe auroit cette année le Prix de poëſie: on ſavoit que dès-lors il l'auroit remporté, ſi le Secrétaire de l'Académie en ayant ſubjugué le plus grand nombre des membres, ne s'étoit trouvé contrarié par un homme *meilleur* connoiſſeur que lui, ſans contredit, en pareille matiere. Il eſt facile de le croire, en entendant nommer M. Greſſet.

Dans la Séance, où il étoit queſtion de prononcer définitivement entre deux pieces qui avoient balancé les ſuffrages, ce juge auſſi impartial qu'éclairé fit reproche à Mr. d'Alembert de lire très mal de fort beaux vers: ces beaux vers n'étoient malheureuſement pas du pupille de la Secte Encyclopédique, & le lecteur cherchoit par le débit à affoiblir l'impreſſion qu'ils pourroient faire contre ceux de ſon protégé.

Ces beaux vers étoient d'un Mr. *Durufflé*, qui ferre de près dans la carriere Mr. de la Harpe, puisqu'il vient d'obtenir encore cette fois l'*Accessit*.

Quoi qu'il en soit, Mr. d'Alembert voyant sa ruse démasquée & craignant que l'observation d'un Poëte aussi prépondérant que M. Gresset ne produisît trop d'effet, prit une tournure plus adroite; il proposa de remettre le prix, sous prétexte qu'aucun des concurrens n'avoit fourni de chef d'œuvre assez parfait : il préféra de différer pour mieux assurer le succès à M. de la Harpe. Il ne douta pas d'asservir la compagnie à son opinion, dès qu'il seroit débarrassé d'un confrere aussi dangereux, mais qui résidant ordinairement à Amiens, alloit y retourner pour n'en plus revenir de sitôt & peut-être jamais.

Ce qu'avoit prévu M. d'Alembert &, avec lui, les gens au fait des intrigues de l'Académie, est arrivé : M. de la Harpe a triomphé pour le Prix de poësie; mais ce qu'on ignoroit, c'est que ce candidat auroit également le Prix de prose, & que les juges du concours ne trouvant d'émule digne à lui opposer que lui-même, lui accorderoient encore le premier *Accessit* en poésie.

Le Secrétaire de l'Académie, en annonçant hier dans l'assemblée publique ce double & ce triple triomphe de Mr. de la Harpe, a observé que c'étoit pour la quatrieme fois qu'il étoit couronné dans chacun des deux genres., & pour la seconde qu'il l'étoit pour les deux à la fois dans la même séance, chose sans exemple. Tant de victoires seroient sans doute bien glorieuses, si elles étoient dûes au seul mérite, si le public avoit confirmé par ses suffrages ceux de l'Académie. On ne sait pourquoi les Arrêts de cette Compagnie sont presque toujours infirmés au tribunal suprême qui juge les justices, ou plutôt, sans parler des manœuvres sourdes qui déterminent souvent l'aréopage littéraire, on pourroit en assigner beaucoup de causes tirées de l'institution même, trop longues à développer ici. On ajoutera seulement que la prose étant davantage du ressort du grand nombre de ses Mémoires, les ouvrages de ce genre y sont communément mieux appréciés. Du reste, quand on aura constaté véritablement l'impression qu'a produit sur les auditeurs la lecture du premier ouvrage couronné, qui étoit *l'Eloge de Maréchal du Catinat*, on y reviendra.

Après que Mr. de la Harpe eut reçu la Medaille des mains de Mr. de Ste. Palaye, le Directeur, l'Abbé de Lille, fit lecture de la piece de poésie du même auteur couronnée.

Le premier *Accessit* a été donné à une *Epitre au Tasse*, dont on n'a rien lu, pas plus que de l'Epitre de *Brutus à Servilie*, après la mort de César. L'auteur de celle-ci est Mr. *Durusit*, déjà le rival de Mr. de la Harpe, lors de la scission arrivée l'année derniere au sein de l'Académie, & dont on a ci-dessus rendu compte.

Quatre autres concurrens ont mérité qu'on fît d'eux une mention honorable. On a nommé leurs ouvrages, ainsi que les auteurs, qui sont M^{rs}. *de Sacy, Deigny du Ponceau & François de Neufchâteau*: le quatrieme ne s'est pas fait connoître.

M. d'Alembert a terminé la séance par l'annonce du sujet du Prix de poésie pour 1776 & de celui d'éloquence pour 1777. Le premier sera délivré à la traduction en vers Alexandrins d'un morceau de l'Iliade d'Homere, au choix des auteurs, renfermé dans des bornes prescrites de deux cens vers au moins & de quatre cens au plus. On sent quel embarras va se donner l'Académie, dont grand nombre de membres n'entendent pas le Grec; & que d'aspirans elle écarte par ce choix exclusif, très propre au surplus pour ramener le goût de la saine littérature, de la grande poésie & de la véritable harmonie.

L'Eloge du Chancelier de l'Hôpital est le sujet du Prix d'éloquence.

A la page 185. Le 27 *Août* 1775. Il y a eu aussi des mouvemens dans les Intendans. M. de Clugny, Intendant de Perpignan, remplace M. Esmangart, Intendant à Bordeaux; M. de la Porte, Maître des Requêtes, est nommé à l'Intendance de Perpignan: M. Senác de Meilhan va à Valenciennes, & l'on rend à M. des Gallois de la Tour, l'Intendance de Provence, toujours réunie à la place de Premier Préſident du Parlement de cette province.

A la page 185. Le 27 *Août* 1775. On vient de faire faire au Pont-neuf des réparations aſſez conſidérables, & dans les enfoncemens l'on éleve des tourelles, où l'on ſe propoſe de conſtruire des boutiques, au profit de l'Académie de peinture. En conſéquence, le Sieur Cochin, Secrétaire de cette compagnie, eſt fort occupé à tracer des deſſins pour l'ornement de ces petits édifices: mais les amateurs ſe plaignent de cette innovation, qui va contre le projet plus beau de découvrir les ponts & d'en développer la vue dans toute l'étendue poſſible.

A la page 185. Le 27 *Août* 1775. Depuis longtems M. de Voltaire avoit tracé le plan de l'*Eloge de Catinat* dans les deux beaux vers de la *Henriade*, qui caractériſent ſi bien le grand homme en queſtion:

Catinat réunit par un rare aſſemblage
Les talens du Guerrier & les vertus du Sage.

C'eſt par ce portrait plus étendu que M. de la Harpe ouvre ſon exorde: il n'eſt point un lieu commun; il eſt ainſi lié intimément au reſte de l'ouvrage; c'en eſt, pour ainſi dire le germe qui ſe développe par degrés & acquiert toute la conſiſtance d'un corps bien proportionné. Nous ne ſuivrons point le panégyriste dans la multitude des faits dont il a enrichi sa production & qui appartiennent à toutes les histoires de Louis XIV. Nous préférons ces anecdotes qui, plus ignorées, peignent pourtant mieux le génie & l'ame du héros. M. de la Harpe n'a pas manqué de les saisir & de les placer à propos. Veut-il caractériser la dureté de Louvois & la modération de Catinat, il cite la lettre du premier au vainqueur de Staffarde, au conquérant de Saluces & de Suze: *quoique vous ayez fort mal servi le Roi cette campagne*, lui dit-il, *S. M. veut bien vous continuer votre gratification ordinaire*. S'il exalte la justesse de ses vues, la sûreté de ses démarches, la maturité de ses réflexions, il rappelle ce sobriquet énergique, dont les soldats le surnommoient: *le pere la pensée*. Afin de donner une idée de la vénération que la cour même sentoit pour Catinat, il rapporte les paroles de Louis XIV, en lisant son nom parmi les Maréchaux de France: *c'est bien la vertu couronnée*; & du même trait il développe l'ame pure & naïve de ce grand homme qui, instruit par Fenelon de la récompense & du mot du Roi, s'écrie: *je suis agité d'une joye que je ne connoissois pas encore*. Sa modestie est surtout exprimée par la question d'un courtisan qui, après la lecture du récit des deux batailles de Staffarde & de Marsaille, fait par le général victorieux, demande: *M. de Catinat y étoit-il?* Quoi de plus propre à faire juger de son équité, de son humanité, que le témoignage que lui rendoient les auteurs de ces satyres contre la France, sous le nom de *Gazettes de Hollande*, où, en parlant d'une province qu'il avoit été forcé de mettre à contribution, on ajoutoit: *si c'eût été tout autre que lui, tout le pays auroit été brûlé.* Victime de la jalousie & de l'envie, son caractere ne s'aigrit point: son amour pour sa patrie, après l'avoir fait servir en second sous Villeroi, son cadet, dans la même armée dont on lui enleve le généralat, ne lui permet pas de se refuser au desir de son maître. Louis XIV exige que, malgré sa vieillesse & ses infirmités, il reprenne le commandement de l'armée d'Alsace, sous prétexte *que sa présence suffira*, il obéit: il fait plus; le Monarque, sachant combien le Maréchal a à se plaindre de Chamillart, lui témoigne avec réserve son désir qu'il se rapproche de ce Ministre; *j'y vais*, répond-il pour toute replique. Il n'est pas jusques à sa mort, qui ne soit marquée par quelque trait d'un héroïsme simple & d'autant plus rare. Se sentant défaillir, Catinat demande à son médecin Helvetius, combien il a de tems, à peu près, à vivre encore? Le consulté en toute autre occasion n'auroit satisfait qu'avec des ménagemens convenables à la foiblesse humaine; il met froidement ce terme à trois mois, en ordonnant toutefois quelque breuvage, *pour rendre*, ajoûte-t-il, *l'agonie plus douce.* Catinat le prend, & ce héros philoſophe, accuſé d'impieté, meurt en s'écriant: *mon Dieu, j'ai confiance en vous!*

Le Panégyriſte finit par une peroraiſon qu'amene ſon ſujet, qui en eſt le réſumé moral, & complette merveilleuſement cet excellent ouvrage.

Le jour de la ſéance, les ſpectateurs par leurs applaudiſſemens en témoignerent leur ſatisfaction. Il faut cependant convenir qu'il y a quelques défauts. D'abord le diſcours eſt allongé; il eſt fatiguant à la lecture, à raiſon de certaines digreſſions, où l'auteur quitte ſon héros, le fait perdre de vue au lecteur, pour montrer de l'eſprit & étaler ſon éloquence. Enſuite il y a trop d'expreſſions figurées dans certaines parties du ſtyle; enſorte qu'on croiroit entendre un poëme épique, plutôt qu'un morceau oratoire.

On peut comparer le diſcours de M. de la Harpe avec celui de M. de Guibert, qui eſt imprimé auſſi. Ce militaire a eu le premier *Acceſſit*. Il eſt connu de tout le monde, quoique M. d'Alembert, on ne ſait pourquoi, ait affecté de ne le pas nommer. Il a dit que l'Académie avoit trouvé de ſi grandes beautés dans cet ouvrage, qu'elle avoit regretté de n'avoir qu'un Prix à donner. Il eſt cependant bien inférieur au premier.

La piece de poéſie de M. de la Harpe qui a remporté le Prix de ce genre, a pour titre: *Conſeils à un jeune poëte*: elle commence par une espece de satyre de la littérature actuelle. L'auteur entre ensuite dans quelques détails sur les difficultés à vaincre; sur le courage qu'exige le métier de poëte; sur la nécessité d'amis séveres: puis, il laisse son pupille au milieu de la carriere, & finit par une description des charmes du bel art de la poésie, des consolations qu'il y puise, enfin des ressources qu'il y trouvera dans sa vieillesse.

On voit par cette esquisse que M. de la Harpe n'a pas bien digéré son plan, & qu'il auroit besoin de le remanier encore une troisième fois; car on assure que c'est la même piece présentée au concours, il y a un an: quant à la versification, elle est dure, martelée, raboteuse, & manque de l'aisance & de la correction qu'exigeoit un pareil sujet. Il y regne aussi différens tons, qui sembleroient appartenir à plusieurs genres. On y trouve jusques à du burlesque & du bouffon. On craint fort que ces défauts ne soient encore plus sensibles à une lecture réfléchie, & n'attirent à l'Académie de nouveaux brocards de la part des candidats indignés, & des critiques toujours prêts à censurer ses décisions.

A la page 185. Le 27 *Août* 1775. Extrait d'une Lettre d'Amsterdam du 21 Août 1775. Il y avoit ici un François réfugié nommé *Voyard*, passé depuis quelques années en Hollande, qui avoit embrassé la religion Protestante, & s'étoit fait correcteur d'imprimerie. Il a travaillé pour le fameux *Rey*, & s'étoit surtout attaché à M. *Changuion*, dont il écrivoit *les Annales Belgiques*. Il y avoit, depuis la révolution de la Magistrature en France, fait constamment l'éloge de M. de Malesherbes. Depuis que ce Magistrat patriote a été élevé au Ministere, M. du Clairon, le Consul françois dans cette capitale, a eu ordre de faire chercher M. Voyard; il lui a proposé un sort avantageux & fait quitter ce pays-ci. L'on prétend que c'est le nouveau Secrétaire d'Etat au Département de Paris, qui l'a mandé auprès de lui & l'employe dans quelques détails de son Ministere. On ajoute qu'il est redevenu Catholique à Paris.

Il est cependant des gens plus méfians, qui soupçonnent que ce *Voyard* n'étoit qu'un espion; que, sa mission remplie, on a rappellé de la sorte.

A la page 186. Le 28 *Août* 1775. On voit un jugement du Prevôt de l'hôtel, en date du 20 Juillet dernier, affiché aux Tuilleries, &c. par lequel la nommée *Châtillon* est condamnée à un an d'hôpital; pour avoir raccroché dans ce jardin royal; pour avoir voulu séduire la vigilance des Suisses à prix d'argent; pour avoir changé de nom & s'être dit mariée, &c. Défenses à elle, lorsqu'elle sortira, de se montrer dans cette promenade, ou toute autre appartenante à Sa Majesté.

La publicité donnée à cette police, qui s'exécutoit autrefois sourdement, est dûe sans doute au zèle, avec lequel la Magistrature seconde aujourd'hui les vues du jeune Roi pour le rétablissement des bonnes mœurs & de l'honnêteté publique.

A la page 187. Le 29 *Août* 1775. Comme l'on a beaucoup parlé du nouveau projet de M. Turgot concernant le service des voitures publiques par terre, sans avoir pu jusques à présent en déterminer l'objet précis, on va enfin le connoître par le Préambule de l'Arrêt du Conseil du 7 Août; il y est dit:

„ Le Roi s'étant fait rendre compte des
„ différens Arrêts & Réglemens rendus pour
„ l'administration des messageries, ensemble
„ des concessions faites par les Rois, ses
„ prédécesseurs, de différens droits de caros-
„ ses & de quelques messageries; S. M. a re-
„ connu que la forme de régie adoptée pour
„ cette partie ne présente point à ses sujets
„ les avantages qu'ils devroient en tirer; que
„ la construction des voitures & la loi impo-
„ sée aux fermiers de ne les faire marcher
„ qu'à journées réglées de dix à onze lieues,
„ est très incommode aux voyageurs qui,
„ par la modicité de leur fortune, sont obligés
„ de s'en servir; que le commerce ne peut
„ que souffrir de la lenteur dans le transport
„ de l'argent & des marchandises; que d'ail-
„ leurs cette ferme soumet ses peuples à un
„ privilege exclusif, qui ne peut que leur

„ être onéreux & qu'il lui feroit impoſſible
„ de détruire, s'il continuoit d'être exploité
„ par des fermiers : que, quoiqu'au moyen
„ dudit privilege, cette ferme dût donner
„ un revenu conſidérable; cependant l'im-
„ perfection du ſervice en rend le produit
„ preſque nul pour ſes finances; S. M. a
„ penſé qu'il étoit également intéreſſant pour
„ elle & pour ſes peuples, d'adopter un plan
„ qui, en préſentant au public un ſervice
„ plus prompt & plus commode, augmen-
„ tât le revenu qu'elle tire de cette branche
„ de ſes finances, & préparât en même tems
„ les moyens d'abroger un privilege excluſif,
„ onéreux au commerce: pour y parvenir,
„ S. M. a jugé qu'il étoit indiſpenſable de di-
„ ſtraire du bail des poſtes les meſſageries
„ & diligences qui y ſont compriſes; de re-
„ tirer des mains de ceux qui en ſont en pos-
„ ſeſſion les droits de caroſſe concédés par
„ les Rois, ſes prédéceſſeurs; de réſilier
„ tous les baux qui ont été paſſés pour leur
„ exploitation, en aſſurant, tant aux fer-
„ miers qu'aux conceſſionnaires, l'indemnité
„ qui ſe trouvera leur être dûe.

„ S. M. deſirant faire jouir ſes Sujets de
„ tous les avantages qu'ils doivent tirer des
„ meſſageries bien adminiſtrées, & ſe met-
„ tre en état de leur en procurer de nou-
„ veaux par la ſuppreſſion du Privilege ex-
„ cluſif accordé auxdites meſſageries, auſſi-
„ tôt que les circonſtances pourront le per-

„ mettre, a résolu de faire rentrer dans sa
„ main, tant lesdits droits de carosse, que
„ les messageries qui font partie du bail gé-
„ néral des postes, pour former du tout une
„ administration royale; de substituer aux ca-
„ rosses dont se servent les fermiers actuels,
„ des voitures légeres, commodes & bien
„ suspendues; d'en faire faire le service à un
„ prix modéré, également avantageux au
„ commerce & aux voyageurs; enfin d'astrein-
„ dre les maîtres de poste à fournir les che-
„ vaux nécessaires pour la conduite desdites
„ voitures, sans aucun retard & avec la cé-
„ lérité que ce service exige.

„ Suivent les dispositions qui développent
„ ce projet; & l'Arrêt du Conseil principal
„ est accompagné de cinq autres Arrêts ac-
„ cessoires & d'une Ordonnance du Roi, qui
„ complettent jusques à présent la nouvelle
„ Législation en cette partie."

A la page 187. Le 29 *Août* 1775. C'est M. de Fleurieu, Lieutenant de Vaisseau, âgé de trente ans, qui a toute la confiance de M. de Sartines; il est l'ame de ses Conseils, sans avoir au Ministere aucune association directe. S. M. est instruite de l'utilité dont ce jeune Officier est à son Secrétaire d'état de la Marine, & a permis à celui-ci de lui faire un traitement proportionné.

Quoique M. de Fleurieu ait de très grandes & de très hautes connoissances dans les sciences, on doute qu'il soit assez initié dans l'administration de pratique, pour bien diriger M. de Sartines, qui l'a cependant mené avec lui dans les ports, où il vient de commencer une tournée & compte en recevoir beaucoup des secours. D'ailleurs l'impulsion qu'il donne au Ministre, n'est qu'une réaction de celle qu'il reçoit de son propre corps; & l'on sait que le génie de Mrs. de la Marine a toujours été pernicieux à ceux qu'ils ont gouvernés.

A la page 189. Le 31 *Août* 1775. Pour l'exemple, sans doute, on a cru devoir rendre public depuis peu un jugement prévôtal du 7 Juillet, qui condamne au carcan, au fouet & aux galeres à perpétuité, *Pierre Cadet*, dit *Porcher*, batteur en grange & manouvrier, pour avoir, armé d'une pierre, insulté, provoqué par ses gestes & menacé la maréchaussée en fonction, lors de l'émeute arrivée à Gonesse le 1 Mai dernier, à l'occasion du prix du bled.

A la page 189. Le 31 *Août* 1775. Le 2 Août dernier il a été aussi enrégistré, toutes les chambres assemblées, les Princes & Pairs y séant, un *Edit* donné à Versailles au mois de Juillet, portant rétablissement de l'Amirauté de France au siege général de la table de marbre du Palais à Paris, supprimée par Edit du mois de Juin 1771. Le Roi dit dans le préambule, qu'il s'y porte d'autant plus volontiers, que ce tribunal est le siege principal de l'Amiral de France; qu'il importe de ne diminuer aucun de ſes attributs, & qu'il donnera à ſon très amé Couſin le Duc de Penthievre une marque éclatante des ſentimens diſtingués qu'il a pour lui.

A la page 189. Le 1 *Septembre* 1775. Un des points principaux du plan de finances de M. Turgot eſt de ſimplifier le plus qu'il peut les rouages de cette machine qui la ſurchargent & l'embarraſſent. En conſéquence il vient d'effectuer la réunion depuis longtems annoncée des deux charges de Receveur des Tailles, créées pour chaque Election, en une, & de diminuer ainſi quelques frais de perception. Suivant l'édit la, dénomination même de ces offices eſt changée; ils ſont convertis en *Receveurs des impoſitions*: on n'y porte néanmoins aucune atteinte aux droits des titulaires, propriétaires, aſſociés, ſurvivanciers, &c.

La multiplicité des offices de Receveurs des Tailles, dont il réſulte le double inconvénient de charger les revenus de payement de gages, ſuſceptibles aujourd'hui d'être retranchés, & d'expoſer les peuples au concours des pourſuites de pluſieurs Receveurs, qui, en ſe croiſant, multiplient néceſſairement les frais, & rendent le recouvrement des revenus du Roi plus difficile & plus onéreux aux contribuables, a été le motif de ce changement.

L'enrégiſtrement fait en Parlement, toutes les chambres aſſemblées, le 22 Août 1775, porte, *ſans approbation d'aucun Edit énoncé*

au

au présent Edit, qui n'auroit été dûment vérifié en la Cour.

A la page 189. Le 1 *Septembre* 1775. Le Parlement, auquel les Pairs se sont rendus mardi dernier 29, pour suivre le procès du Maréchal, Duc de Richelieu, a joint au fond toutes les requêtes dont on a parlé, & l'assemblée s'est ajournée au mois de Décembre.

A la page 191. Le 2 *Septembre* 1775. Le principal grief qu'on oppose à M^e. Sainctin le Blanc, c'est un Arrêt rendu contre lui le 11 Decembre 1771, par la Cour des monnoyes, qui supprime deux de ses mémoires pour un nommé *Pierre*, comme contenant des faits faux, calomnieux & malignement controuvés, pour flétrir l'honneur du Magistrat désigné : ce Magistrat est le S^r. *Dorigny*, Conseiller de cette Cour, nommé Rapporteur dans le procès du S^r. Pierre & que celui-ci vouloit récuser : ce qui eut lieu de fait. Cet Arrêt de suppression, avec des qualifications fâcheuses, n'eut aucun effet dans le tems, n'empêcha point l'Avocat en question de plaider au Parlement d'alors, & ses confreres ne lui en firent aucun reproche. Il paroît qu'on ne le fait valoir aujourd'hui que pour déguiser le vrai motif de la persécution contre M^e. Sainctin le Blanc; motif fondé sur son attachement au Chancelier, à son œuvre & à son zele pour la promouvoir.

Cet Avocat a pris la tournure de la demande en caffation & en conféquence a préfenté une requête au Roi, curieufe par un paragraphe concernant M. le Chancelier; où ce chef fuprême de la Magiftrature eft peint comme un plaifant, un homme à bons mots & farcafmes. Ce portrait eft encore plus remarquable dans la bouche d'un de fes anciens partifans.

A la page 192. Le 3 *Septembre* 1775. M. Turgot perfiftant dans fes principes fur le commerce des grains, profite de la circonftance favorable, s'il peut y en avoir, pour les mettre en vigueur dans toute leur étendue & lever les obftacles qui pourroient en retarder l'heureux effet. Un de ceux qu'il a jugé le plus preffant d'écarter, c'eft la multitude des droits de différentes efpeces, auxquels les grains font encore affujettis dans les halles & marchés; droits qui ont le double inconvénient de furcharger la denrée d'un impôt qui en augmente le prix, & d'exciter les inquiétudes du peuple, en écartant des marchés les vendeurs.

Par un Arrêt du Confeil rendu le 10 Août 1768, il avoit été déjà ordonné que tous feigneurs, villes, communautés ou particuliers, qui perçoivent ou font percevoir à leur profit aucuns droits quelconques, dans les marchés d'aucunes villes, bourgs ou paroiffes de fon royaume, feront tenus de repréfenter leurs titres & pancartes defdits droits. Cet Arrêt, qui ne s'étoit point exécuté, est renouvellé aujourd'hui & il y a une Commission du Conseil nommée à cet effet.

A la page 192. Le 3 *Septembre* 1775. C'est un problême de savoir si nos colonies doivent être défendues par des officiers de marine, ou des officiers de terre. Depuis la paix, le système contraire avoit prévalu, & l'on avoit ôté le commandement de nos isles aux premiers. On se doute bien que M. de Sartines étant guidé aujourd'hui par un Lieutenant de Vaisseau, dans lequel il a mis toute sa confiance, & celui-ci, étant rempli de l'esprit de son corps, le nouveau Ministre a changé de principes à cet égard. En conséquence il vient de nommer un Capitaine de Vaisseau pour Gouverneur de la Guadeloupe.

C'est un autre problême, comme on l'a observé anciennement, de savoir si cette isle devoit avoir un Commandant absolument indépendant de celui de la Martinique, ou qui lui soit subordonné: on avoit précédement décidé qu'en tems de paix cette réunion étoit plus avantageuse. La même influence de M. de Fleurieu, ame des conseils de M. de Sartines, a prévalu; &, après avoir fait nommer un officier de son corps pour Gouverneur de la Guadeloupe, il a cru devoir le soustraire aux ordres de l'Officier de terre, commandant à la Martinique.

A la page 192. Le 3 *Septembre* 1775. La paye du soldat se trouvant aujourd'hui insuffisante pour ses besoins, à cause de la cherté de toutes les denrées & marchandises, le Ministre de la guerre a fait des représentations au Roi à cet égard, & S. M. a décidé qu'à commencer du 1 Janvier 1776 cette paye feroit augmentée d'un fols par jour.

A la page 193. Le 4 *Septembre* 1775. Depuis longtems on foupçonnoit que les petites loteries qui ont lieu au Wauxhall ou au Colyfée, ne s'exécutoient pas avec beaucoup de bonne foi. Tout recemment le fils d'un Procureur, nommé *Dupin*, a tiré un billet, fur lequel il y avoit feulement *bon pour...* Ce qui a donné matiere à une contestation : le particulier a prétendu avoir droit de choifir dans tous les lots, au moyen de ce *bon* indéfini, & conféquemmènt de prendre le gros lot. Le procès est actuellement pendant au Conseil, où il est évoqué.

A la page 193. Le 4 *Septembre* 1775. L'affaire des caroffes de voiture & meffageries est commencée fur le nouveau pied du 1 de ce mois, à l'égard de certaines parties. Un huiffier de la chaîne est venu fignifier aux propriétaires de ceux de Verfailles & de St. Germain, qu'on alloit prendre leurs chevaux, voitures & uftenfiles fur le pied de l'eftimation qui en alloit être faite; ce qui s'est exécuté de haute lutte, & au grand mécontentement de ceux-ci qu'on a renvoyés, dit-on, à payer fur le bénéfice de la chofe. Tout cela feroit bien contraire au fyftême de liberté de M. Turgot & à fon respect pour les propriétés.

Du reste, l'entreprise des voitures publiques n'est qu'une partie des fonctions de la nouvelle régie. M. le Contrôleur général veut la charger d'autres plus étendues. Comme il se propose de continuer le service, c'est-à-dire, la distribution des fonds d'administration, comme paye de troupes &c. en argent comptant, ainsi qu'il a commencé depuis le mois de Janvier, c'est par cette voye qu'il fera voiturer l'argent.

A la page 193. Le 4 *Septembre* 1775. L'abbé le Gros de Besplas, qui a prêché le panégyrique de St. Louis devant l'Académie françoise, ayant voulu se signaler par quelque hardiesse, à l'exemple de presque tous les orateurs montés dans cette chaire depuis quelques années, s'est fait des affaires avec M. l'Archevêque, qui s'oppose à la publicité de ce discours par la voye de l'impression.

A la page 193. Le 4 *Septembre* 1775. On annonce le rétablissement du Parlement de Metz décidé.

A la page 194. Le 5 *Septembre* 1775. Il passe pour constant en effet que le Parlement de Metz va être rétabli. Le projet du Chef de la Magistrature actuel est de ne laisser subsister aucun des établissemens de M. de Maupeou; & le vertige à cet égard est tel, qu'on laisse revenir même les abus qu'il avoit réformés, tels que les épices, vacations & abus qui, après les vains efforts des Enquêtes contre la Grand'chambre, subsistent dans toute leur force au Parlement de Paris & sans doute aussi dans les autres.

A la page 195. Le 6 *Septembre* 1775. L'arrêt du Conseil du 19 Août, rendu contre la brochure de M. de Voltaire, faisant grand bruit & ne se vendant point par les colporteurs, on va en rapporter les endroits les plus remarquables. Il commence ainsi :

„ Le Roi étant informé qu'il a été impri-
„ mé chez Valleyre & distribué *sans permis-*
„ *sion*, une brochure intitulée *Diatribe à l'au-*
„ *teur des Ephémérides*, digne de toute l'ani-
„ madversion de la justice &c.

D'abord cet Arrêt part d'un énoncé faux, puisqu'il y avoit à l'imprimeur une permission faite sur l'approbation du Censeur *Cadet de Senneville*.

L'Arrêt continue : „ & étant informé en
„ outre qu'il en a été fait dans le Mercure
„ de France un extrait, où les passages les
„ plus répréhensibles de la dite brochure
„ ont été insérés : que ces passages contien-
„ nent des ironies indécentes contre des Ec-
„ clésiastiques, à l'occasion des troubles ar-
„ rivés dans quelques parties du royaume,
„ tandis que les Evêques & les Curés ont
„ donné dans ces malheureuses circonstances
„ des témoignages éclatans de leur zele pour
„ le maintien du bon ordre & de la soumis-
„ sion que l'on doit à l'autorité de S. M. : que
„ d'ailleurs *la négligence du Censeur*, qui a laissé

„ inférer ledit extrait dans le Mercure du
„ préfent mois, mérite d'être réprimée, &
„ S. M. voulant empêcher qu'il ne foit donné
„ atteinte au refpect dû à la religion & à fes
„ Miniftres, obliger les Cenfeurs à l'examen
„ le plus rigoureux des ouvrages pour lef-
„ quels ils font commis &c."

Par une contradiction fort finguliere, voilà donc un Cenfeur qu'on paroît accufer de négligence pour avoir laiffé inférer dans le Mercure l'extrait d'un ouvrage déjà publié à Paris avec permiffion & fous l'approbation du Cenfeur *Cadet de Senneville*, auquel on ne fait rien. En outre, dans le Mercure il eft annoncé que l'extrait de la diatribe eft *fait par le Sr. de la Harpe*, qui n'éprouve aucune animadverfion du Confeil.

En conféquence, l'Arrêt fupprime la diatribe &c. comme fcandaleufe & calomnieufe, contraire au refpect dû à la religion & à fes Miniftres; déclare Valleyre interdit de la profeffion de Libraire & Imprimeur; ordonne que le Sr. Louvel, Cenfeur du Mercure, fera rayé de la lifte des Cenfeurs royaux &c.

A la page 195. Le 7 *Septembre* 1775. Tous les Intendans qui avoient eu ordre de fe tenir à leur département refpectif lors des émeutes & troubles furvenus à l'occafion des bleds, ont la liberté de revenir à Paris; ce qui annonce la tranquillité des Provinces & la confiance du Gouvernement.

A la page 196. Le 7 *Septembre* 1775. M.

de Malesherbes devoit venir hier se faire recevoir Premier Président honoraire à la Cour des Aides; mais il a demandé que la Séance fût remise après les vacances. M. Bellengé qui, comme Conseiller d'Etat, se retire de sa place d'Avocat général, devoit aussi siéger en qualité d'honoraire; il s'est excusé pareillement, & cette audience, à laquelle étoit venu beaucoup de monde, s'est terminée, à la réception des Conseillers au Grand-conseil, dont la translation à la Cour des Aides, décidée depuis longtems, s'est enfin effectuée avec les plus vives acclamations de la part du public.

A la page 196. Le 7 *Septembre* 1775. Le public commence déja à murmurer contre les nouveaux Régisseurs des voitures de Versailles, qui, non seulement ne font pas meilleur marché aux voyageurs, mais ajoutent des entraves à la liberté; puisqu'on ne peut actuellement se servir de chevaux de remise avec sa voiture, & qu'il faut prendre des chevaux de poste; ce qui coûte beaucoup plus cher.

Du reste, les frais dûs par le Roi aux anciens Directeurs, & l'achat de leurs voitures, chevaux & ustensiles, sont liquidés à deux millions.

A la page 197. Le 8 *Septembre* 1775. Le moment le plus critique pour la séparation de Madame la Princesse de Piemont d'avec son auguste famille, a été celui où S. M. en

la

la quittant, a dit au cocher: *au Pont de Beauvoisin*; c'est alors que cette Princesse s'est évanouïe &c.

A la page 197. Le 9 *Septembre* 1775. Sous un Roi ami des loix & conservateur des formes, il est étonnant combien il s'établit de Commissions, c'est-à-dire, de soustractions aux vrais tribunaux: l'augmentation du Conseil n'a même été faite que pour cela. La Cour des aides, par ses fameuses remontrances présentées au Roi le mois de Mai dernier, avoit réclamé contre une attribution faite au St. Lieutenant général de police de la connoissance par voie & de police & d'administration, & du jugement en dernier ressort, de tous les délits relatifs à l'introduction, au débit & au colportage des tabacs, tant en poudre, qu'en bout, tant dans les villes de Paris & de Versailles, que dans l'étendue des Prevôtés & Vicomtés en dépendantes. Il est question aujourd'hui, pour concilier cette Cour avec la Commission susdite, d'y introduire quelques membres pris dans son sein, mais toujours sous la présidence du Lieutenant général de Police. Tout cela est bien contraire aux principes du Contrôleur général sur la liberté qu'il voudroit introduire, & son projet de rendre le sel & le tabac marchands.

A la page 200. Le 10 *Septembre* 1775. L'auteur qui répond à l'ouvrage dialogué ayant pour titre *le Partage de la Pologne*, commence par démasquer son adversaire, &, à l'en croire, l'on ne peut s'y méprendre, c'est *le Comte de Lauraguais*, qu'il assure être aussi le pere du *Gazetier cuirassé*. Quant à l'Avocat royaliste, c'est sans doute un membre du corps diplomatique, stipendié par quelqu'un des Souverains insultés, & l'on ne peut qu'applaudir au zele avec lequel il combat le bouffon politique qu'il est chargé d'exposer à son tour à la risée publique.

A la page 200. Le 10 *Septembre* 1775. Toutes les jeunes femmes de Paris sont fort scandalisées de l'Arrêt du Parlement contre Madame de Champbonas: elles prétendent que cette Dame avoit d'abord gagné & que c'est M. Pasquier, vieux Grand-Chambrier dégoûté du sexe, qui a fait revenir plusieurs voix. Quoiqu'il en soit, elle est déboutée de sa demande en séparation; mais, ayant aucunement égard aux conclusions de l'Avocat général, elle est libre de rester en couvent pendant un an, avec des restrictions séveres, pour que les deux époux ayent le tems de se rapprocher. Le public étoit si enchanté de cet Arrêt, à cause de la Dame de Langeac, mere de Madame de Champbonas, généralement méprisée & haïe, que tout le monde, connus & inconnus, embrassoient l'époux, en le félicitant.

A la page 200. Le 10 *Septembre* 1775. Depuis le commencement de ce mois, il n'y a plus de Wauxhall. La permission de Torré n'alloit que jusques-là. Les Directeurs du colysée cherchent à ramener l'affluence générale par des annonces extraordinaires, comme évolutions équestres, courses de têtes &c.

A la page 201. Le 11 *Septembre* 1775. Il paroît en effet des Lettres patentes, données à Versailles le 29 Août, relatives à la Commission dont on a parlé concernant le tabac. Dans le préambule S. M. se félicite sur l'heureux effet qu'a produit l'attribution au Lieutenant de Police de la connoissance de la contrebande en ce genre ; & cependant, pour donner à la Cour réclamante une preuve de la confiance qu'elle a dans son zele & dans ses lumieres, ainsi que pour concilier les droits de la compétence qu'elle repete, l'intérêt des loix & celui des sujets, avec la nécessité d'opposer à la fraude des moyens que rien ne pourroit suppléer, elle a jugé à propos de nommer cinq membres de la Cour des Aides pour assistans du Lieutenant général de Police.

Cette Cour a enrégistré lesdites lettres patentes le 1 Septembre, toutes les chambres assemblées, à la charge, 1º. que conformément à l'article III desdites lettres patentes, lesdits Commissaires ne pourront prononcer aucune peine afflictive ou infâmante: 2º. que lesdits Commissaires ne pourront, sous prétexte de ladite commission, manquer au service ordinaire qu'ils doivent en la Cour: 3º. que les brevets de nomination desdits Commissaires seront enrégistrés en la Cour.

A la page 203. Le 12 *Septembre* 1775. Depuis la volonté connue du Roi de faire régir & administrer pour son compte les voitures établies à la suite de la cour, celles de St. Germain, & messageries en dépendantes: de révoquer & réunir à son domaine le privilege accordé pour leur établissement, de révoquer les baux passés en vertu dudit privilege, & surtout depuis que S. M. a ordonné que la nouvelle administration des diligences & messageries royales prendroit pour son compte, d'après les inventaires & estimations, à dire d'experts, les meubles & immeubles, les voitures, chevaux, ustensiles servant à l'exploitation desdites voitures, &c. Les créanciers des associés à l'entreprise & au bail desdites voitures, à qui il est dû par billets au porteur, ont été allarmés de voir passer dans les mains de la nouvelle administration des effets qu'ils ont toujours regardés comme le gage de leur sûreté; & le Roi a pensé qu'il étoit de sa justice & de sa bonté, de calmer les inquiétudes de ces créanciers en assurant leur payement.

C'est pour parvenir à cet arrangement que, par un Arrêt du Conseil du 6 de ce mois, S. M. ordonne la représentation des titres des créanciers, leur fait défenses de faire aucunes poursuites & évoque au Conseil les contestations élevées à ce sujet, la connoissance en étant interdite à toutes les Cours & Juges.

Nouvelle commission qui souftrait aux juges ordinaires ce qui devroit en ressortir.

A la page 204. Le 13 *Septembre* 1775. Le barreau de Toulouse est dans la même combustion qu'étoit celui de Bordeaux pour un semblable sujet. Un Avocat s'étant permis dans un Mémoire des écarts injurieux contre la partie adverse, qui a gagné son procès, le Parlement a fait lacérer le Mémoire, & a prononcé des peines contre l'écrivain : l'Ordre, en reconnoissant la justice du fond, a réclamé contre la forme, & a prétendu avoir exclusivement la discipline de ses membres : ce qui forme entre lui & la Magistrature un schisme considérable.

A la page 209. Le 15 *Septembre* 1775. Le curé de Gournay & celui de la Queue en Brie, sont élargis depuis quelques jours & même sont revenus à leur cure ; ce qui annonce une grande indulgence du gouvernement, peut-être dûe à la présence & aux sollicitations de l'assemblée du Clergé.

A la page 209. Le 15 *Septembre* 1775. Il paroît une déclaration du Roi, qui accorde un délai définitif pour déterminer les opérations ordonnées par l'Edit de Décembre 1764, supprime la caisse des amortissemens établie par ledit Edit, ordonne que les dixiemes d'amortissement & autres droits résultans du même Edit, seront versés, à compter de 1776, entre les mains du Sr. de Gagny, par les mains duquel seront opérés, à compter de ladite année, les remboursemens des parties de rentes & intérêts dûs par le Roi.

Cette déclaration donnée à Versailles le 30 Juillet, n'a été enrégistrée au Parlement, toutes les chambres assemblées, que le 3 Septembre & l'enrégistrement porte: ,, arrêté ,, que ledit Seigneur Roi sera très humble- ,, ment supplié en toutes occasions de faire ,, casser, aussitôt que l'état de ses finances ,, le permettra, toutes retenues sur les ren- ,, tes de la ville, suivant l'Arrêt de ce ,, jour."

A la page 209. Le 15 *Septembre* 1775. Le Journal du séjour & de l'arrivée de M. de Sartines à Brest porte, que ce Ministre y étoit venu par mer, s'étoit embarqué à Landernau & étoit arrivé le 24 Août dans le port avec les honneurs dûs à un Maréchal de France; qu'il avoit débarqué au bruit d'une salve de 21 coups de canon; que tous les Gardes Marines & Gardes du Pavillon étoient sous les armes dans l'intérieur du port; qu'à la grille, les Troupes de terre commençoient à border la haye, jusques à la maison du Commandant de la Marine, où il devoit loger; que le lendemain matin il avoit déclaré M. de Roquefeuille, Inspecteur de la Marine, & M. de la Brosse, Cordon rouge; qu'il avoit entendu la messe à bord du Vaisseau le *Saint Esprit*, & qu'on y avoit chanté le *Te Deum*; qu'on lui avoit procuré le spectacle d'une fregate tirée à sec sur la cale: qu'il étoit fort honnête envers tout le monde; qu'il avoit jusques là donné des audiences particulieres aux Capitaines & aux Lieutenants de vaisseau; qu'en annonçant les faveurs accordées par le Roi aux deux Officiers généraux ci-dessus nommés, il avoit dit qu'il croyoit que c'étoit le vœu du corps: qu'une corvette de l'Escadre d'évolutions en mer depuis plusieurs mois étoit venu prendre ses ordres pour la rentrée, & qu'elle paroissoit arrêtée pour le 4; que ce Ministre visitoit les atteliers, les magasins, & cherchoit à s'instruire dans le plus grand détail; ce qu'il ne pouvoit cependant faire que superficiellement jusques au 10 ou 11 Septembre, jour de son départ.

A la page 212. Le 17 *Septembre* 1775. M. de Malesherbes continue à s'occuper de remettre l'ordre dans toutes les parties de son administration en fort mauvais état: entr'autres choses, il a établi un bureau particulier de tous les objets contentieux de son département. Cette réunion forme une partie très importante, &, pour en assurer la bonne direction, il a mis à la tête M. *le Moyne*, Conseiller à la Cour des Aides, avec le titre de *Commissaire du Roi*. Ce bureau sera desormais à Paris.

A la page 214. Le 18 *Septembre* 1775. La maladie des bestiaux continue à dévaster la malheureuse province de Béarn: elle est dans l'état le plus déplorable, & l'on craint que cette dévastation des bêtes à cornes n'entraîne une dépopulation d'hommes, & que la facilité de l'émigration ne détermine les habitans sans ressource à passer en Espagne, où la politique de la Cour de Madrid ne seroit pas fâchée de les voir venir & se fixer.

A la page 214. *Le 18 Septembre 1775.* Toutes les lettres de Metz font mention de la joye excessive de cette ville au retour de son Parlement, dont elle se soucioit peu avant.

A la page 214. *Le 13 Septembre 1775.* Une Demoiselle de Nointel, âgée de plus de cinquante ans, a épousé, il y a quatre ans, un jeune homme nommé *Ribault*, & lui a fait des avantages considérables. Celui-ci a mis de l'ordre dans les affaires de sa femme en très grand dérangement, & lui a procuré un bien-être honnête : elle s'en est prévalue, &, n'ayant plus besoin de lui, elle s'est séparée de fait & lui a intenté un procès en séparation de biens. Les collatéraux l'ont vraisemblablement excitée & ont fait des Mémoires atroces contre le mari. Il y a répondu sagement lui-même & prouvé que les bonnes causes n'ont pas besoin d'injures.

A la page 214. *Le 19 Septembre 1775.* Quoique la Commission de Mrs. de la Cour des Aides nommée pour le tabac, semble limiter leurs pouvoirs à cette fonction, on présume que c'est elle qui sera chargée d'examiner les Mémoires de ceux qui auront des lettres de cachet à folliciter. Mais ce titre même étant illégal & profcrit par la Magiftrature, on a été obligé de déguifer cette attribution fous une dénomination étrangere.

A la page 215. Le 19 *Septembre* 1775. Quoique la déclaration du Roi, dont on a parlé concernant les rentes & le rembourfement de certaines, offre un point de vue fpécieux ; on trouve, en la fcrutant bien, qu'elle contient des difpofitions très funeftes dans leurs effets.

1º. Au moyen du court délai accordé pour la repréfentation des titres jufques au dernier Décembre de cette année feulement, cette juftice ou grace n'eft qu'illufoire, & peu de gens feront en état d'y participer, en fatisfaifant à la condition prefcrite.

2º. Au lieu de reftituer en entier la totalité des arrérages, comme l'équité fembleroit le prefcrire, on ne les accorde qu'à compter du premier jour du Semeftre, dans lequel la créance aura été reconnue & conftatée.

3º. Par l'article 9, on femble annoncer la perfpective effrayante de la perpétuité du dixieme d'amortiffement, non-feulement en ne fixant aucun terme à fon extinction, mais en ordonnant qu'il fera perçu & *à toujours* deftiné aux remboursemens & extinctions des dettes de l'Etat.

4º. Enfin on attaque la propriété, puifque le rembourfement du principal ordonné pour l'année prochaine ne doit avoir lieu que sur le pied du denier vingt en principal du net employé sur les Etats, c'est-à-dire, des quatorze quinziemes; ensorte qu'on retient le quinzieme du capital.

A la page 216. Le 20 *Septembre* 1775. Les membres de la Cour des Aides qui composent la Commission dont on a parlé, sont M^{rs}. Dionis du Séjour, Lechassier, le Moyne & de Montpezat: M. de Fays, quoique retiré, mais l'ami & le confident intime de M. de Malesherbes, en sa qualité d'honoraire de la Cour des Aides, sera aussi de cette Commission, présidée par M. d'Albert: ce qui fait présumer que son objet n'est pas précisément celui énoncé, c'est qu'ils doivent se réunir fréquemment, quoique leur mission, très bornée à cet égard, ne parût exiger que des assemblées rares.

A la page 219. Le 22 *Septembre* 1775. M. de Pulignieux, ci-devant Procureur général du Conseil supérieur de Lyon, qui, après avoir succombé contre Bonichon, Procureur, dans une instance criminelle, étoit attaqué par ce dernier en prise à partie au Conseil, vient de gagner. Le Conseil, ne voulant pas décrier un officier public, qui avoit été un des plus ardens promoteurs du système de M. le Chancelier, a condamné ledit Bonichon à 400 livres de dommages & intérêts envers le Sieur de Pulignieux. On regarde cette condamnation comme une injustice criante.

A la page 220. Le 23 *Septembre* 1775. Quoique l'on certifie que le tréſor royal regorge d'argent, puiſqu'on y compte plus de vingt millions en eſpeces, le Roi a fait un emprunt chez l'étranger de 2,400,000 livres, à quatre pour cent, afin de faire les fonds néceſſaires à l'établiſſement des nouvelles meſſageries. C'eſt ſur cette partie des nouveaux revenus de S. M. que l'emprunt eſt hypothéqué, les prêteurs étant ſubrogés à ſes droits. Avec ces ſecours le Sr. Bernard, le chef des régiſſeurs, & l'auteur du projet, eſt parti pour parcourir les différentes provinces & y former ſes points de relation.

A la page 220. Le 23 *Septembre* 1775. Il s'élevoit à la Cour une diſpute de la part des Princes du ſang, ſurtout de ceux de la maiſon d'Orléans, faiſant difficulté de reconnoître pour *Alteſſe Royale*, M. le Duc d'Angoulême. Ils prétendoient que les petits-fils du Roi avoient ſeuls droit à cette diſtinction. Ils ont reconnu leur tort; en conséquence l'on n'ouvrira point les deux battans quand ils iront le voir, ils n'auront point le fauteuil chez lui : au contraire, quand ce nouveau-né ſera porté chez le Roi par ſa nourrice, on ouvrira les deux battans, &c.

A la page 220. Le 24 *Septembre* 1775. Jeudi dernier il y a eu au Colyſée concours pour les exercices du manege, à raiſon d'un prix accordé de 200 billets de loterie pour celui qui l'emportera. Un inconnu masqué s'est présenté ; mais quand il a fallu entrer en lice, son coursier rebelle s'est refusé à tous ses efforts, & il a été obligé de s'en aller, sans avoir pu réussir, ni même commencer. Heureusement il a toujours conservé l'*incognito*; ce qui a diminué sa honte & sa confusion.

A la page 220. Le 24 *Septembre* 1775. On a retiré le commandement du guet au Sr. la Garenne, auquel il avoit été accordé par *interim*. Il est question de mettre ce corps sur le pied le plus respectable, à l'*instar* des corps militaires les mieux composés: des Maréchaux de camp même se sont présentés pour avoir cette place; elle a été conférée à un M. Dubois, officier de distinction sans doute, puisqu'il a été Aide de camp de M. le Comte de St. Germain.

On ôte cette place même au Sr. de Roquemont, qui en étoit le vrai titulaire, à qui elle avoit été conservée, mais qui ne pouvoit l'exercer à cause de sa jeunesse. On lui donne 6000 livres de pension, 10,000 livres à sa mere, 4000 livres à sa grand' mere, autant au Sr. le Laboureur & 8000 livres au Sr. la Garenne ; ce qui complette une somme de 32000 livres, à prélever sur les revenus de cette charge, qui est un Pérou.

A la page 221. Le 25 *Septembre* 1775. On rétablit à la moderne un bastion de l'arsenal donnant sur la riviere; on le dispose de maniere à pouvoir braquer du canon & dominer toute cette partie. Cette entreprife jointe aux nouveaux arrangemens pour le guet, alarme; en ce qu'elle femble annoncer des craintes du gouvernement de quelque infurrection populaire : ce qui ne pourroit arriver qu'à l'occafion de la cherté des grains continuée.

A la page 222. Le 25 *Septembre* 1775. Le public en général témoigne fon mécontentement de voir M. Albert confier l'adminiftration d'un des bureaux les plus importans de la police, celui des lettres de cachet, au Sr. le Chauve, ce Procureur jouant un rôle fi tyrannique, fi odieux, fi atroce dans l'affaire des *Verons*, & ayant été l'objet des déclamations les plus vives des Avocats défenfeurs de cette famille innocente.

A la page 222. Le 26 *Septembre* 1775. L'Abbé Maury eft toujours dans la difgrace du clergé; il a défenfes de paroître devant l'affemblée de Noffeigneurs, même chez le Cardinal Préfident, & l'on craint qu'on ne l'empêche de prêcher l'Avent devant le Roi.

A la page 222. Le 26 *Septembre* 1775. L'on parle d'une querelle très vive élevée entre Mr. le Contrôleur général & le Miniftre de la guerre, au fujet des dépenfes extraordinaires de l'armée de la haute & baffe Seine; elles font fi exceffives, que M. Turgot en a été étourdi & a prétendu qu'il y avoit une exagération très confidérable; que l'Etat ne pouvoit tenir à des frais auffi énormes, & qu'il ne les passeroit pas sans un ordre du Roi. On veut que M. le Comte du Muy très piqué, soit entré dans la ligue sourde déjà formée contre le Ministre des Finances, & qu'il s'éleve un orage, auquel il ne pourra résister.

C'est d'autant plus à craindre, qu'on a aussi indisposé la Reine contre lui: on a représenté à S. M. qu'il vouloit s'immiscer de critiquer sa conduite, en s'élevant contre les nouvelles dépenses occasionnées dans sa maison.

Outre l'augmentation de celles qu'entraîne en effet la Surintendante, on a donné 60,000 livres de pension à Madame la Maréchale de Mouchy, qui n'a pas voulu se rendre à l'exemple de Madame la Duchesse de Cossé, se retirant sans être à charge à l'Etat; elle a répondu, comme M. de Villars, que cette Duchesse étoit inimitable. Madame la Princesse de Chimay qui la remplace, a fait aussi beaucoup de difficultés avant d'accepter la place de Dame d'honneur & s'est fait accorder 40,000 livres d'augmentation. Tout cela épouvante & prouve que l'économie projettée ne se réalise aucunement.

A la page 223. Le 27 *Septembre* 1775. Les lettres patentes concernant les officiers du Grand Conseil démis en 1771 pour les faire passer à la Cour des Aides, suivant le vœu unanime de cette compagnie, qui avoit chargé le Premier Président d'employer ses bons offices à cet effet, après avoir souffert des difficultés étonnantes pour leur réduction, n'ont été terminées que le 3 Septembre & enrégistrées seulement le 6 à la Cour des Aides. Il s'agit de M*rs*. *de Manneville*, *de Montpezat*, *de Baraffy*, *Mauffion*, *Chappe* & *Negre de Rivieres* : ils sont autorisés à faire l'exercice de six offices de Conseillers en la Cour des Aides, non rétablis. En conséquence, ils ne sont point tenus de reporter au trésor royal la finance qu'ils ont touchée pour leurs charges au Grand Conseil ; mais à leur mort, ou lors de leur démission, S. M. restera maîtresse de faire financer par qui bon lui semblera, le prix de l'office en la Cour des Aides, sur le pied de la liquidation de celui de Conseiller au Grand conseil respectivement faite envers eux à des taux différens.

A la page 223. Le 27 *Septembre* 1775. Comme le nouveau Tribunal, pendant le tems qu'il a été chargé de faire fonctions de Cour des Aides, n'entendoit rien à ces matieres, il les a laissées fort arriérées ; ce qui les multiplie aujourd'hui & écrase les Magistrats plus anciens de la Cour rétablie ; en conséquence, il se publie une déclaration, par laquelle toutes les chambres de cette Cour sont autorisées à seconder la premiere, mais pour un tems limité & sans leur donner aucun droit sur les affaires réservées essentiellement à celle-ci.

A la page 223. Le 28 *Septembre* 1775.

M. Dubois, qu'on vient de mettre à la tête du guet, étoit, dit-on, chargé à l'armée par M. le Comte de St. Germain de la partie des Efpions. On a jugé que ce détail exigeant de la fineffe & de l'intrigue, cadreroit à merveille avec les nouvelles fonctions dont on l'honore. Ce choix a été fait par M. de Malesherbes, en poffeffion de nommer audit commandement fous fa direction.

Fin du trente-unieme Volume.

www.ingra
Lightning S
Chambersbu product-compliance
CBHW07085
43202CB0